口絵 1-1　第 1 実験の刺激に用いたケーキの写真
左上から赤・黄・緑・黒である。

イチゴ型　　バナナ型　　メロン型

口絵 1-2　第 2 実験の刺激に用いたケーキの写真

金時にんじん　　紅大根

口絵1-3　金時にんじんと紅大根

口絵1-4　魯山人の作った食器

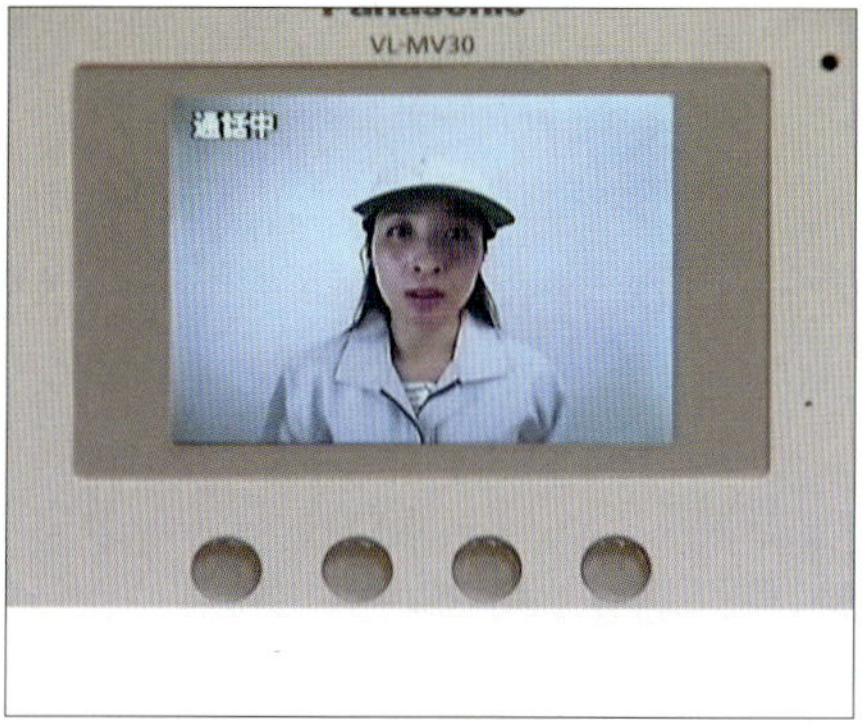

宅配便・女性・作業着・帽子

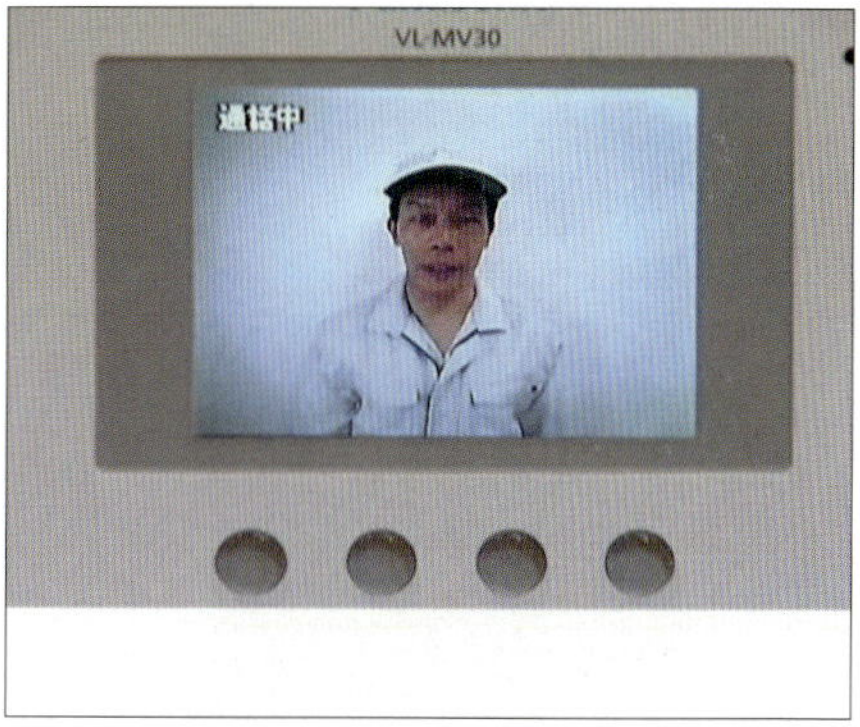

宅配便・男性・作業着・帽子

宅配便・女性・笑顔・スーツ

宅配便・男性・笑顔・スーツ

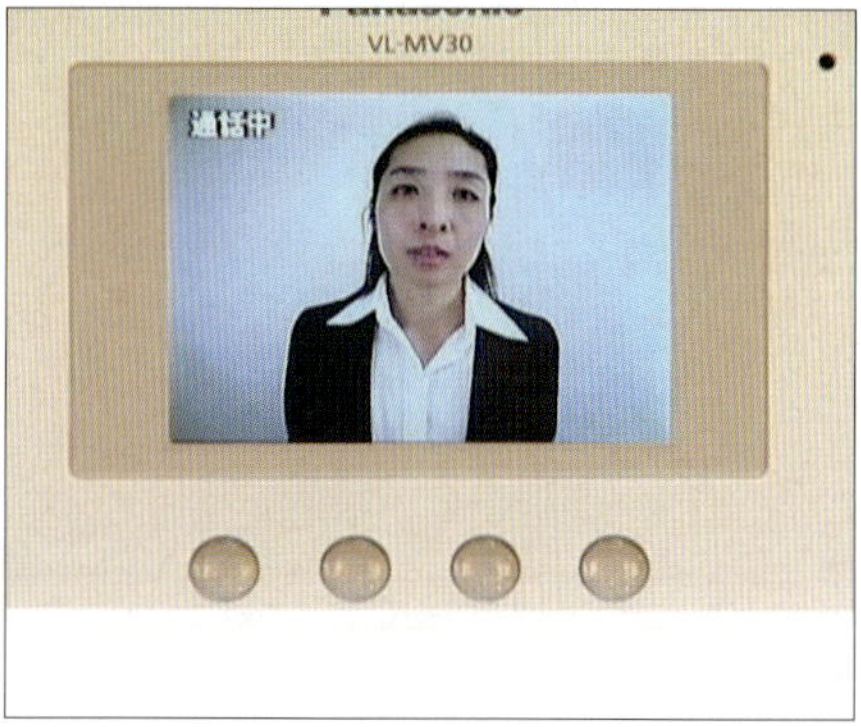

宅配便・女性・無表情・スーツ

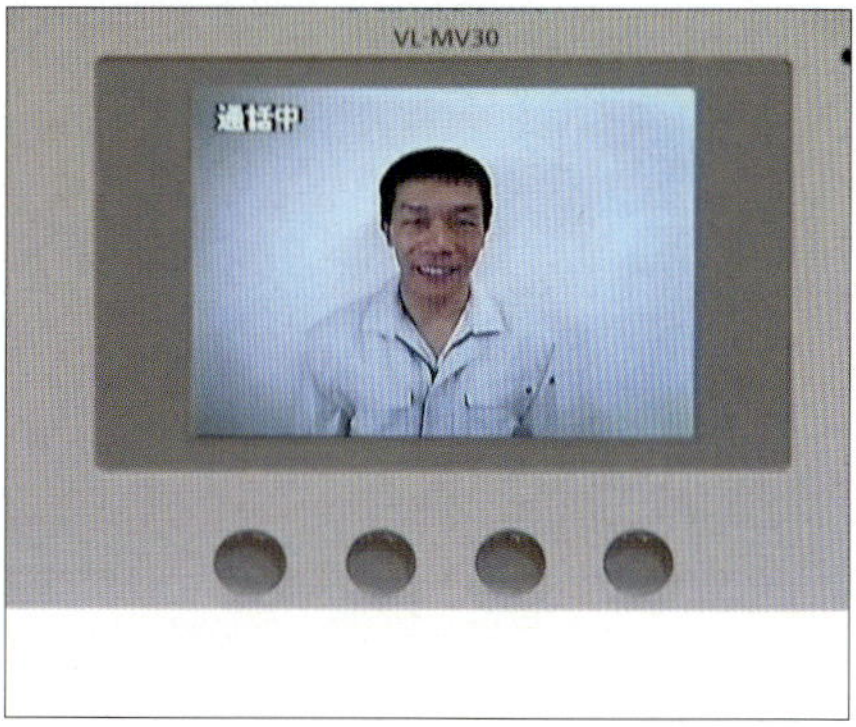

宅配便・男性・笑顔・作業着

口絵 1 - 5　インターホン実験――宅配便条件で用いたビデオ刺激から

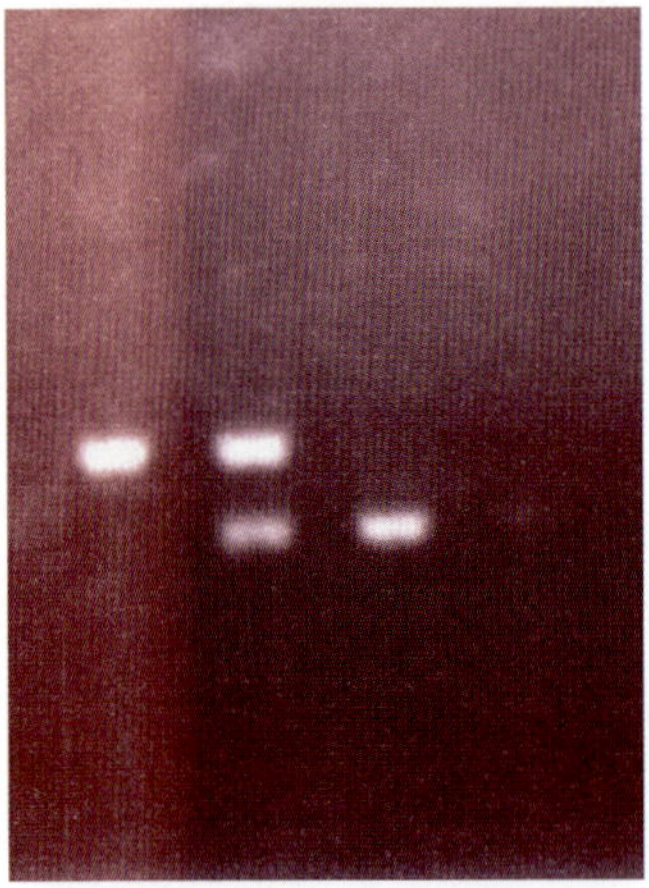

口絵２-１　PCR 後の電気泳動結果
　左から野生型、ヘテロ型、ホモ型、ネガティブコントロール（MilliQ）。
3 通りのバンドの出方で遺伝子型を判別できる。

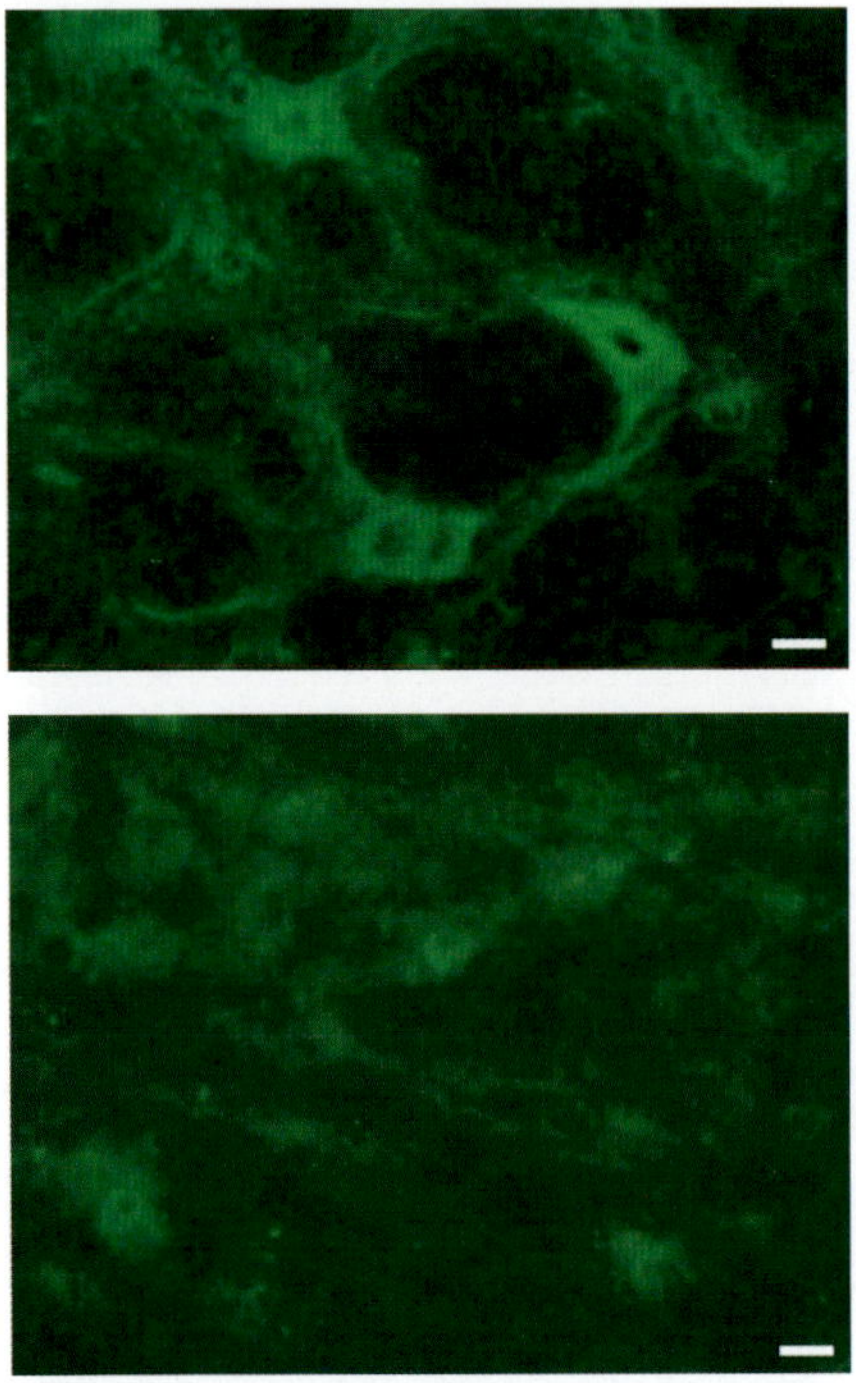

口絵２-２　蛍光免疫染色法による脳内QPRT発現の確認
　上からWTマウス（48週齢）、KO マウス（48週齢）。KO マウスの脳内ではQPRT が発現していないことが分かる。（Scale bars：10 μ m）

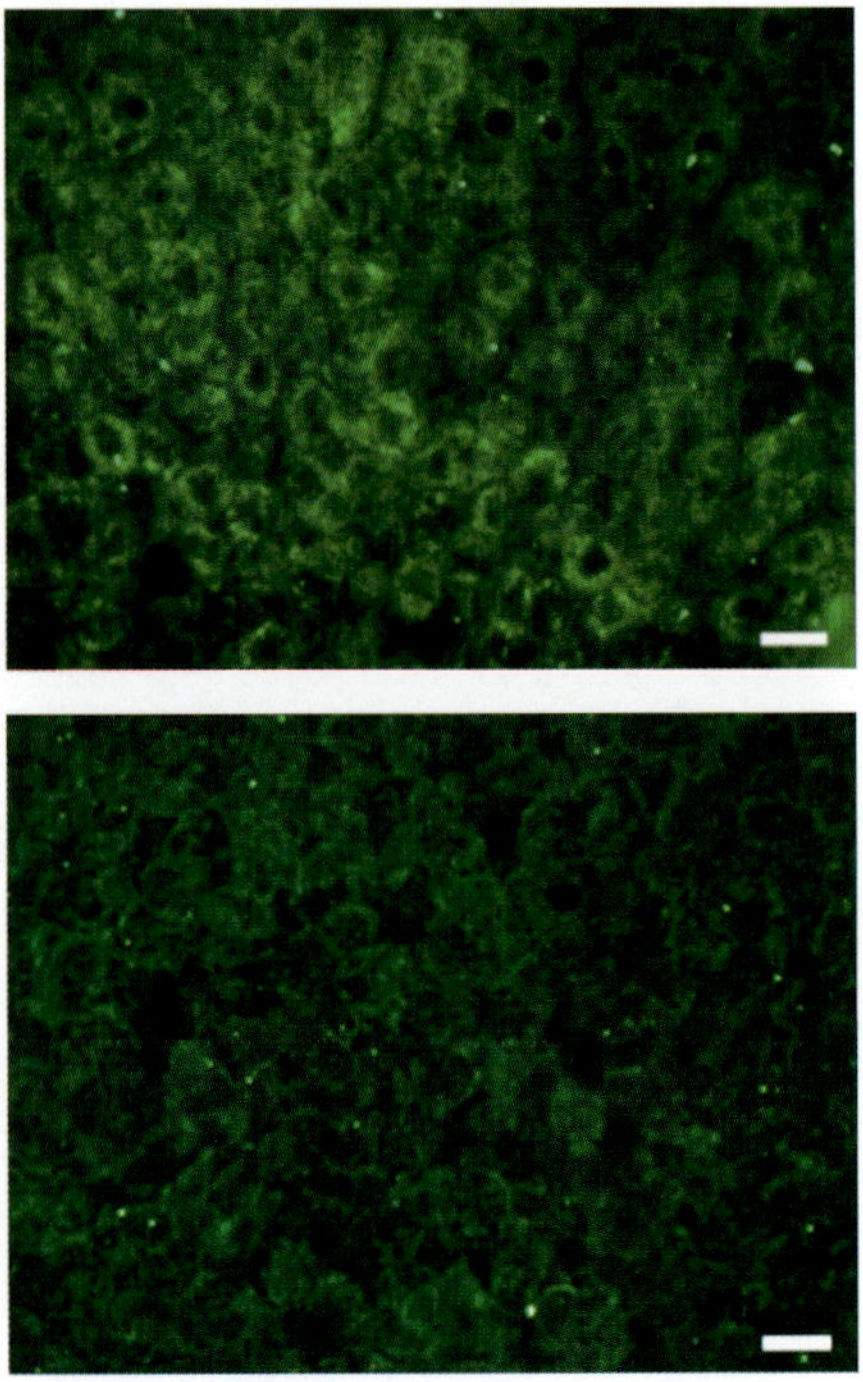

口絵２-３　蛍光免疫染色法による肝臓内QPRT発現の確認
　上からWTマウス（47週齢）、KO マウス（47週齢）。KO マウスの肝臓内ではQPRT が発現していないことが分かる。（Scale bars：20 μ m）

安全と危険のメカニズム

重野　純・福岡伸一・柳原敏夫

新曜社

まえがき

最近は安全や危険が話題になることが多い。医療場面、食糧事情、日常生活や高齢者・障害者とのかかわりなど、取り上げる対象や危険のレベルもさまざまである。それだけ私たちの日々の生活が危険にさらされているということであろう。このような問題を人文科学・社会科学・自然科学の面から探究し、総合的な観点から安全と危険のメカニズムを考えようというのが本書の主旨である。

太古の昔から私たちは危険に脅かされながら安全に過ごすことを志向してきた。昔は伝染病や飢饉、自然災害などが大きな脅威となっていた。現代においては科学技術の発展のおかげで、それらの脅威に対しては一定程度の対応は可能となった。しかし逆に科学技術の発展に私たちの生活が脅かされる、という状況になっていることは否定できない。たとえば、電車や航空機の利用は著しく移動距離を増大させたが、駅ホームからの落下事故や航空機の墜落事故により多数の人々が命を落としている。エスカレーターやエレベーターは高層ビルには不可欠のものだが、装置に巻き込まれたり停電によって閉じ込められたりするなど、昔には考えられない危険をもたらしている。さらに、直接目に見えない危険にもさらされている——食品添加物や化学物質などによる健康被害や癌などの疾病、薬品の副作用の問題など深刻である。

科学技術の発展は輸送手段の発展による移動時間の短縮、高度な医療技術、遺伝子組み換えによる害虫に強い植物の栽培、など様々な恩恵をもたらしてくれた。一方で、これらを利用する私たち人間の機能、特に心的機能は大昔と比較してどれだけ向上しただろうか。現代社会ではストレスのために体調を崩す人が増え、自殺者の数も急増した。

科学技術の発展は便利さや能率向上と引き換えに、むしろ新たな危険を私たちに突きつけたといえよう。

本書では右にあげた三つの分野それぞれにおいて研究するとともに、人の心的機能と科学技術の発展との関係についても考えている。安全と危険の問題は広範な研究対象を含むものであるので、実際には三名の研究者の専門領域を中心として研究が進められた。また当然ながらそれぞれの専門に基づく異なる研究方法が取られた。研究遂行において最も困難であったことは、このように異なる研究分野・手法から得られた成果を全体としてどうまとめていくかという点であった。この点については、著者三人による座談会をおこなうこととした。座談会の場では活発な議論が行われ、問題の集約化と理解の深化が得られたと思っている。本書を通して、現代における安全と危険のメカニズムについて考えるためのヒントが少しでも得られることができれば幸いである。

最後に、本書が刊行されるまでの経緯について触れておこう。青山学院大学総合研究所（以下総研と略記）は2008年に創立20周年を迎えた。その設立の趣旨は「大学における教育・研究との有機的な関係のもとに広く学術を統合し、社会と学術文化の進展に寄与することを目的とする」ものであった。本研究プロジェクトは、20周年を記念して公募された「20周年記念特別プロジェクト」の一つである。研究題目は「科学技術の発展と心的機能から探る安全と危険のメカニズムに関する総合研究」である。研究メンバーは福岡伸一（理工学部教授）、柳原敏夫（弁護士）、重野純（教育人間科学部教授）の三名である。研究期間は2008年4月から2010年3月までの2年間であった。この間、数回の公開講演会や研究会を行った。また2008年10月4日に行われた総研主催の創立20周年記念事業公開講演会「地球規模における平和・安全・安心」のパネルディスカッションには福岡伸一がパネリストとして参加した。

このように専門の異なる研究者が協力して総合研究を行う機会を与えていただいたことに感謝している。前所長の秋元実治文学部教授（現名誉教授）と所長の本間照光経済学部教授には様々な御援助をいただき、ここに深く感謝申し上げる。また、前述の座談会の開催は、審査委員の先生方からのご助言による。数度にわたるヒアリングにおいて貴重なご意見をたまわった審査委員の先生方、研究から本書の刊行までの3年間にわたりお力添えをいただいた総合研究所事務室の職員の方々に厚くお礼を申し上げる。最後に、本書の刊行を快く引き受けてくださった新曜社代表取締役塩浦暲氏に心からの謝意を表したい。

２０１１年３月１日

研究代表者　重野　純

目次

まえがき　*i*

第1章　家庭生活における安全と危険────重野　純　*1*

はじめに　*1*

1　食べる　*2*

1-1　五感　*2*

1-2　食べることの意義　*3*

1-3　毎日の食事における味覚の信頼性　*7*

1-4　食べ物の色と形が味覚判断に与える影響　*10*

1-5　視覚を味覚に取り入れた料理の達人──北大路魯山人　*16*

1-6　食生活の中に潜む危険　*17*

2　風呂に入る　*19*

2-1　風呂の歴史　*20*

2-2　日本人は風呂好き　*20*

2-3　入浴剤の効用と危険　24
3　インターホンに出る　31
4　あなたには分かりますか―その音は安全？　危険？　36
5　安全と危険を分けるもの　39

第2章　食の安全と危険―――福岡伸一　43

1　食の安全と危険　43
1-1　毒と薬は表裏一体　43
1-2　食の安心・安全をめざす評価系確立の意義　48
2　消化管における「細菌受容体」の発見　55
2-1　GP2ノックアウトマウスを用いた経口感染リスクの評価系　55
2-2　この発見は何に役立つのか―経口ワクチンの可能性　58
2-3　残された謎　60
3　GP2ノックアウトマウスを用いた経口リスク評価系研究の新展開　61
3-1　付着因子 FimH 陽性細菌がM細胞に発現するGP2を介して取り込まれることで、粘膜免疫応答が開始される　61
3-2　パイエル板におけるGP2依存性抗原取り込み機構　63
3-3　まとめ　70

4　ＱＰＲＴノックアウトマウスを用いた必須アミノ酸摂取上限の研究
—その１　分子生物学的アプローチ　74
4-1　はじめに　74
4-2　実験材料と方法　76
4-3　マウス生体内におけるＱＰＲＴ発現の確認　79
4-4　トリプトファン過剰摂取による影響の解析　81
4-5　結果　84
4-6　考察　88

5　ＱＰＲＴノックアウトマウスを用いた必須アミノ酸摂取上限の研究
—その２　行動学的アプローチ　89
5-1　ＱＰＲＴノックアウトマウスの飼育　89
5-2　遺伝子発現解析に用いたマウス　89
5-3　リアルタイムＰＣＲ法による遺伝子発現解析　91
5-4　ＱＰＲＴノックアウトマウスの行動的特性　95

6　トリプトファン代謝経路酵素の遺伝子発現解析による
キノリン酸蓄積メカニズムの解明　103
6-1　リアルタイムＰＣＲ法による遺伝子発現解析　103
6-2　ＱＰＲＴノックアウトマウスの行動的特性　110

第3章　市民の科学への不信はいかにして形成されるか
――「歪曲」されたリスク評価の事例の検討――　柳原敏夫　121
はじめに―問題の分類　121
1　古典的リスク評価の検討―事例検討　122
1-1　遺伝子組換え技術　122
1-2　遺伝子組換え技術は二度操作する　123
1-3　遺伝子組換え技術の事例―GMイネの野外実験　123
1-4　悪夢から眺めた仮説　124
1-5　古典的テーマ―耐性菌問題　125
1-6　仮説の検証（一度目の操作：研究段階）　126
1-7　仮説の検証（二度目の操作その1：国の事前審査の段階）
―消えた耐性菌問題　128
1-8　仮説の検証（二度目の操作その2：裁判手続の段階）
―耐性菌問題の創作物語　132
1-9　世論操作の動機（最大の評価ミス：ディフェンシン耐性菌の危険性について）　135
1-10　二度目の操作の防止　138
2　現代型リスク評価の検討―理論検討　142
2-1　問題の提起　143

2-2 リスク評価の基本問題 144
2-3 リスク評価とは何か（その1） 145
2-4 リスク評価とは何か（その2） 145
2-5 リスク評価とは何か（その3） 146
2-6 リスク評価とは何か（その4） 147
2-7 リスク評価とは何か（その5） 148
2-8 リスク評価の迷妄の打破のために 148
2-9 リスク評価論の外（芸術裁判の躓きその1） 149
2-10 リスク評価論の外（芸術裁判の躓きその2） 150
2-11 リスク評価論の外（芸術裁判の躓きその3） 151
2-12 リスク評価論の外（科学裁判の躓き） 155
2-13 リスク評価論の躓き 156
2-14 科学の限界の不承認について 159
2-15 善（倫理・法律）の判断とはどういうことか 161
2-16 美（快・不快）の判断とはどういうことか 163
2-17 リスク評価の判断者とは誰か 164
2-18 現代型リスク評価の課題（小括） 165
2-19 法律家にとってのリスク評価（食の安全と職の安全） 166

2-20　法律家にとってのリスク評価（法律家の戸惑いの告白）　168

座談会　173

本書の誕生まで　173
第1章「家庭生活における安全と危険」について　174
第2章「食の安全と危険」について　177
第3章「市民の科学への不信はいかにして形成されるか」について　181
アシロマ会議　187
生物の動的平衡の考えは、なぜ異端なのか　190
「不確実な事態」の背景　192
リスクとデインジャー　196
現象を評価する三つのレベル　197
科学とリスク評価　199
リスクと人間の文脈　202
科学技術と人間　205
おわりに――人災と自然災害の峻別　209

注　(1)

装丁＝虎尾　隆

第1章　家庭生活における安全と危険

重野　純

はじめに

日常生活の中には危険が一杯、数え上げれば限りがない。食事の時も例外ではない。口に入れた魚の身に取りきれなかった骨が残っているかもしれない。飲み込んだ途端に骨が喉の奥に突き刺さったら大変だ。お茶を飲んで何とか骨は飲み込めたとしても、あわてて飲んだためにお茶を誤嚥してむせるかもしれない。危険はまだまだ続く。やっと一段落、とホッとしていると、突然インターホンがなり、モニタの中には見知らぬ男が…よく見ると、何だ、お隣りさんか。いつも帽子をかぶっているのでじっくり顔を見たこともなかったが、よく見ると人相が悪いなあ。いけないいっ！風呂を張りっぱなしだった。あふれていたらどうしよう…

これらのことは日常茶飯事、誰でもが経験しうる、よくある「できごと」であり、「危険」でもある。「危険」というと、私たちは交通事故や地震などの災害を思い浮かべがちであるが、普通に生活していても、右の例でみたように、身の回りにはいつ遭遇しうるかもしれない沢山の危険がある。つまり、日常生活は危険と隣り合わせであり、今の安全がいつ脅かされるか分からないのである。もし今日一日を何事もなく無事に過ごせたら、幸運な一日であったと考えるべきだろう。

本章の目的は、日常生活における安全と危険のメカニズムを探るべく、いくつかの心理実験を行って調べようというものである。以下、日々遭遇するであろう三つの「できごと」に注目した――食べる、風呂に入る、インターホンに出る――の三つの行動である。特に食べることは第2章・第3章とも関連することなので、少し詳しく見ていくこととする。

1 食べる

1-1 五感

昔から慣用的に、私たち人間には五感があるといわれている。視覚、聴覚、嗅覚、味覚、触覚の五つであるが、最後に挙げた触覚は皮膚感覚というのが正しい。皮膚感覚は、さらに圧覚（程度の軽いのが触覚）・痛覚・温覚・冷覚に分けられる。五感の中でも人間にとっては視覚からの情報量が多い。視覚は日常生活の中で毎日得ている情報の7割ほどを担っているといわれている。聴覚は2割ほどなので、視聴覚だけで日常行動に必要な情報の約9割を得ていることになる。したがって日常生活は視覚を核にして、聴覚やその他の感覚を頼りにして成り立っているのである。例えば「食べる」という行動も、五感すべてのはたらきをもとにして成り立っている。「食べる」という行動に五感がどう関わるのか、鉄板焼きを例に挙げて考えてみよう。「鉄板焼き下さい…」

まず鉄板にのった焼肉が目の前に置かれる。

「おいしそう！」よだれが垂れるかもしれない。

いいにおいがプ～ンとする。ジューという音がするくらいアツアツだ。

箸を持って一くち口にふくむ。

「温かい肉汁が口の中でとろける。おいしい‼」満足感で一杯になる…

このようなことはよくあることだろう。焼肉のかわりに、ケーキだったり鰻重だったり、ラーメンだったりすることはあるが。

それでは焼肉を食べる場面において、どのように五感が関わっているのかについて考えてみよう。「おいしそう」には、視覚が関わっている。まだ食べていないのだからおいしいかどうかは分からないが、「見た目」で判断している。「いいにおいがプ～ンとする」には嗅覚が、「ジューという音がする」には聴覚が、「温かい肉汁が口の中でとろける」には触覚が、そして「おいしい」には味覚がかかわっている。決して味覚と嗅覚だけで食べているのではない。「食べる」ことは毎日繰り返しているありふれた行動であるが、五感がフル稼働されて行うことができる行動である。したがって、「食べる」ことに伴う危険についても、五感すべてにおいて考えなくてはならない。

1-2　食べることの意義

「食べる」という行動は五感をフル稼働して行う行動であるから、もし食べることを止めてしまったら、複数の感覚を働かせるという感覚間の共同作業能力も脆弱化してしまう。つまり、食べることをやめてしまうことは、単に味覚と嗅覚を使わないだけではすまない話なのである。身体の他の機能低下にもつながり、体力や集中力の低下を招き、ついにはボケの進行を早めてしまうことにもなりかねない。

年をとると食べ物を飲み込む機能（「嚥下」という）が低下しやすい。図1-1は人の嚥下器官の構造を表しているが、人の場合には呼吸機能と嚥下機能が完全に分離しておらず、同じ部位を空気が通ったり食べ物が通ったりしている。呼吸の場合には喉頭蓋は開いたままで空気は鼻や口から気管を通って肺へと入る。水分や食物が口に入った場合には、咽頭から食道へ食べ物が進む際には喉頭蓋が閉じて食べ物が気管のほうへ行かないようにしながら、食べ物を食道から胃へと送る。加齢により喉頭蓋を含めた嚥下器官の働きが低下すると、「誤嚥」といって、飲み込んだ食べ物や唾液が胃に入るのではなく、気管から肺に入ってしまうことがある。誤嚥したときには通常むせるが、これは気管に入りかかった空気以外の異物を排出しようとする生体の防御反応である。しかし、気道の感覚が低下していると誤嚥していてもむせないことがあるので、高齢者など嚥下機能の低下している人の場合は、むせないからといって安心はできない。むせずにそのまま飲み込んだものが肺の底の方にたまってしまうと、いずれ誤嚥性の肺炎を起こすことになる。脳梗塞や脳卒中により麻痺があったり抵抗力が低下したりした場合には、この誤嚥性肺炎を発症する危険性が高くなる。高齢者の場合は、加齢により嚥下に使用される筋力が低下するのに加えて、味覚が鈍化していたり集中力の低下をきたしたりしている場合が多く、その結果として嚥下機能も低下している。さらに、免疫力も低下しており、わずかな誤嚥により誤嚥性肺炎を引き起こすことが多いので注意が必要である。全肺炎患者の約4分の1が、誤嚥性肺炎といわれている。

誤嚥することなくちゃんと食べられたとしても、危険は一杯ある。腐敗した物を食べたら大変だ。通常は腐敗しているものは悪臭がし、色が変わっているので、すぐにそれと分かる。形も崩れているかもしれない。このようなサインは主に視覚と嗅覚を通してキャッチすることができる。視覚のお陰で口に入れる前に食べ物の色や形などから食べるのを止めたほうが良さそうだと判断できる。しかし、見た目はなんともないのに腐敗していることもある。そのような場合にはたいてい腐ったような嫌な臭いが鼻についたり、いつもと異なった匂いのすることが多い。ただし、匂いだけでは分らないこともある。万一、臭いで気がつかずに口に入れてしまったとしても、飲み込む前に味が変なのですぐに吐き出すだろう。腐敗したものを飲み込んでしまう前には、幾重にも安全弁があるのだ。よっぽどのことがない限り、腐敗したものを飲み込んでしまうということがないように私たちの健康は守られている。

しかし、この安全弁の精度を低下させてしまう場合がある。私たちはおなかがすいているときと満腹のときとでは、食べ物への感度が異なる。つまり食べる人の生理的状態により、食べ物の知覚が影響されてしまうのである。

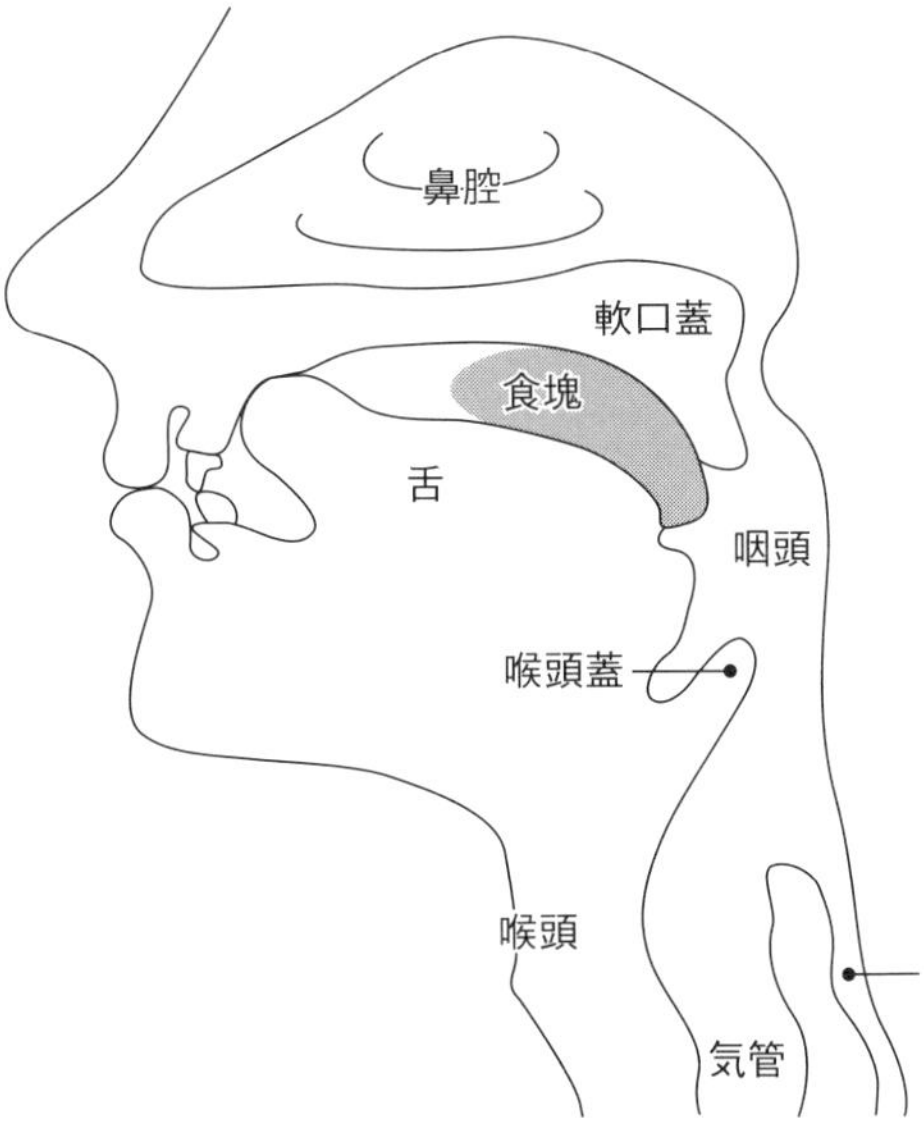

図1-1　ヒトの嚥下器官

ここで、切れ掛かった蛍光灯を思い出してみよう。切れ掛かった蛍光灯はチラチラして、目が痛くなる。ところが疲れているときには、蛍光灯のちらつきはあまり気にならない。蛍光灯のちらつきは（このちらつきのことをフリッカーという）、私たちの疲労の程度により感じ方が左右される。蛍光灯はオンとオフが速い速度で繰り返されている。東日本では50Hz、西日本では60Hzの頻度でオンとオフが交代している。このような速い交代頻度で点滅を繰り返すと、私たちの目ではオンとオフの交代を知覚できず、ずっと点灯されているように知覚してしまう。ここで点滅頻度を下げていくと、ちらついてチカチカ感じられるようになる（チラツキ現象）。ところが、疲労度が強い場合には、疲労により感覚が鈍ってしまい、チラチラが気にならなくなる。このチラツキを検出する程度を測れば、疲労度が分かる（この検査を、フリッカーテストという）。

これと同様のことが、摂食行動にも起こる。食物に対する感度もチラツキ現象と同じように、その人の生理的状態により左右されることが分かっている。心理学ビデオで紹介されている実験を紹介しよう。実験参加者に、目の前のついたてののぞき穴から、向こうをのぞいてもらう。すると、おいしそうなビフテキが置いてある。そのままのぞきながら、ビフテキまでの距離を手前の方に半分だけ近づけるよう参加者に指示する。これを空腹時と満腹時にそれぞれ同じ人に行ってもらい、結果を比較する。すると、満腹のときにはほぼ半分のところに合わせられたのに対して、空腹の時には実際の距離よりも自分に近いほうへと合わせてしまう。おなかがすいていると、「ビフテキを食べたい」という欲求が強く、少しでも自分のほうへとビフテキを引き寄せようとするのである…涙ぐましい行動である。

同様の例をもう一つ。心理学者ホッホバーグの実験で、何の食べ物か分かる閾値（区別できるギリギリの限界。認知閾と言う）は、認知する人の生理的状態とも関わっており、例えばリンゴの絵をスクリーン上にぼんやりと映し出し、次第に焦点を合わせて明瞭に見えるようにすると（図1-2）、その絵を「リンゴ」と認めるのに、空腹な人の方が満腹の人よりもまだぼんやりした段階から分かるという(1)。

これらの例は、いずれも実験により確かめられたことであるが、毎日の食卓においても同様のことが起こりうる。空腹のときには、危険な食べ物を知覚する閾値が下がってしまう。「お腹がすいてガツガツ食べる」という表現があるが、このような状態のときには、ゆっくりと味を楽しみながら食べるというよりは、ひたす

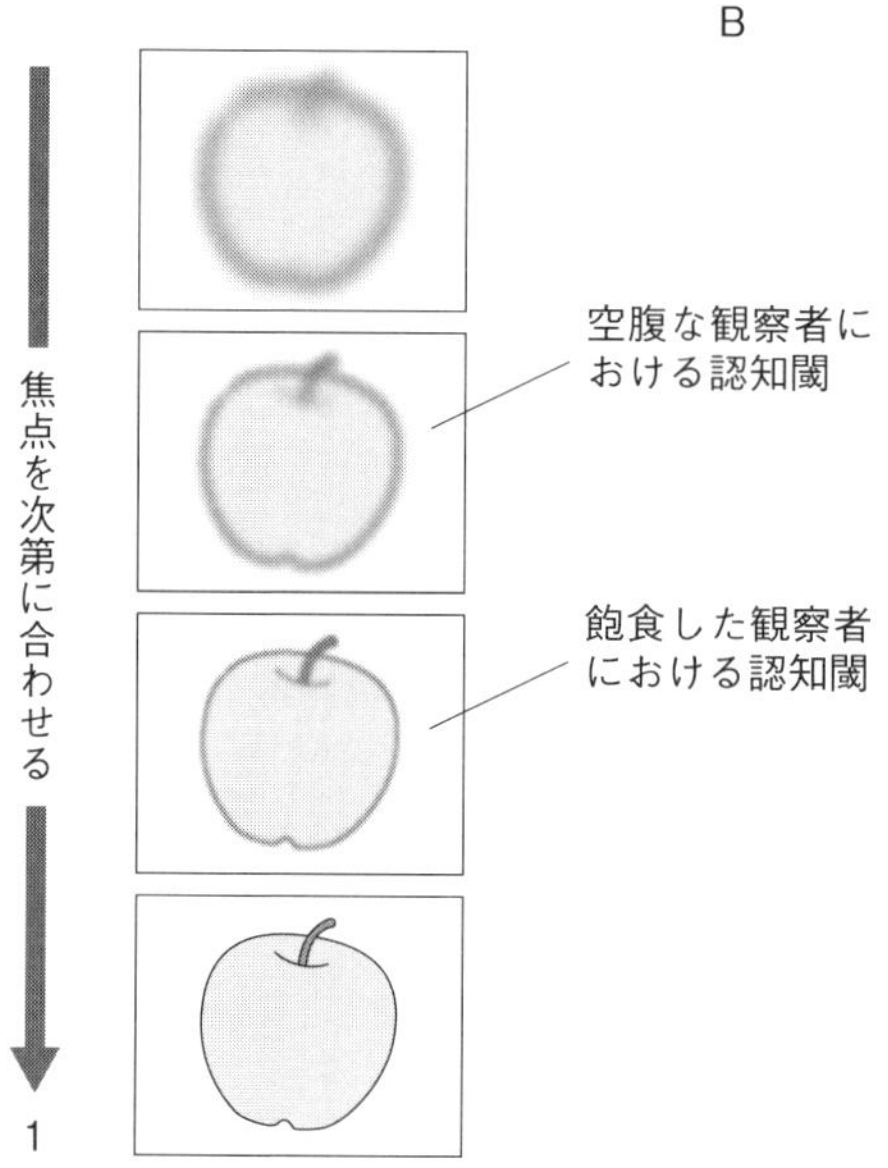

図1-2　空腹な観察者と飽食した観察者のリンゴの認知

らお腹を満たすように食べるわけで、そのような場合は満腹であれば敬遠するような食物でも、口に入れてしまうおそれがある。この場合、食物を味わうよりも先に、腹を満たすことの方が生理的に必要だからである。

味覚だけではない。視覚についても、嗅覚についても、同じである。空腹がひどいと、普通の状態なら、見るからに色が変わっていたり変なにおいに気づいたりするだろう食物が出されても、大して気にかけることなく食べてしまう。日頃の食事では、味や色・匂いの正常なものと比較しながら食べるということをしているわけではなく、目の前の食物だけについて絶対判断をしなくてはならない場合がほとんどであるから、その人の生理的状態に大きく依存した行動が取られることになる。

嚥下が正常にできるということは摂食行動にまず必要なことであるが、そこに障害がなくても、危険は一杯なのである。

1-3 毎日の食事における味覚の信頼性

私たちが毎日とる食事。「おいしい」「まずい」などは味についての感じ方であるが、「おいしそう」「まずそう」となると、もはや味覚ではなく、視覚からの判断ということになる。それでは「おいしそう」や「まずそう」などの見た目は、どのような情報によって決まるのであろうか。

大谷ら[2]によれば、料理が出された時においしそうであると感じるのは、食材の切り方や料理の色彩の調和具合、盛りつけ方などの視覚を通して入ってくる情報が、大きくかかわっている。また、食品の色が本来の色とかけ離れている場合には、味が分からなくなることも報告されている[3]。たしかに赤いレモンや真っ白いみかんを出されたら戸惑うであろう。これは容易に想像できる。

そこで果物の味覚とその「みえ」との関係について、視覚や嗅覚およびその両方を遮断した場合にどのような認知行動が取られるのかについて検討してみることにした[4]。対象とする食物は、色や香りにより区別がしやすい果物とした。果物の見え方（視覚）や香り（嗅覚）を、どちらかだけ、または両方遮断して、その果物は何であるかを答えてもらえば、果物の味が視覚と嗅覚のどちらにより頼って判断されやすいのかを調べることができる。

実験方法を説明しよう。実験条件として、

視覚と嗅覚を遮断
視覚のみを遮断
嗅覚のみを遮断

の3条件を設けた。嗅覚を遮断するときには、シンクロナイズドスイミング用のノーズクリップ（アリーナ製 ARN-0681）を着用し、視覚を遮断するときにはアイマスクを着用した。

刺激に用いたのは糖度38・6%一定のゼリーで、味はぶどう・みかん・りんごの3種類であった。これらの果物を選んだ理由は、おそらく誰でも一度は食べたことがあると考えられる、よく出回っている果物だからである。

実験に協力してくれた実験参加者は女子大生26名。右に挙げた三つの条件すべてに参加してもらった。ただし、三つの条件の順番は、ランダムにした。実験手続きを図1-3に示す。

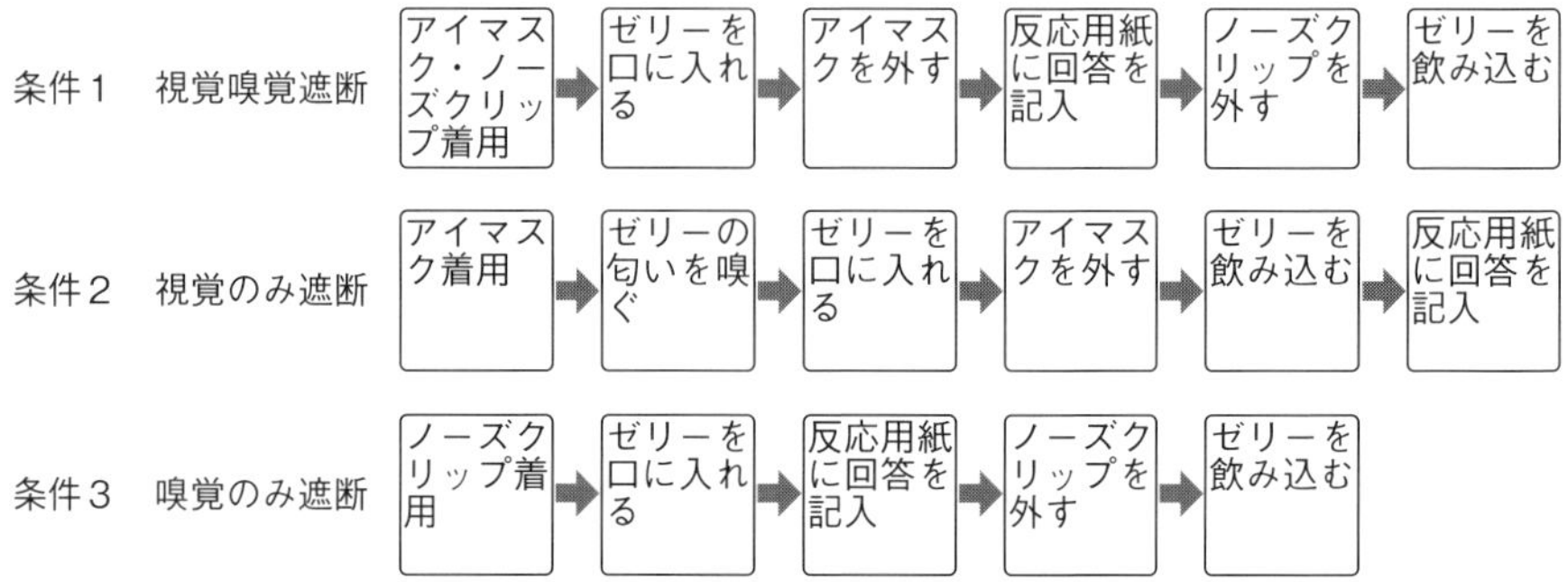

条件1　視覚嗅覚遮断
アイマスク・ノーズクリップ着用
ゼリーを口に入れる
アイマスクを外す
反応用紙に回答を記入
ノーズクリップを外す
ゼリーを飲み込む
条件2　視覚のみ遮断
アイマスク着用
ゼリーの匂いを嗅ぐ
ゼリーを口に入れる
アイマスクを外す
ゼリーを飲み込む
反応用紙に回答を記入
条件3　嗅覚のみ遮断
ノーズクリップ着用
ゼリーを口に入れる
反応用紙に回答を記入
ノーズクリップを外す
ゼリーを飲み込む

図1-3　実験条件と実験の流れ

実験結果は図1-4のようになった。縦軸は全実験参加者の平均正答数であり、横軸は実験条件である。視覚と嗅覚の両方を遮断したときが正答数は最低となり、ゼリーの味はほとんど分からないが、嗅覚だけを遮断した場合には、正答数が極めて高かった。一元配置の分散分析にかけたところ、有意差が認められた[$F(2, 50) = 92.347, p < .001$]。つまり、三つの提示条件の間には、正答数に差があることが統計的に認められた。続いて下位検定を行ったところ、嗅覚視覚遮断条件＜視覚遮断条件＜嗅覚遮断条件の順に正答数が多いことが認められた[$p < .001$]。以上の結果から、味覚判断をする際には嗅覚情報よりも、目からの情報（視覚情報）の方により大きく依存していることが明らかになった。

注意しなくてはならないのは、ここでいう視覚情報は、色についての情報であるという点である。実験参加者はゼリーの色からゼリーの味を判断していたと考えられる。

感覚器官には、それぞれ刺激を受容する受容器（レセプター）がある。視覚の場合は網膜上の錐体と杆体と呼ばれる2種類の視細胞が受容器である。また、感覚器官には受容できる刺激が決まっていて、これを適当刺激という。視覚なら光、聴覚なら音である。ただし例外もある。目にボールが当たったとき、「目から火が出る」ように感じるだろう。この場合、視覚はボールが当たって生じた圧覚により生じたのであり、不適当刺激でも感覚の生じる例としてよく挙げられる。しかし例外であって、例外はめったにない。

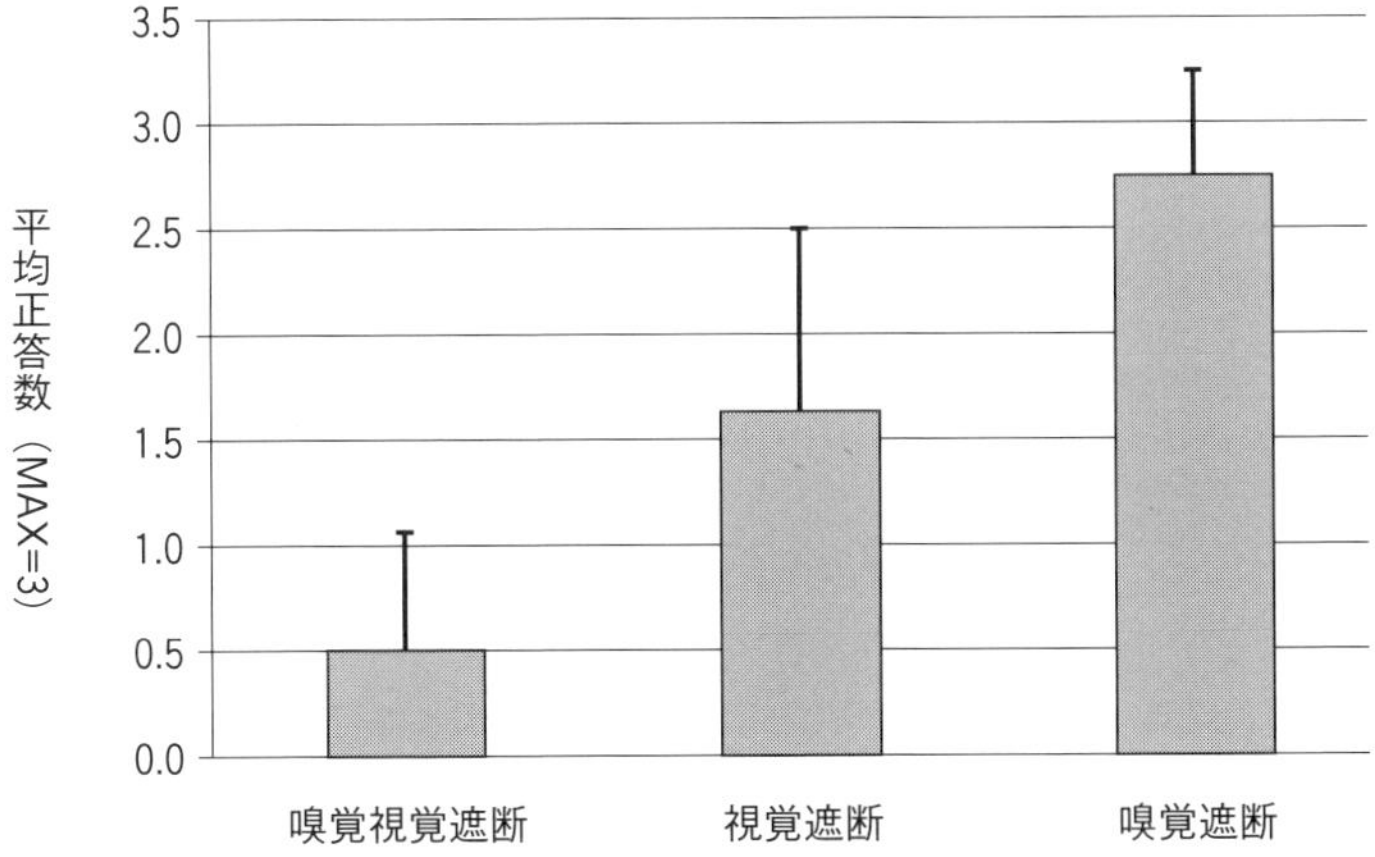

図1-4　被験者の平均正答数と標準偏差

ゼリーの味は視覚にとっては不適当刺激であるし、どんなに頑張っても、誰もゼリーを目で味わうことはできない。視覚を頼りにゼリー味を判断したのは、おそらくゼリーの色から推測したものと考えられる。実験参加者の中にも、「ノーズクリップをはずした時に鼻に抜ける香りで味が分かった」と述べた者もいたことからも、そう考えられる。目で見て「黄色いからみかん」と思ってしまうと、本当は良く分かっていない味でもみかんに感じてしまうのである。ゼリー実験から分かったことは、食事をする際には「見た目」という視覚情報が、「味わう」ために大きな役割を果たしているということである。

食べ物の視覚情報には、色のほかに形や質感などいろいろある。果物の場合にもいろいろあるが、何の果物かを言い当てるための主な視覚情報は、「色」と「形」の二つだろう。そこで次に、色と形という視覚情報が味覚判断にどれくらい重要であるのかを調べるために、食品の「色と味覚」、「形と味覚」の関係について検討してみることにした(4)。

1-4　食べ物の色と形が味覚判断に与える影響

まず、「色と味覚について調べた実験」(第1実験)について説明しよう。実験に協力してくれたのは、女子大学生15名であった。刺激は、味や色が異なる小さな蒸しケーキであった。ケーキにはエッセンスやオイルを用いて、イチゴ・バナナ・メロンの3種類の果物の味をつけた。これらの果物を選んだ理由は、よく好まれ食べられているなじみのある果物の類だからである。

蒸しケーキの色は、食品添加物着色料製剤(丸清製)を使用して、それぞれの果物の典型色と考えられる赤(イチゴ)・黄(バナナ)・緑(メロン)をつけ、さらに無彩色の黒をケーキ以外の食べ物の色として加え比較した。味と香りは、イチゴ味とメロン味はそれぞれナリヅカコーポレーションKG株式会社製の食品添加物である香料製剤「Dolce」ストロベリーエッセンスＮＥＷと同メロンエッセンス、バナナ味は浅岡スパイス株式会社製の食品添加物である香料製剤、バナナオイルを使用した。

果物の味と色を組み合わせて、12種類（味3種類×色4種類）の蒸しケーキを作成した（口絵1-1）。

これら12個のケーキを皿にのせ、実験参加者にランダムな順序で提示した。そして「何の味か」を判断してもらった。その際、嗅覚（香り）を「遮断する」と「遮断しない」の二つの条件を設けた。実験の流れを図1-5に示す。嗅覚を遮断する場合は、シンクロナイズドスイミング用のノーズクリップを使用した。

表1-1は、（a）嗅覚を遮断した条件と（b）遮断しない条件の結果を示したものである。表中の数字は、「その果物の味」への判断度数で全実験参加者の結果を合計したものである。どちらの条件においても、果物が典型色で味もその果物と一致する場合には、正しく味を言い当てられた。すなわち、赤色のときはイチゴ味、黄色のときはバナナ味、緑色のときはメロン味との答えが多かった［味3種類×色3種類（赤・黄・緑）において、（a）嗅覚を遮断した条件：$\chi^2(4) = 11.983, p < .05$、（b）嗅覚を遮断しない条件：$\chi^2(4) = 22.601, p < .001$］。

これらの結果は、果物の典型色はその果物をより強く連想させ、何の味であるかの判断もより正確になるということを示している。例えば赤色のケーキを見るとイチゴが連想され、イチゴの判断が増える。さらにイチゴの香りも与えると、色と香りの相乗効果でイチゴの判断が格段に増加する。香りを与えないと「わからない」の判断が非常に多くなるが、これは嗅覚がないと、味が分かりにくくなるからである。風邪を

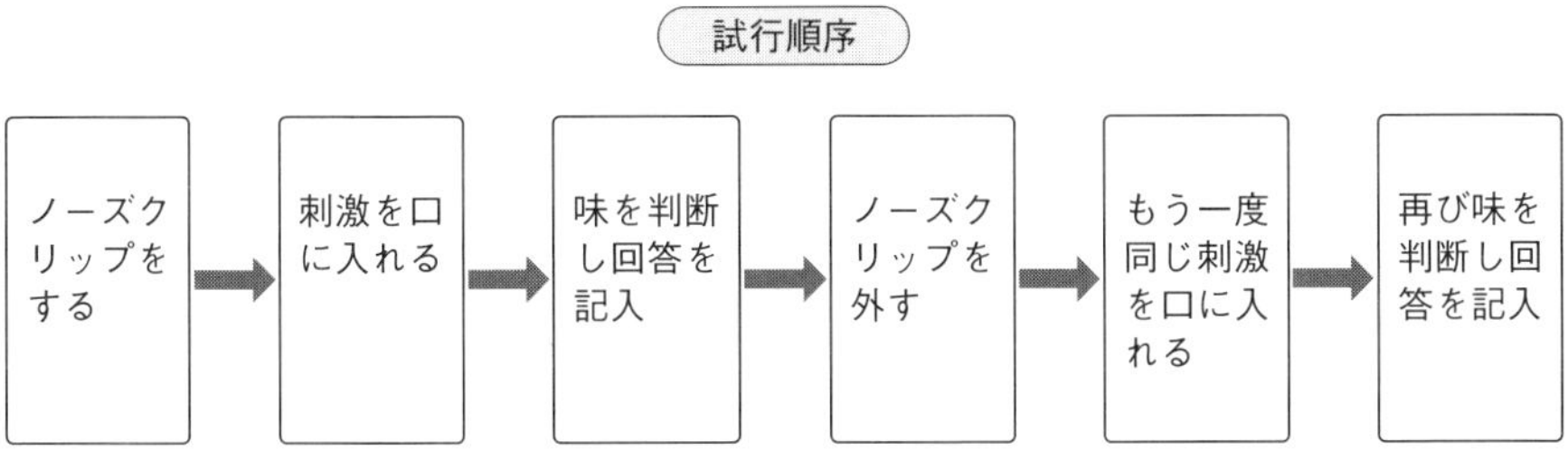
試行順序
ノーズクリップをする
刺激を口に入れる
味を判断し回答を記入
ノーズクリップを外す
もう一度同じ刺激を口に入れる
再び味を判断し回答を記入

図1-5　第1実験のながれ

表 1-1　蒸しケーキの色と同定された果物の味

表中の数字は度数

(a) 嗅覚を遮断した場合

MAX=15

刺激		反応				
味	色	イチゴ	バナナ	メロン	わからない	その他
イチゴ	赤	5	0	0	9	オレンジ
	黄	0	0	0	14	マンゴー
	緑	0	0	1	14	
	黒	0	0	1	12	チョコ１　ココア１
バナナ	赤	2	0	1	9	オレンジ　リンゴ　レモン
	黄	0	4	0	11	
	緑	0	0	2	9	ミント　ソーダ　ラムネ　サイダー
	黒	0	0	0	12	チョコ２　サイダー
メロン	赤	2	0	0	13	
	黄	0	1	1	13	
	緑	0	0	4	9	レモン　青リンゴ
	黒	0	0	0	11	ラムネ　ガム　ソーダ２

(b) 嗅覚を遮断しない場合

MAX=15

刺激		反応				
味	色	イチゴ	バナナ	メロン	わからない	その他
イチゴ	赤	14	0	0	1	
	黄	0	3	0	7	プレーン２　カスタード　マンゴー
	緑	2	0	4	8	ラムネ
	黒	5	0	1	6	ラムネ　チョコ　ココア
バナナ	赤	3	1	1	5	レモン２　ソーダ　ラムネ　オレンジ
	黄	0	5	1	5	レモン２　さくらんぼ　ラムネ
	緑	0	1	7	1	ソーダ３　ラムネ２　ミント
	黒	0	1	1	4	ソーダ２　チョコ３　パイン　ラムネ　ミックスフルーツ　駄菓子
メロン	赤	5	0	2	4	ラムネ　リンゴ　サイダー　駄菓子
	黄	0	2	4	5	パイン　カスタード　サイダー　レモン
	緑	0	0	12	1	レモン　青リンゴ
	黒	0	0	2	9	ラムネ　ガム　ソーダ２

引いたとき、鼻づまりを起こすと食べ物の味も分からなくなった経験があるだろう。それと同じである。それでも典型色の場合には、色を頼りに果物の味を同定している。結果を見ると、実験参加者としてはさぞかしやりにくい実験で悪戦苦闘しただろうことが想像できる。

次に、形と味の関係を調べた実験（第2実験）について説明しよう。この実験でも女子大生に参加してもらい、小さな蒸しケーキを刺激として用いた。女子大生は8名であった。今度の実験では色ではなく、蒸しケーキの形を変化させた。ケーキの味は、第1実験と同様にイチゴ・バナナ・メロンの3種類の果物の味とし、第1実験と同様の方法でエッセンスやオイルを用いて、イチゴ・バナナ・メロンの味と香りをつけた。ケーキの形は味とは無関係に、イチゴ、バナナ、メロンの典型的な形のいずれかとした（口絵1-2）。形はそれぞれの果物の典型的な形を型取り、イチゴ型とバナナ型とメロン型とした。これらの味と形を組み合わせて、9種類（味3種類×形3種類）の蒸しケーキを作成した。

実験は、蒸しケーキを皿にのせ、9種類の蒸しケーキをランダムな順序で実験参加者に提示して、何の味かを判断してもらった。今回の実験でも（a）嗅覚を遮断した条件、（b）嗅覚を遮断しない条件の2条件を設け、結果を比較することとした。

実験結果を表1-2に載せた。（a）は嗅覚を遮断した場合、（b）はノーズクリップをはずして嗅覚を伴う場合である。（a）嗅覚を遮断した場合には、イチゴ味のときは形がイチゴであってもなくても「イチゴ」と同定しやすく、バナナ味のときもメロン味のときも形とは無関係にそれぞれバナナやメロンと同定する反応が最も多いことが分かった。しかし、イチゴ味で形がバナナのときに、バナナ味であると反応したり、バナナ味で形がイチゴのときにイチゴ味と反応したりするというように、実際の味ではなく、形と同じ味に同定した反応もあった。一方で、メロン味で形はバナナだがイチゴ味であると反応するなど、味や形がまったく関係ない反応もあり、全体的に見てばらつきのあることが認められた。さらに、「わからない」という反応が多く、その他に挙げた味の種類は少なかった。判断するのが、

表1-2　嗅覚を遮断したときと遮断しないときの反応

表中の数字は度数

(a) 嗅覚を遮断したときの反応

MAX＝8

刺激		反応				
味	形	イチゴ	バナナ	メロン	わからない	その他
イチゴ	イチゴ	1	0	0	7	
	バナナ	0	1	0	6	プレーン
	メロン	1	0	0	7	
バナナ	イチゴ	1	0	1	4	ラムネ　オレンジ
	バナナ	0	3	1	3	ラムネ
	メロン	0	0	0	7	ラムネ
メロン	イチゴ	0	0	2	6	
	バナナ	1	1	2	4	
	メロン	0	2	3	3	

(b) 嗅覚を伴うときの反応

MAX＝8

刺激		反応				
味	形	イチゴ	バナナ	メロン	わからない	その他
イチゴ	イチゴ	5	0	0	3	
	バナナ	2	1	2	1	プレーン　ラムネ
	メロン	3	0	0	5	
バナナ	イチゴ	1	0	2	2	プレーン2　たまご
	バナナ	1	3	1	2	ラムネ
	メロン	0	1	1	3	ラムネ2　チョコ
メロン	イチゴ	1	0	5	0	プレーン　ラムネ
	バナナ	0	2	2	2	ラムネ　レモン
	メロン	0	2	5	0	ラムネ

かなり難しかったことが推測される。

一方、（b）嗅覚を伴う場合では、形にかかわらずイチゴ味のときはイチゴに、バナナ味のときはバナナに、メロン味のときはメロンに同定することが多く、やはり嗅覚を伴うほうが正答数もずっと多かった。しかし、イチゴ味でバナナの形のときにメロンと反応したり、メロン味でバナナの形のときにバナナと反応したりする実験参加者もいて、嗅覚遮断時と同様に判断にばらつきがみられた。嗅覚遮断時よりは「分からない」という反応数が減り、その他の反応が増えて、ラムネ、たまご、レモンなど種々の食べ物が挙げられた。

以上の結果より、第1実験の場合と同様に、味判断には味覚だけでなく、嗅覚からの情報が必要であり、口から鼻に抜けるにおいで味を判断できることが分かった。嗅覚遮断時よりも嗅覚が利用できる場合の方が、その他として挙げた種類が多いことからも、嗅覚情報も味覚判断に大いに利用されていたと考えられる。

二つの実験結果をまとめよう。蒸しケーキの果物の形はそんなには味覚判断を左右するものではなく、ケーキの形は色よりは味覚に及ぼす影響は小さかった。なぜか？　ここで、自然界で収穫される食べ物で、全く同じ形だけれど味が異なる食べ物を連想してみよう。なかなか思いつかないだろう。似ているものまで広げて考えると、「金時にんじんと紅大根…」くらいか（口絵1-3）。つまり、同じ形で異なる味の食べ物はそうはないのである。したがって食物の形が分かれば、その食物が何であるかも判断しやすい、ということになるのも当然である。

一方、色については、同じような色の食べ物が多数あるため、特定の味に同定するのは難しいのではないだろうか。例えば黄色ならバナナ、オレンジ、レモン、マンゴー、卵など、いくらでも挙げられる。ゆえにケーキの色が変わってしまうと、ケーキの味覚判断はずっと難しくなるのであろう。食物の色と形とは、その食物が何であるかのヒントとしては効果がかなり違うと考えられる。

ものを食べる行動は毎日習慣的に行っている行動の一つであり、非常に身近な行動である。食べるということから味覚や嗅覚が重要であると考えがちであるが、実は見た目、すなわち視覚情報が重要であることが、これらの実験を通して確認された。人間にとって視覚情報が行動の多くを左右するほど大きいことはこれまで広く知られていることであったが、「食べる」行動においても例外ではないことが明らかとなった。

毎日の食卓を振り返ってみよう。ガラスの器に素麺を入れることにより涼しさがアレンジされ、より冷たく感じられ、暑い夏の日でも食欲がそそられることは間違いない。同じご飯でもホカホカの湯気が立っているご飯のほうが、おいしそうに感じるのも当然のことだろう。やはり料理には、器や具材の色などの視覚情報が、おいしさを高めるための重要な演出要素なのである。本当に豊かな食生活は、視覚的な演出なしでは望めないと言えるだろう。

1-5 視覚を味覚に取り入れた料理の達人——北大路魯山人

料理は、それにふさわしい器に盛ってこそ、本当にそのおいしさを賞味することができる——この考えを広く世に知らしめたのは、北大路魯山人（ろさんじん）である。まず、彼の歩んだ道を振り返ってみよう。

写真1-1　北大路魯山人

彼は1883年に父・北大路清操と母・登女の次男として、上賀茂神社の社家に生まれた。10歳で尋常小学校を卒業すると、京都にある薬屋に丁稚奉公に出された。1903年、書家になることを志して上京し、次第に頭角を現した。1905年に中国を旅行して帰国後、福田大観を名乗って襖絵や篆刻などに多くの傑作を残した。その後、北大路姓に戻り、京都や金沢の素封家の食客として点々と生活をしながら、食器や食事に対する見識を深めた。1921年には会員制食堂「美食倶楽部」を始め、自ら厨房に立った。食器も自ら創作した。1925年には東京永田町の「星岡茶寮（ほしがおかさりょう）」を借り受け、会員制高級料亭を始めた。しかし後に星岡茶寮の経営者から追放された。1945年には、料亭も空襲により消失した。魯山人はその後も職の通人として活動したが、1959年肝硬変により亡くなった。76年の人生であった（写真1-1）。

魯山人の残した言葉の中に、「食器は料理の着物」という言葉がある。既成の食器には満足できず、自ら作陶を始めた魯山人は、料理と食器とを一体化して考えていた。そのため彼の作った食器は、それだけでは「物足りない印象を与える」といわれているが、料理が加わることにより、一つの食器が完成するのである。そしてそのとき一番輝いてみえる（口絵1-4参照）

料理とそれを盛る食器とが一体化したときに、器も料理も完成するという考えは、まさに視覚と味覚とを統合する考え方である。器との統合を考えるには、その器にあった形や色が料理に要求されるし、逆も真である。魯山人は料理が味覚や嗅覚だけで味わうものではないことに気づき、視覚が加わってこそ本当の食道楽となることを一つの持論として実践した人物といえよう。

1-3や1-4で紹介した実験は、食べ物の味覚判断に視覚が重要な役割を果たしていることを明らかにしたが、それを食道楽の形で世に知らしめたのが魯山人だったといえる。現代においても、料理を引き立たせるために種々の器が彩りよくテーブルに並べられるが、材料との一体化を彼ほど強く具現化した人はいないだろう。茶道においては茶を味わった後、茶器を鑑賞して主人（あるじ）に対してめで、作者やその魅力についてしばしの問答を行うが、料理においても料理を楽しんだ後に食器を鑑賞するような気持ちでその由来などを思い巡らすことのできる人が、本当の食の達人といえるのかもしれない。

1-6　食生活の中に潜む危険

私たちの摂食行動が視覚に支配されていることが心理実験を通して明らかになったが、それでは日常の摂食行動において、そのことをどう生かせばよいのだろうか。食中毒にならないためや太りすぎないために、何か良いヒントがあるだろうか。ここで食中毒にならないためにはどうすればよいかを考えてみよう。まずは、食べ物をしっかりと眺めよう。新鮮か？　おかしなひかり方をしていないか？　いつもと違う色・艶はないか？　など、注意深く観察することである。匂いや味も、しっかりとチェックしよう。口の中に入れてよく味わい、変な味ではないか、口解け具合はどうかなどを確認することも重要である。その際、おかしな思い込みをしないことが大切である。○○メーカーのだから、消費期限が××と書いてあるから、など先入観を持ってしまうと、自分の目で見たことを活用できずに終わってしまう。

右記のような手続きを慎重に行えば大丈夫かといえば、決してそうとはいえない。万一視覚がだまされてしまった場合、厄介なことになる。心理実験の結果からも確かめられたように、視覚による判断が摂食行動を大きく左右するので、もし本当は食べてはいけないものなのに、みたところ大丈夫と勘違いして食べてしまったら、少しくらい変な味でも、おそらくそのまま食べてしまうだろう。それくらい、「見ること」は重いのである。

スーパーなどで野菜を新鮮に見せるために霧吹きをしている光景に出くわすことがある。それまで古びてしなび始めているように感じた菜っ葉類が、霧吹きをした途端みずみずしく、新鮮に見えるのに感心する。消費者の多くは形のよいもの、色艶のよいものを求めたがる傾向にあるといわれているが、それらが常に安全で優れた品質のものであるとは限らない。色のあまりにきれいなものは人工着色料を使用している場合も少なくなく、多量にそれらを摂取した場合の危険性については危惧する声もある。なぜ私たちは、より色彩のきれいなもの、より形のきれいなものを好むのか。その理由の一つとして、そのようなもののほうが、私たちの記憶にマッチして、分かりやすいからだと考えられる。

ものにはそれ独自の固有色がある。これはメモリーカラーとも言われる——雪は白いし、にんじんは赤い。黄色いホウレン草や灰色のイチゴ等は、私たちの記憶にはない。そのためそれらの固有色に近いものを「よいもの」「新鮮なもの」と勘違いしてしまいやすくなる。どす黒いイチゴよりも真っ赤なイチゴのほうが、記憶しているイチゴの色に近い。化学肥料などを使用しないで自然栽培した場合には、形がゆがみ色もメモリーカラーからはほど遠いことが少なくない。どちらが健康に良いかは、言うまでもない。見た目にだまされやすいことを肝に銘じて、色や形にこだわらず、先入観を持たないよう選択することは容易ではないが、賢い消費者に求められている大切なことである。

冒頭でも述べたように、空腹であると、危険を検出する感度も低下してしまう。余計な買い物をしないためには満腹のときに買い物に行くのがよいとよく言われるが、それは余計な買い物を防止するほかに、危険を察知する感度を上げておくためにも役立つことである。

2　風呂に入る

「食べる」と同様に、「風呂に入る」も、ほぼ毎日の習慣的行動の一つといえる。特に日本人は風呂好きのようだ。日本には沢山の温泉があり、世界でも有数の温泉大国である。温泉の種類も単純泉、二酸化炭素泉、炭酸水素泉、塩化物泉、カルシウム‐硫黄塩泉、放射能泉など、多岐にわたる。湯量の豊富さと同時にその種類もさまざまあることから、いろいろな効用を享受できるのである。温泉療法といった言葉もきかれる。温泉療法とは温泉に入ったり、温泉の湯を飲んだりすることにより傷や病気を治療する方法であり、医学的見解に基づいて行われる。「湯治に行く」という言葉があるように、日本人には古くから取り入れられていた治療法の一つである。また人気のある温泉街には温泉に入るだけではなく、種々の娯楽施設や土産物屋などがあり、にぎやかで、日本人のレクリエーションや憩いの場として主要な観光地に発展していることが多い。

2-1　風呂の歴史

風呂の歴史は、6世紀にはじまる。中国から仏教が伝来したとき、風呂も一緒にわが国に伝わってきたといわれている。仏教では風呂に入ることは「七病を除き、七福が得られる」と説かれており、健康に良いと考えられていた。そのため「体を洗い清める」という大切な修行の一つとして、寺には浴堂が備えられるようになったが、寺は庶民にも入浴を施したことから、広くお風呂に入るという習慣が始まったとされている。その後、寺とは関係なく、純粋に風呂に入ることを目的とした「銭湯」が江戸時代に登場した。

明治時代になると、広い洗い場に高い天井といった開放感のある銭湯が普及した。さらに大正時代になると、銭湯は近代化され、タイル張りで水道式のカランが取り付けられ、より衛生面に配慮したものとなった。当時は自宅に風呂を持っているのは一部の富裕層であり、大方の庶民はこのような「銭湯」に通っていた。

家風呂が普及したのは、戦後になってからである。現在、風呂は全自動の電気風呂やガス風呂、テレビ付きや浴室乾燥機の機能がついたものなど、多機能のものが普及している。ストレスの多い現代社会にあって、風呂場は息のつけるホッとできる数少ない空間の一つである。入浴剤やＢＧＭの利用など、その効果を高めるために風呂に入るという行動は、さらに進化を続けている。

2-2　日本人は風呂好き

日本人は、どのような風呂の入り方をしているのだろうか。日本人の入浴行動については、２００８年2月にアサヒビールが全国20歳以上の日本人の男女１６４６名にインターネット調査を行っている(4)。それによると、全体の

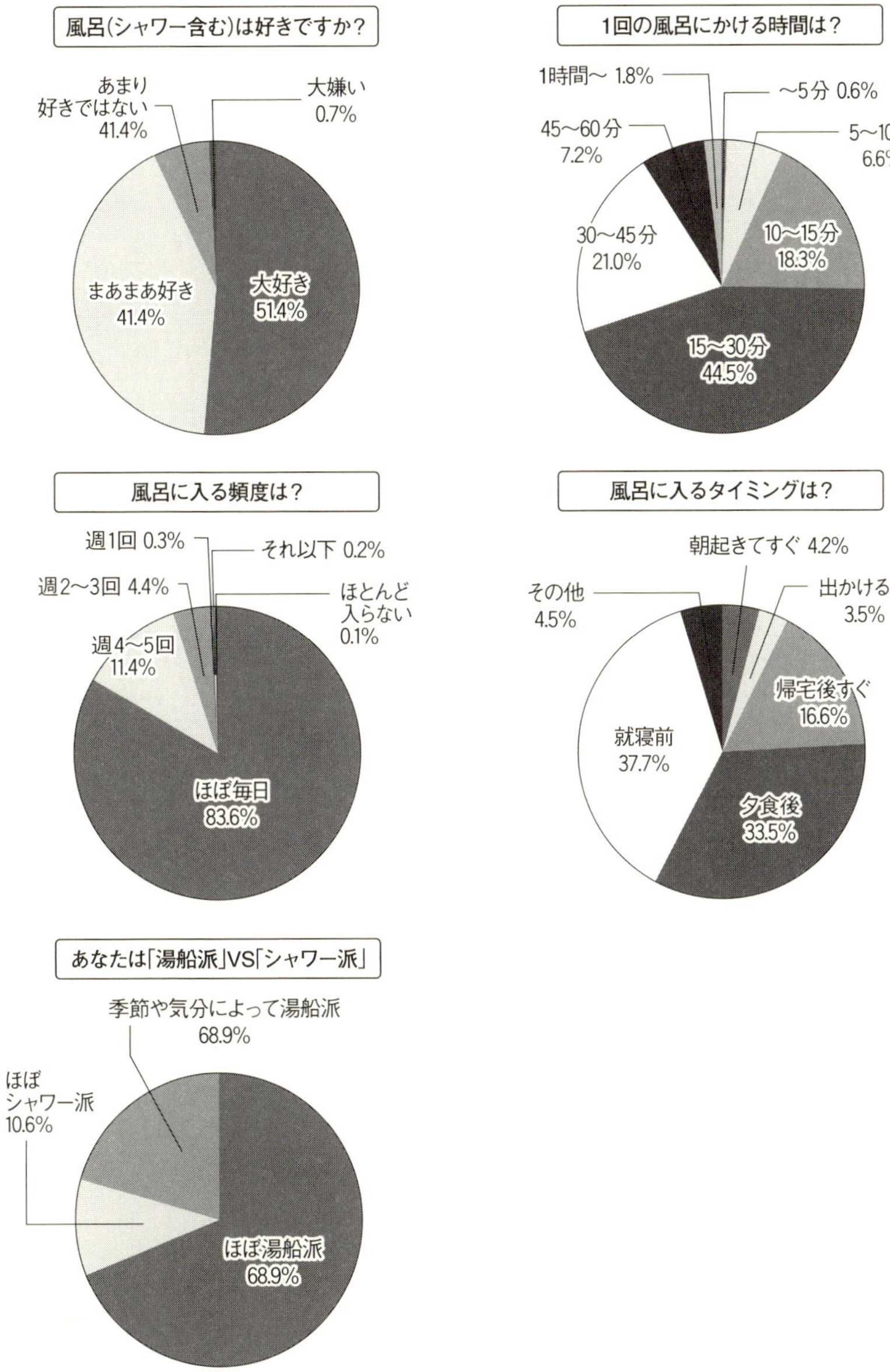

図1-6　風呂アンケートの結果

アサヒビールのインターネットアンケート（2008）より

9割以上が「風呂好き」を自負しており、8割以上が「ほぼ毎日入る」と回答している。また女性の2割以上が「30～45分間」のバスタイムを楽しんでいる。入浴の目的も男女間で異なっており、男性は「(食事前にさっぱりしたい)帰宅後すぐ派」が多く、女性は健康効果を重視する「就寝前派」が多かった。湯船につかるのとシャワーで済ますのとどちらが良いかを尋ねると、圧倒的多数で「湯船派」に軍配が上がった。20代と50代以上には「湯船派」が多く、30代と40代は、「季節や気分で湯船派」が目立った(図1-6参照)。

このように見てくると、日本人のバスタイムは、一日の終わりの「ボディケア」の意味合いが強く、バスルームはイライラを解消する「自分自身を取り戻す場所」と考える人が多いことが分かる。一方、30代では「親子のコミュニケーションを育む場」としてバスタイムが活用されている。なお、同様のアンケートを東京ガスも2005年に行っており、やはり同じような傾向が認められ、8割が湯船につかり、34%が入浴時間が10分～20分と答えている。

次に、「あなたにとってお風呂とは、一体どんな時間ですか」という問いに対しては、表1-3のような結果が得られた。風呂に入っている時間は一日の疲れを取ることができるリラックスタ

表1-3 「あなたにとってお風呂とは、一体どんな時間ですか」

アサヒビールのインターネットアンケート（2008）

順位	お風呂の時間	回答の割合
1	体の汗や汚れを落とす洗浄タイム	75.20%
2	疲労回復タイム	67.50%
3	ストレス解消・リフレッシュタイム	50.10%
4	癒し・リラックスタイム	41.70%
5	肩こり・腰痛の解消タイム	25.10%
6	冷え性解消タイム	21.60%
7	安眠促進タイム	12.50%
8	子供・家族とのコミュニケーションタイム	12.30%
9	美容(美肌・美髪)タイム	11.20%
10	ダイエットタイム	4.90%

MA（複数回答）／n（有効回答数）

表1-4　入浴剤の種類と構成成分

入浴剤の種類	主な構成成分
無機塩類系	無機塩類を主成分とし、保湿剤、色素、香料、その他の成分を添加したもの。
炭酸ガス系	炭酸ナトリウム、炭酸水素ナトリウム等の炭酸塩と有機酸類を組み合わせて配合し、保湿剤、色素、香料、その他の成分を添加したもの。
薬用植物系（生薬系）	生薬類をそのまま刻んだものと、生薬エキスを取り出して無機塩類等と組み合わせたものがある。
酵素系	酵素を配合したもので、無機塩類と組み合わせることが多い。
清涼系	無機塩類系や炭酸ガス系の基剤に、清涼成分等により冷感を付与させ、入浴後の肌をサッパリさせたもの。
スキンケア系	保湿成分を含み、白濁するものや無機塩類に保湿成分を含ませたもの。

表1-5　入浴剤の配合目的と成分例

	配合目的	成分例
無機塩類系	入浴による温熱効果や清浄効果を高めたり、湯を軟らかくする。	炭酸ナトリウム、炭酸カルシウム、炭酸水素ナトリウム（重曹）、セスキ炭酸ナトリウム、塩化ナトリウム（食塩）、塩化カリウム、硫酸ナトリウム（芒硝）、硫酸マグネシウム、メタケイ酸ナトリウム
生薬類	入浴による温熱効果を高める。	ウイキョウ、オウゴン、オウバク、カミツレ、コウボク、米発酵エキス、ジュウヤク、ショウブ、センキュウ、チンピ、トウキ、トウヒ、ニンジン、ユズ、ヨモギ、アロエ、ボウフウ、ハッカ葉、モモ葉、ショウキョウ、甘草、ケイヒ
酵素類	皮膚を清浄にする。	パパイン、パンクレアチン、蛋白質分解酵素
有機酸類	重曹等の炭酸塩と組み合せて配合し、湯のpHを調整して炭酸ガスを発生する。	コハク酸、フマル酸、リンゴ酸、クエン酸、マレイン酸、酒石酸、乳酸
保湿剤（油成分を含む）	肌をしっとりさせる。	液状ラノリン、ホホバ油、グリセリン、カゼイン、ステアリルアルコール、オリーブ油、大豆油、流動パラフィン、白色ワセリン、プロピレングリコール、脱脂粉乳、スクワラン、海藻エキス、ハチミツ、ポリエチレングリコール、コメ胚芽油
着色剤	お湯に色をつける。	リボフラビン（ビタミンB2)、カロチン、クロロフィル、色素［黄色202号-(1)、黄色4号、青色1号、緑色201号、緑色204号、等］
その他		無水ケイ酸、カンフル、サリチル酸メチル、テレピン油、l－メントール、デキストリン、酸化チタン、香料

イムであり、風呂場は癒し空間であると感じる人がやはり多いことが分かった。

2-3　入浴剤の効用と危険

風呂に入るためには、どのような行動が必要であるか、銭湯ではなく、自家風呂のケースで考えてみよう。まず浴槽にお湯を張らなくてはならない。最近は自動制御の風呂が増えたので、温度設定と水量の設定をしておくと、張れたときに教えてくれる。そこまで自動化されていない場合には、湯をひねってから時々見に行く。「もう少しでいいかな」と思うころ、着ているものを脱いで準備をする。季節によってゆずや菖蒲を入れたり、ふだんから入浴剤を入れたりする人もいるだろう。

ここで入浴剤の効用についてみてみよう。表1-4には入浴剤の種類と主な構成成分を、表1-5には市販されている入浴剤の配合目的と成分例を載せた（いずれも日本浴用剤工業会 ＪＢＩＡ）による。最近はいくつもの成分をあわせて用いることが多いようである。着色剤には必ずしも天然成分を用いているのではなく、人工着色料も使用されているから、自然志向というわけではなさそうである。人工的な添加物については、第2章でもその安全性について取り上げられているので、参照してほしい。

無機塩類系は塩類が皮膚の表面のたんぱく質と結合して膜を形成し、この膜が身体の熱の放散を防ぐために、入浴後の保温効果が高く冷めにくいという特徴がある。

炭酸ガス系は炭酸ガスの血管拡張作用を利用したものであり、湯に溶けた炭酸ガスは皮膚吸収により容易に皮膚下内に入り、直接血管の筋肉へはたきかけ、血管を拡げる効果がある。血管が拡がることにより血圧が下がり、血流量が増える。そのため全身の新陳代謝が促進され、疲れが回復する。

薬用植物系は、生薬に含まれている化学成分のはたらきと独特な香りを特徴とする。血行促進や湯冷め防止効果などがある。

酵素系は他の成分と一緒に使用され、毛穴や皮膚の汚れに特異的に作用して、汚れを洗い流しやすくする。

清涼系は夏用に作られたもので、主にl－メントールを配合して冷感を感じさせるようにしたものや、炭酸水素ナトリウム、硝酸アルミニウムカリウムを配合して肌をさっぱりさせる効果がある。この場合、お湯の色は青色系にして視覚的な爽快感を与えるようにしている。

スキンケア系は保湿成分が皮膚に浸透し、スキンケアを行う。その結果、入浴後は肌がすべすべ、しっとりする。

（以上、日本浴用剤工業会ホームページより）

このように入浴剤は本来はその効用を重視してその日の体調にあったものを選ぶのがよさそうだが、実際には、風呂に浸かっているときに本当に気持ちよく感じるのは、効能書きよりもむしろ色や香りの方ではないだろうか。言い換えれば、視覚や嗅覚が大きく影響していると考えられる。色や香りによって風呂に入る人がどのように感じているのかについて、ここでちょっとした実験をやって、そのことを確かめてみよう。また風呂の張りすぎに入浴剤が役立つのかどうか、つまり入浴剤の色によって実際の湯量がどれくらい正確に認知できるのかも併せて調べてみた。

実験の目的は、入浴剤の色と湯量をいろいろに変えてみて、風呂の印象に及ぼす入浴剤の影響を調べてみようというものである。入浴剤の色は、黄・青・赤・緑・乳白色のいずれかとし、湯量は半分・適量・あふれのいずれかとした。なお、実験に用いた入浴剤は以下のものだった。

《黄》　発売元　ツムラライフサイエンス株式会社
きき湯　肩こり・疲労回復に　カリウム芒硝炭酸湯
販売名　きき湯E2－a

《青》発売元　ツムラライフサイエンス株式会社
きき湯　けだるい疲労・肩こりに　カルシウム炭酸湯
販売名　ツムラきき湯D1-a

《赤》発売元　株式会社バンダイ
製造販売元　関西酵素株式会社
キューティーハニー　ハニーフラッシュ風呂
販売名　キューティーハニー入浴剤A

《緑》発売元　マツモトキヨシ
製造販売元　株式会社白元
薬用入浴剤　森の香り
販売名　バスキングB5（森の香り）

《乳白色》発売元　アース製薬株式会社
バスロマンbihada　ホワイトリリーの香り
販売名　バスロマン美肌入浴剤1a

実験参加者は、14名の大学生と大学院生であった。モニター（200-FP（DELL）20・1インチ）から風呂に湯をはっている動画を見せ、どのような印象を持ったのかを10個の形容詞について「まったくあてはまらない」（1点）

表1-6　風呂実験に用いた10個の形容詞

楽しい
気分が良い
不安だ
ゆとりを感じる
筋肉がほぐれそう
肌がすべすべしそう
疲れがとれそう
血行が良くなりそう
あたたまりそう
湯量が多い

から「とてもあてはまる」（5点）まで、5段階で判断してもらった。10個の形容詞を表1-6に載せる。実験参加者には入浴剤の効用についての情報は与えず、見た目だけからその印象を判断してもらった。ビデオなので香りはせず、映像と音だけからの判断であった。湯の出し具合は同じとしたが、湯量によって湯をはる音は異なった。湯量については、湯量と音とを合わせて「湯の量」として総合的に判断してもらった。

結果を表1-7にまとめた。全体的に黄色や乳白色の入浴剤の効果が高かった。乳白色は特に「肌がすべすべしそう」の評価が高かった。無色（入浴剤無し）の評価は高くもなく低くもなかった。全般的に「適量」、「あふれ」、「半分」の順に、評価が高いから低いと変わるようである。一方、赤色はどの条件においても評価が低めで、湯量が「半分」や「あふれ」の場合には不安な感じを与えていた。無色（入浴剤無し）は全般的に中程度の評価しか得られていないことを考えると、赤色系を除き、入浴剤が風呂の楽しみを増大させていることが分かった。

次に、湯量に注目してみると、「適量」と「あふれ」の間ではあまり差異がないが、「半分」となると評価が低くなる。同じ色の場合でも、「半分」は「適量」や「あふれ」よりも評価が低い。それでは「適量」がよいかというと必ずしもそうではなく、全般的には適量の場合に高い評価を受ける傾向にはあるものの、「疲れがとれそう」や「血行がよくなりそう」では、「あふれ」の評価が高めだった。風呂でリラックスするには、やはりたっぷりとした湯につかるのがよいらしい。温泉では湯が常に流れていて湯船から湯があふれているから、「あふれ」の場合は温泉気分に浸れるのかもしれない。銭湯でも湯はたっぷりと流れているが、これも衛生面だけでなく同様の理由からだろう。

これらの結果は、入浴剤が使用されると入浴の効果が促進されるが、例外もあり、赤色系は逆効果になることもあ

表1-7　入浴剤の色と風呂のはり具合による印象の比較

得点は最小が14点，最大が70点である

順位	楽しい	合計
1	乳白色　あふれ	56
2	緑　あふれ	55
3	緑　半分	53
4	青　適量	52
4	黄色　あふれ	52
6	黄色　適量	51
7	赤　半分	50
8	無色　適量	49
8	赤　あふれ	49
8	赤　適量	49
11	緑　適量	47
12	無色　半分	45
12	黄色　半分	45
14	乳白色　適量	44
15	乳白色　半分	42
16	無色　あふれ	41
16	青　半分	41
18	青　あふれ	37

順位	ゆとりを感じる	合計
1	黄色　適量	56
2	無色　適量	54
3	乳白色　適量	53
4	黄色　あふれ	49
5	乳白色　あふれ	48
5	緑　適量	48
7	乳白色　半分	45
7	緑　あふれ	45
9	黄色　半分	44
9	青　適量	44
11	青　あふれ	42
11	無色　半分	42
13	赤　適量	40
14	無色　あふれ	39
15	緑　半分	36
16	青　半分	35
17	赤　あふれ	34
18	赤　半分	33

順位	気分が良い	合計
1	乳白色　適量	57
2	乳白色　あふれ	55
3	緑　適量	54
4	黄色　あふれ	52
4	青　適量	52
6	無色　適量	52
7	黄色　半分	51
8	赤　適量	50
9	青　あふれ	49
10	乳白色　半分	47
11	無色　あふれ	45
12	緑　あふれ	45
13	青　半分	44
14	赤　あふれ	43
14	無色　半分	43
16	緑　半分	42
17	赤　半分	35
18	黄色　適量	26

順位	筋肉がほぐれそう	合計
1	黄色　適量	58
2	緑　適量	57
3	乳白色　適量	56
4	黄色　あふれ	55
5	乳白色　あふれ	54
6	黄色　半分	50
6	緑　あふれ	50
8	青　適量	47
9	赤　あふれ	46
9	赤　適量	46
9	無色　適量	46
9	緑　半分	46
13	青　あふれ	45
13	乳白色　半分	45
13	無色　あふれ	45
16	青　半分	40
17	無色　半分	37
18	赤　半分	36

表1-7つづき

順位	不安だ		合計
1	赤	半分	43
2	赤	あふれ	39
3	青	あふれ	38
3	赤	適量	38
5	無色	あふれ	37
6	緑	あふれ	30
7	青	半分	29
7	乳白色	半分	29
7	緑	半分	29
10	乳白色	あふれ	28
10	緑	適量	28
12	無色	半分	27
13	黄色	半分	26
13	黄色	あふれ	26
15	青	適量	25
16	黄色	適量	22
16	乳白色	適量	22
18	無色	適量	19

順位	肌がすべすべしそう		合計
1	乳白色	あふれ	62
1	乳白色	適量	62
3	乳白色	半分	57
4	黄色	適量	53
5	黄色	あふれ	52
6	緑	適量	50
7	黄色	半分	46
7	青	あふれ	46
7	青	適量	46
10	緑	あふれ	45
11	青	半分	44
12	赤	あふれ	43
12	赤	適量	43
12	無色	適量	43
15	無色	あふれ	39
16	緑	半分	37
17	無色	半分	34
18	赤	半分	31

順位	疲れがとれそう		合計
1	黄色	適量	60
2	黄色	あふれ	57
2	緑	あふれ	57
4	乳白色	あふれ	55
4	緑	適量	55
6	乳白色	適量	54
7	黄色	半分	51
7	無色	適量	51
9	青	適量	49
10	赤	適量	48
11	青	あふれ	47
11	乳白色	半分	47
13	無色	あふれ	46
14	赤	あふれ	45
14	緑	半分	45
16	青	半分	44
17	無色	半分	39
18	赤	半分	35

順位	湯量が多い		合計
1	赤	あふれ	70
2	黄色	あふれ	69
2	青	あふれ	69
2	乳白色	あふれ	69
5	無色	あふれ	68
5	緑	あふれ	68
7	青	適量	55
8	緑	適量	54
9	黄色	適量	53
9	無色	適量	53
11	乳白色	適量	52
12	赤	適量	50
13	緑	半分	25
14	乳白色	半分	23
14	無色	半分	23
16	青	半分	21
17	黄色	半分	18
17	赤	半分	18

表1-7つづき

順位	血行が良くなりそう		合計
1	黄色	適量	58
2	黄色	あふれ	55
2	乳白色	あふれ	55
2	緑	あふれ	55
5	乳白色	適量	54
6	無色	適量	53
7	黄色	半分	52
7	赤	あふれ	52
9	緑	適量	51
10	赤	適量	49
11	乳白色	半分	48
12	無色	あふれ	47
12	緑	半分	47
14	青	適量	46
15	青	あふれ	45
16	青	半分	43
17	無色	半分	41
18	赤	半分	37

順位	あたたまりそう		合計
1	黄色	適量	61
2	黄色	あふれ	60
2	乳白色	適量	60
4	乳白色	あふれ	58
5	緑	あふれ	57
6	赤	あふれ	55
6	無色	適量	55
6	緑	適量	55
9	無色	あふれ	53
10	赤	適量	51
11	青	あふれ	49
12	乳白色	半分	46
13	黄色	半分	45
14	青	適量	41
15	緑	半分	38
16	無色	半分	35
17	青	半分	32
18	赤	半分	30

ること、また湯量との関係で感じが変わってくることを示している。風呂でリラックスするためには、「何でも良いから入浴剤を入れて、ただ入ればよい」というわけではないことが分かった。

湯量については、入浴剤の色により特に大きな差異はなかった。どの色でも湯量の「あふれ」「適量」「半分」は、ほぼその通りに判断されていた。したがって、高齢者のみ世帯などで「この色にすれば実際よりも湯量が多く見えて湯をはりすぎることはない」というような効果が期待できるものはなかった。さらに高齢者の場合には、体重移動をしたりバランスをとったりすることが難しくなるが、乳白色の場合には浴槽内の深さが分かりにくいので、上手くできないのではないかと思われる。乳白色の評価は全般的に高かったので使用される頻度も高いと考えられるが、高齢者の場合には特に注意が必要だろう。

入浴剤はその効用に注目されがちであり、購入する際にもそこに注意を払う人が多いだろうが、視覚的な色や濁りなどによって主観的なリラックス感などに違いのあることが分かったので、私たち購買者は見た目の効果にも注意を向けるとよいだろう。入浴剤の効用だけではなく、色や香りなどにも気を配ってよりよいバスタイムを楽しみたいものである。

3　インターホンに出る

インターホンが鳴ったとき、あなたはどのような行動をとるだろうか。通常は、まずモニターを見るだろう。そこに映し出されている人物が知り合いであればまずは安心する。知らない人物である場合には、ちょっと警戒しながら受話器をとる。あるいは居留守をする。居留守をすればそこで一応事は終わる。同じ人物がまた来るかもしれないが。居留守をするかしないかの決め手が何であるかを調べるのも面白いが、ここではインターホンに出てしまった場合について考えてみよう。

「そもそも出るからいけないんです。出るから相手が話し、そしてだまされるのです。」

とか、

「うちはカメラで相手の顔が見えるから、セールスの人は無視します。」

などと言う人がいる。確かにその通りであるが、人間であれば「魔がさす」ことだってあるだろう。良くモニターを見ればよかったのだが、ピンポーンの音がしたものだから反射的についうっかりインターホンに出てしまい、相手がしつこくて困って後悔した、という経験のある人も多いのではないだろうか。

相手がもし何か下心のある人物だったら、ちょっとした判断が危険を家の中に招き入れてしまうことになりかねない。騙されないように、のせられないようにするには、どうすればよいのか、まさかの時に備えて考えておくことは大切なことである。そこでインターホンに出てしまった後、私たちが気をつけなくてはならないことが何かについて、考えてみよう。

インターホンに出た場合、相手は自らを名乗るが、ここからが難しい。名乗った内容によって、玄関のドアを開けるか開けないかを決めなくてはならないのである。それも数秒のうちに判断しなくてはならない。ボールは投げられ、どう受け止めたらよいのかを決めなくてはならない。つまり、ほんの数個の言葉と相手の風貌や表情、話し方から、その人物を信じてよいのかいけないのか、戸を開けてよいのかいけないのかを決めなくてはならない。ドアを決して開けてはいけない相手を玄関に入れてしまった場合には、その後にどんな災難が降りかかってくることか…考えただけでも恐ろしい。

そこでインターホンが鳴ったときに、私たちがどのような基準のもとで判断をしているのかについて調べる実験を行って検討してみた。一戸建てや集合住宅など、現代の住宅環境はさまざまである。あまりいろいろなケースを考えると実験を組み立てるのが難しくなるので、ここでは一戸建ての玄関のインターホンが鳴った場合を取り上げてみよう。

やり取りする内容にもよるかもしれないので、日常生活の中で「よくあるケース」と「めったにないケース」の二つのケースを考えてみた。「宅配便」（よくあるケース）と「レストランの宣伝」（めったにないケース）としてみた。刺激の提示方法は、両条件とも全く同じとした。プロの俳優に演技してもらったが、人物的な魅力や演技力などの俳優の個人的な条件に結果が左右されないように、同じ俳優に「宅配便」と「レストランの宣伝」の両方を演技してもらった。相手が男か女かでも違うかもしれないと考え、俳優は男女3名ずつとした。

手続きとしては、いずれもインターホンがピンポーンと鳴った後にモニターに相手の顔が映し出される。向こうの言うことを聞き、その後で以下の三つの質問に答える、というようにした。

＊扉を開けるかどうか

＊その人物（およびその人物の言うこと）は信用できるかどうか
＊相手の印象は感じがよいか悪いか

答える方法は、三つの質問とも該当するところに○をつけてもらうようにした。判断は3秒くらいとしたので、ゆっくり考える暇はない。実際に自宅のインターホンに出たときも、開けるかどうかの結論を出すのはそれくらいだろう。3秒は適当な時間と考えた。

実験参加者は、14名の大学生および大学院生であった。実験に登場した人物（プロの俳優）の写真を口絵1-5に例として示す。登場人物には性別条件（男性・女性）、表情条件（笑顔・怒り（威圧的）・無感情（平静））・身なり条件（スーツ・作業着）を設けた。無表情で帽子を被った場合も検討した。帽子は感情を表すものではないが、感情状態がやや判別しにくくなることと、帽子をかぶっていることが感情表現とどれくらい効果の点で差異があるのかを見るために、便宜上ここでは表情条件の中に入れておく。台詞は2種類用意した。したがって実験条件は性別（2）条件ごとに表情（4）×身なり（2）×台詞（2）の16条件とした。男性でも女性でも使うことのできる言葉使いにした。台詞を次に記す。

宅配便：「宅配便です。荷物の配達に来ました。印鑑をお願いします。」
レストランの宣伝：「今度、駅前にオープンしたレストランです。ちょっとデリバリー商品をご紹介したいのですが、少しお時間を頂けるでしょうか。お願いします。」

宅配便のセリフはありふれていて、パターン化されたような言い回しである。一方、レストランの方は話をしっかり聞かないと、相手の立場や話の内容が理解できない。レストランの代わりに、新聞の勧誘や屋根瓦がはがれているのでリフォームが必要などの内容が考えられる。中には強引に契約させるような悪質なケースもあるから、この種の勧誘には注意が必要だ。

登場人物はプロの俳優で男性3名と女性3名。各人が16条件をすべてこなした。これを人物や条件をランダムにして実験参加者に提示して、右記のような判断を求めた。

結果を表1-8に示す。宅配便もレストランも共通しているのは、開けるか開けないか、信用できるかできないか、感じが良いか悪いかの決め手は、総じて格好よりも表情であるということである。特にこの傾向は、レストランの場合に顕著であった。たとえばレストランの場合、信用できる・できないの判断では格好については差がなかったが、表情については有意差が認められた（二元配置の分析の結果は$F(1, 13)=41.3, p<0.001$）。表情と言っても怒った顔、無愛想な顔では駄目である。とにかく笑みを絶やさないことである。一にも笑顔、二も笑顔が、相手に玄関を開けてもらう鍵であるといえよう。

レストランのデリバリー宣伝に来た人が作業着というのもなんだか変な感じがするが、それも笑顔であればあけてもらいやすい。多少のおかしな格好も、笑顔で帳消しにされてしまうということである。

一方、宅配便の場合は、面白いことに作業着を着ていると圧倒的に信用されやすいということが分かった（ただし感じが良い悪いの質問の場合は、有意差はなかった）。言い換えれば、作業着を着ていると、簡単に信用させることができるということである。これは要注意である。作業着に帽子姿で、少し愛想笑いをすれば、相手はかなり信用してしまう。宅配便の場合、帽子はかなりの効果があり、相手に「本物の」宅配便作業員であることを思い込ませる強力な武器となっている。同様のことは他の制服のある職業についても言えることであり、身なりから勝手に相手の職業を思い込みやすい。制服姿の場合こそ、身分証明書を提示してもらい、しっかり確認することが必要であろう。

これらの結果から得られる教訓は、笑顔にだまされるな、それらしい身なりにだまされてはいけない、ということである。

表1-8　インターホン実験の結果

得点は最小が84点，最大が168点である

〔宅配便〕

開けない	表情	格好	得点
↑	怒り	スーツ	129
	無表情	スーツ	120
	怒り	作業着	116
	帽子	スーツ	116
	笑顔	スーツ	106
	無表情	作業着	93
↓	帽子	作業着	88
開ける	笑顔	作業着	87

〔レストラン〕

開けない	表情	格好	得点
↑	怒り	作業着	168
	怒り	スーツ	167
	無表情	作業着	163
	帽子	作業着	161
	無表情	スーツ	160
	帽子	スーツ	160
↓	笑顔	スーツ	151
開ける	笑顔	作業着	145

信用できない	表情	格好	得点
↑	怒り	スーツ	160
	怒り	作業着	145
	無表情	スーツ	144
	帽子	スーツ	130
	笑顔	スーツ	126
	無表情	作業着	111
↓	笑顔	作業着	102
信用できる	帽子	作業着	91

信用できない	表情	格好	得点
↑	怒り	作業着	157
	怒り	スーツ	156
	無表情	作業着	141
	無表情	スーツ	132
	帽子	スーツ	126
	帽子	作業着	126
↓	笑顔	作業着	108
信用できる	笑顔	スーツ	103

感じが悪い	表情	格好	得点
↑	怒り	作業着	168
	怒り	スーツ	167
	無表情	スーツ	155
	無表情	作業着	152
	帽子	スーツ	149
	帽子	作業着	144
↓	笑顔	作業着	97
感じが良い	笑顔	スーツ	92

感じが悪い	表情	格好	得点
↑	怒り	作業着	168
	怒り	スーツ	165
	無表情	作業着	147
	無表情	スーツ	144
	帽子	作業着	142
	帽子	スーツ	136
↓	笑顔	作業着	88
感じが良い	笑顔	スーツ	86

笑顔と対照的なのは、無愛想で怒ったような表情の場合である。このような表情の場合には、服装ではカバーしきれない。無表情も同様に相手に警戒されやすい。結局、モニターの中の人物を判断する際には、服装なども参考にするが、笑顔を作られているとそれが決め手になって、つい開けてしまうという結論になる。身なりよりも相手の表情を良く見ることが大切なことを、特にこの実験は教えてくれている。「何と言っているのか」が一番大事なはずであるが、実際は表情や身なりに目が行ってしまい、つい信用してしまう。このあたりに気をつければ、少しは災難を防げるかもしれない。

4　あなたには分かりますか——その音は安全？　危険？

ここまでは、日常生活でよく行われる行動をみてきた。その結果、視覚情報が重要であるということが分かった。次に視覚についで情報の利用が多い、聴覚について考えてみよう。耳だけで、どれくらい安全な音と危険な音とを聞き分けられるのかについて検討する。

耳は常に外界に向けて開いているので、常時さまざまな音が入ってくる。もちろんこのままでは情報があふれて大変なことになるので、脳でどの情報を取捨選択するのかを決定している。視覚の場合は、見たくなければ目をつぶって見ないで済ませることもできるが、聴覚の場合はこうはゆかない。聴きたくないものでも聞こえてしまう。耳は常にオープンな状態なのである。人が聞くことのできる音の高さは２０Hzから２０００Hzの範囲であるが、人声の場合は３０００Hz付近の音までが聞こえれば何を言っているのか大体聞き取れるから、話し声は通常嫌でも耳に入ってきてしまう。しかしカクテルパーティーのように大勢の人が思い思いの相手と話をしているようなかなり騒がしいパーティー会場でも、話したい相手とのみ会話を続けることができる。これは選択的注意といって、私たちが注目したい音にのみ注意を向けると、それ以外の情報をシャットアウトできる脳のはたらきによる。

このように耳が休みなくはたらくことにより聴覚は生じ、その結果、日常生活においては様々な音が否応なく聞こえてくる。もし危険な場面に遭遇した場合…通常は視覚で安全か危険かを判断するが、夜だったり、停電で暗闇だったり、あるいは後方に危険が迫っている場合には、聴覚に頼るしかない。

それでは聴覚によって音を聞き取り、それがどのような音であるのか、安全な音か危険な音かなどを判断する場合、どれくらい正確にできるものなのだろうか。音の高さや音の大きさに関してはその閾値がこれまでに明らかにされているが、安全か危険かがどのように区別されて知覚されるのかについても実験を行って確かめることにした。

実験は、さまざまな音を提示して安全か危険かを判断してもらうというものである。自然界の音から人工的な音まで57種類の音を刺激として選んだ。これらの音を選ぶ際には、日常的によく聞く音からあまり聞かない音まで多岐にわたるようにした。刺激に用いた音は、以下のＣＤから選んだ。

効果音大全集14　乗用車／サイレン／船舶
出版社　キングレコード
出版年　１９９９年

効果音大全集41　身近な生活効果音
出版社　キングレコード
出版年　１９９６年

実験参加者は13名の大学生および大学院生であった。スピーカー（ROLAND, MA-10A）を通して刺激音を聞きやすい大きさで聞き、それらが安全な音か危険な音かを判断した。また、その後でもう一度同じ57種類の音を提示して、何の音だと思うかを答えてもらった。判断は安全な音と判断した場合を1点、危険と判断した場合を2点として、全被験者の得点を合計してその得点順に表1-9にまとめた。

安全と判断された音は、「石を削る」「米を研ぐ」「太鼓」「カウベル」「洗濯・手洗い」「ページをめくる」が同数で、安全な音の1位であった。一方、「消防車」「爆竹」は、危険な音と判断されたトップであった。

次に、何をもって安全な音、危険な音と判断しているのかについて考えてみよう。爆竹の音は確かに音量が大きく突発的で、そのため音だけ聞くとびっくりさせられ、危険を感じさせられる音として判断されるのも無理ないように思われる。消防車についてもサイレンやカンカンという音は音量も大きく耳に響く感じで、危険を感じさせる音に感じるだろう。しかし救急車も危険な音に判断されているのはなぜだろう。救急車のピーポーピーポーという音自体は特に音量が大きいわけではないし、突発的な音でもない。つまりその音自体は危険を感じさせるようなものではない

表1-9　その音は安全か危険か

得点は最小が13点，最大が26点である。

		得点
安全	石を削る	13
	米を研ぐ	13
	太鼓	13
↑	カウベル	13
	洗濯・手洗い	13
	ページをめくる	13
	そろばん	14
	ねじを巻く	14
	釘を打つ	15
	階段駆け上がり	15
	メトロノーム	16
	雪道の歩き	16
	遊覧船汽笛	16
	大根おろし	16
	草を刈る	16
	鍛冶屋	16
	お手玉	17
	自転車のベル	17
	大勢の足音	17
	鉛筆で書く音	17
	暖炉の火	17
	乗用車・ドアの開け閉め	17
	薪割り	17
	ポンポン船エンジン音	18
	鳥の羽の音	18
	大型船エンジン音	18
	布を裂く	18
	スコップで土をすくう	18
	ミシン	19
	ラジオのチューニング	19
	オートバイ・通過音	19
	竹を鋸でひく	19
	鉄階段の足音	19
	ヒュルヒュル風	20
	吹き降りの雨	20
	オートバイ・始動音	21
	植木の葉	21
	乗用車・通過	21
	笛	22
	矢が飛来	22
	救急車	22
	そばに降るアメ	22
	レーシングカー・始動発車	22
	激しい風	22
	板戸を叩く	22
	本降りの雨	23
	鋸を引く	23
	オートバイ・転倒音	24
	パトカー	24
	乗用車・クラクション	24
	杭の打ち込み	24
	レーシングカー・通過音	25
	池の氷を割る	25
↓	枝折れる	25
	矢が的に当たる	25
	消防車	26
危険	爆竹	26

と考えられるが、実験結果では危険と感じる人が多かった。この結果から分かることは、消防車や救急車の音は、火事や事故などの現場に急いでいかなくてはならないということを知らせる音で、日常よく耳にしている音であるということである。音を聴いたとき、それが耳慣れた音ですぐそれと分かる場合は、その音が示す危険の程度をすぐに察知することができるということである。つまり、過去の経験から、それらが危険を知らせる音であるという知識が、危険と判断させているものと考えられる。

何の音かを尋ねた実験結果では、答えが様々に分かれ、ほとんどの実験参加者が、ごく一部のものをのぞいては言い当てられなかった。耳で聞くだけでは、何の音かを判断するのは難しいのである。おそらく大体の傾向は分かるが、細部にわたってはよく分からない、というところだろう。また、実験結果は、音自体の音量が大きかったり音の物理的性質から「危険」と判断される場合もあるが、多くは過去の経験などから、安全と危険を判断する傾向にあることが分かった。救急車の音は違う音色の救急車が普及している国や地域では、もしかしたら「安全」と判断されるのかもしれない。

5　安全と危険を分けるもの

本章で行ったいくつかの実験結果から、安全と危険を分けるための絶対的な線引きはできないということが分かった。それらしい形をしていたりそれらしい色をしていたりする食べ物であっても、安全であるとは限らない。それらしい音を聴いたからと言って、それがいつも安全な（または危険な）音とはいえない。過去の経験やそのときの前後の状況によって、ある音は安全にも危険にも認知されうる。聞こえる音のみから安全と危険を知ろうとすることは、それこそ危険なことである。同様に、食べ物について言えば、見える形や色からのみ安全だと考えるのはそれこそ危険なことである。

これらのことは、いずれも私たちの過去の経験から思い込みを生じさせることに基づくと考えられる。もちろんそうすることによって、安全が図られることもあるのだが。それではどのようにして私たちは思い込みをしてしまうのだろうか。これには判断する際の前後の状況や判断者の経験などが深く関わっていると考えられる。

前後の手がかり（これを文脈という）の中から安全か危険かの区別をつける際の大きな落とし穴に気をつけなくてはならない。前後の文脈は正しい状況判断の手がかりを与えるが、同時に誤った状況判断をも引きこしやすい。いつも安全に聞いているからという理由だけで安全と判断したり、逆にいつも危険な状況を伴うから危険と判断したりすること自体は、情報処理の観点から言えば非常に能率的ではあるが、場合によっては間違った状況判断を招くことにもつながる。私たちはこれまでの経験と知識を参考にしつつ、例外のあることを常に忘れてはいけない。

この研究に関連して、数回にわたり様々な分野からみた安全と危険に関する公開講演会を開催した。その中から、安全であることが最も要求される医療現場で起こる事故（医療事故）についての話を少し紹介しよう。医療事故の主要な原因としては「たぶん〜と思った」という思い込みが挙げられる。看護事故の中には注意不足、確認不足、観察不足、判断ミスなどが含まれるが、いずれも「○○が起こるとは思わなかった」というように前後の状況から作られる思い込みが、実際には起こりうる危険に対して不十分な対応しかできない体制にしてしまっているといえる。現代の医療は高度に進んでいるが、医療事故の要因の一つは高度に発展した医療機器にある。次々と高度化された医療機器が導入され、それらを操作するに当たり、医療機器とそれを操作する人間側の安全と危険への意識についてさまざまな問題点が指摘されている。高度の医療機器もそれらを操作する医師・看護師側の適切な操作が伴わなければ安全であるべき医療現場で危険の発生につながること、安全な医療とは「思い込み」のような人間の種々の機能をよく理解し、対策を考えることにより可能となること、また五感を用いた看護が大切であることなどが指摘されている(6)。

一方、わが国における医療事故とその裁判の実情についてみると、医療事故紛争はここ10年間で増加し最近は頭打ちとなっているが、その背景や紛争数の増加による影響はさまざまな結果をもたらしている。医療事故は医療従事者の注意義務違反が原因の一つとして考えられるが、相当数は医療従事者の医療的知識や技術の問題ではなく、初歩的なミスであるという。例えば、ガーゼの置き忘れや同姓患者の誤認、介助中の患者の転倒などである。また、医療事故を防止するためには医療側と患者側の信頼関係の維持が重要であり、訴訟事件の相当数は信頼関係の破綻が契機になっているという(7)。

以上のことから、医療技術や医療機器の発展が進んでも、そこには常に事故とのかかわりが存在し、医療に関する行動を機械（コンピューター）によりどんなに自動化しても、絶対の安全は図れないと考えられる。危険を排除し安全を図れるかどうかは、つまるところ人間に帰するのである。

結局、安全と危険を分けるボーダーラインは物理的に「そこにある」のではなく、「私たちの中にある」のである。言い換えれば、私たちがどう考え、どう判断し、どう対処するかによって、同じ刺激であっても安全にも危険にもなりうるのである。少しでも危険を避けたければ、客観的に事態を眺め、思い込みを排除することが何よりも大切なことといえるだろう。安全になるか危険になるかの鍵は、私たちの手の中に握られているのだから。

第2章　食の安全と危険

福岡伸一

1　食の安全と危険

1-1　毒と薬は表裏一体

家庭内の安全と危険について、とくに食の問題からアプローチをすすめることとした。食べることは生きることと同義語である。

たとえば、スーパーマーケットやコンビニエンスストアで買い物をするとき気をつけていることはあるだろうか。せめて消費期限の日付くらい見るだろうか。そのとき、棚に並んでいる商品を覗き込んで、あるいは手を伸ばして、できるだけ奥の方にあるものを取ろうとしていないだろうか。古いものを早く〝捌かせる〟ため、店頭では普通、古い商品ほど手前に、新しい商品は奥の方に置かれている。奥から日付の新しいものを取り出してカゴに入れ、しめしめ、と思っていないだろうか。

日付の若い商品は、確かに製造年月日が新しいわけだが、同時に、そこに含まれている「毒」もまた、新しいということに注意をする必要がある。

コンビニの棚に置かれているサンドイッチやお弁当などの商品の消費期限は、概ね製造後36時間以内ということになっている。しかし、これはあくまで消費者向けの基準である。コンビニは、下請けの納入業者にこれら加工食品を作らせている。その際、コンビニ側が納入業者側に申し渡している保証時間は、ここに安全率を2倍かけた、〝72時間経過しても品質が変わらないこと〟であるといわれている。

とはいえ、コンビニの商品棚は少々冷えていることはあっても、決して冷凍庫や冷蔵庫のように閉空間ではなく、常温の店内の気温に常に晒されている。こんな場所に72時間放置されていて何事も起こらない食品。これは一体なんだろうか。たとえば、三角形のサンドイッチ。卵やハムやツナなどがはさまれている。パッケージの裏のラベルを見たことがあるだろうか。

ラベルをよく見てみよう。ここには、もし自分でサンドイッチを作るとしたら、決して入れることのない奇妙なものが、実にたくさん記載されているではないか。

そもそも、くさる、つまり腐敗という現象について考えてみよう。私たちが自分で卵やハムやツナをはさんで作ったサンドイッチを72時間、つまり丸三日間、常温に放置すればどうなるか。そのサンドイッチは、匂いをかぐことはおろか、それを開いてみることすらためらうような状態になっているはずだ。ここで起こっていること、変色したり、酸っぱくなったり、嫌なにおいがしたり、べたべたと糸を引くような粘り気が出たりすること、それが腐敗である。腐敗とは生命現象そのものだ。

私たちの身の回りには無数の微生物が生息している。空気中にも、机の上にも、床にも。微生物は肉眼で見ることはできない。なぜなら、彼らのサイズは私たちの眼の解像度よりも小さいからである。私たち人間の眼が識別可能な二点は、およそ0・1ミリメートル離れている二点である。それより小さい距離の二点は、二点として認識できない。つまりもし微小な点が机の上に乗っかっていても、その点を机の表面から区別して見ることができない。微生物の種類は千差万別だが、そのサイズはおよそ０・００１ミリメートル内外。人の眼の解像限界のさらに百分の一である。

これが眼に見えないというのは、ある意味で幸いなことでもある。なぜなら微生物は私たちの手のひらや皮膚の上、髪の毛の中にだってうようよいるわけだから。サンドイッチを作る食材にもいるし、作る途中でも、空気中や作り手からも絶え間なく降り注いでいる。

微生物は栄養と温度などの生育条件が整えば、急速に増殖を開始する。そして多くの微生物は、少々条件が悪くとも増殖が可能である。微生物の特徴は細胞分裂によって無限に増えることができることだ。オスもメスも必要ない。ひとつの細胞の内部ですべてのものが複製され、それが分配されて二つの細胞に分かれる。早い場合は20分に１回、普通でも1時間に1回は分裂でき、そのたびに2倍に増える。だから10時間後には、２の10乗、つまり１０２４倍に増える。20時間後には約１００万倍、そして72時間もあれば、それこそ桁が読めなくなるような天文学的数字にまで、爆発的に増殖できることになる。

サンドイッチが彼らの栄養分となる。彼らの代謝と増殖活動の結果として、酸や嫌な匂いがする。嫌な匂い、主としてこれはタンパク質に含まれる硫黄成分に由来する。温泉地に行くと〝卵が腐った〟匂いがするのは、泉源に硫黄のガスが発生しているからである。あるいは、粘液物質、毒素などが作り出されるわけである。

このような腐敗現象は、微生物にとって栄養素になるものがあって、その場に付着している、あるいは浮遊してきた雑多な菌がランダムに増殖を開始することによって起こるプロセスである。しかし、微生物の増殖プロセス、という点では全くおなじ生命現象でありながら、人間にとって益をなすものがある。発酵だ。

微生物を選択し、環境をうまく整えると、腐敗現象を発酵現象に変えることができる。この二つは同じ生命現象である。放置しておくと腐る牛乳に乳酸菌を植えるとヨーグルトができる。大豆に納豆菌を植えるとアミノ酸を含む美味しい粘液物質が生産され、独特の風味が加わる。あるいはビール、清酒、ワイン、すべて発酵現象の産物である。基本的には穀物のでんぷんを糖に変えた後、その糖をアルコールに変える作用を微生物によって行っている。味噌やしょうゆなどの例を挙げるまでもなく、日本は世界的な発酵食品大国だ。

さて話題をサンドイッチに戻してみよう。72時間放置しても何ごとも起こらないことには、どんなからくりがあるのだろうか。

成分表示のラベルをもういちど見てみよう。そこには普通の人が聞いたことのない物質名がずらずらと並んでいる。その中に「保存料（ソルビン酸）」と書いてあるのがわかるだろうか。ソルビン酸。これが微生物の生育を妨げて、腐敗が進行するのを防いでいる物質である。

ソルビン酸は微生物の細胞内には本来存在しない物質だ。もしソルビン酸が存在すると、それは微生物の生育を妨げる。つまり微生物にとっての毒である。一体、どのように毒として働くのだろうか。それはソルビン酸が、一種の「おとり物質」として微生物の代謝に干渉するからである。おとりとは、似て非なるもの。実は、ほとんどすべての薬は、生物にとって大切な物質のおとりとして、つまりニセモノとして働いている。

グルタミン酸とキノリン酸という物質がある。グルタミン酸とキノリン酸はいずれも－COOHという角を二本持っている。両者の間で共通の構造である。つまり両者は似ている。グルタミン酸は、細胞と細胞の連絡をつかさどる重要な物質で、特に脳細胞の間でやり取りされている。一方の脳細胞がグルタミン酸を放出すると他方の脳細胞がそれを受け取る。受け取るのは細胞表面にあるレセプターである。そこへグルタミン酸がすっぽりはまり込む。しかし、構造が似ているキノリン酸もまた、そのレセプターにはまり込むことができる。それゆえキノリン酸は、グルタミン酸のおとり物質として働くことができるわけである。

全く同じことが、ソルビン酸の場合にも言える。ソルビン酸にはジグザグ構造の先に－COOHという角が一本ついている。それゆえ、この角がついている他の物質のニセモノになりうる。微生物の栄養素として働く物質には、○○酸と名のつくものがたくさんある。乳酸、酢酸、酪酸、ピルビン酸、クエン酸、リンゴ酸、オキザロ酢酸、グルタル酸。いずれの酸も－COOHという角があり、すこしずつ形の違うジグザグの構造がある。これらの酸は、サンドイッチに含まれる炭水化物やタンパク質、脂質が代謝されるプロセスで現れ、さらに微生物の細胞内で代謝されてエネルギー源になっている。

乳酸は代謝されてピルビン酸に、リンゴ酸は代謝されてオキザロ酢酸になる。ここでいう代謝とは化学反応のことである。細胞の内部で進む化学反応には、酵素という触媒が関与している。酵素とはいってみれば細胞内で働くミクロな〝パックマン〟のような存在で、ある物質をくわえて、別の物質に変換してくれる。ひとつの反応にひとつの酵素が割り当てられていて、例えば、乳酸脱水素酵素という名のパックマンは、乳酸を餌としてくわえ込んで、ピルビン酸に変換する。リンゴ酸脱水素酵素という名のパックマンは、リンゴ酸を餌としてくわえ込んで、オキザロ酢酸に変換する。

ここに本来、細胞内に存在しないはずのソルビン酸がたまたま出現したとしよう。ソルビン酸は、乳酸に少しだけ似ている。ソルビン酸は、リンゴ酸にも少しだけ似ている。でも似ているのは、－COOH のところだけ、のこりは似て非なる構造をしている。しかし、悲しいかな、乳酸脱水素酵素も、リンゴ酸脱水素酵素も、ソルビン酸を〝餌〟だと思い込んでくわえてしまうのである。

もしそれが正しい餌ならば、次の物質に変換できるのだが、ソルビン酸には本来の餌にはない変なジグザグ構造がついている。これが彼らパックマンたちの喉に魚の小骨のようにひっかかってしまうのである。ソルビン酸がおとり物質だと気づいても、もう遅い。なんとか吐き出そうともがくが、小骨はなかなかとれない。ソルビン酸の量が相当程度あると、たくさんのパックマンたちがこの罠にはまってしまうことになる。

代謝反応を触媒するはずのパックマンたちが、ソルビン酸をくわえ込んでにっちもさっちもいかないと、本来の作業を行うことができない。つまりその経路の反応がブロックされてしまうことになる。乳酸をピルビン酸へ、リンゴ酸をオキザロ酢酸へ変換する経路がストップしてしまう。代謝経路の重要部分を寸断されると、交通網全体の流れがダウンしてしまう。こうして、ソルビン酸は微生物の生育を抑制してしまうのだ。

ソルビン酸は、言ってみれば単純な構造をしている。それゆえに、先ほど挙げたいくつもの○○酸という細胞内の栄養物質に大なり小なり似ていて、それらの物質のおとりとして作用する。

こうしてソルビン酸は、多面的に展開して、微生物の酵素に取りついてその代謝反応をブロックすることができる。だからソルビン酸を食材の中に混ぜ込んでおくと、腐敗の進行をとめることができるわけだ。ソルビン酸は広範囲の加工食品に添加されている。ハム、ソーセージ、かまぼこなどの食肉・魚肉ねり製品、パンやケーキ、お菓子のあんやクリーム、チーズ、ケチャップ、スープ、半生の果実類、果実酒、飲料などなど。食品の種類によって、1キログラムあたりだいたい1～3グラムほどのソルビン酸の添加が認められている。

つまりソルビン酸は、微生物にとってはその生命活動をとめてしまう毒として働く。人間にとっては加工食品の消費期限を延ばしてくれる便利な薬として働くことになる。毒と薬は表裏一体とは、こういうことなのである。

1-2　食の安心・安全をめざす評価系確立の意義

それでは、ソルビン酸は人間の身体、人間の細胞に毒として作用しないのかという当然の疑問がわく。ソルビン酸は幸いなことに、食品に添加される程度の濃度では、人間の細胞に対しては毒として作用しない。人間と微生物とでは代謝の経路やそれをつかさどる酵素の仕組みが異なるからである。パックマンの姿形が進化の過程で少しずつ変化しているわけだ。それからソルビン酸のような本来、代謝の邪魔になるような物質を分解・除去する解毒の仕組みも人間の方がずっと優れている。だからこそ、ソルビン酸は食品添加物として認可されているわけだ。

それはどのようにして証明されたのかって？　では、科学が安全性を判定する方法を説明してみよう。

人間を直接実験台にすることはできないから、多くの場合、ラットやマウスといった実験動物を用いてその毒性が確かめられる。ソルビン酸であればソルビン酸を食べさせてみて、異常が起きないかどうか観察する。どんなに安全といわれる物質でも大量に摂取すると異常反応が起きる可能性があるので、用量をすこしずつ増加させていって様子をみる。ここでいう異常とは、急性の毒性のこと。食べてから数時間以内、長くても一日二日の範囲で現れる異常である。

ラットは体重２００グラムくらい。そのラットにソルビン酸を少しずつ増やしながら食べさせる。実験動物でも個体差があるから、複数のラットを使う。十匹のラットそれぞれに、ソルビン酸を１・47グラム食べさせた時点で、５匹が死亡する。これを50％致死量と呼ぶ。その量を摂取すると半数が死ぬ、そのような服用量である。50％致死量は、体重に比例する。体重が大きいほど、毒が身体中に回るのによりたくさんの量がいるからだ。体重が大きいと肝臓が大きく、その分、解毒の能力が大きいということも関係している。

この結果を人間に当てはめてみよう。もちろん動物実験がそのまま人間に当てはまるかどうかは一概に断言できない。でもソルビン酸のような水に溶けやすい化学物質の毒性の場合は、おおよそ当てはまると科学者は考えている。それは、ラットとヒトは同じ哺乳類であり、栄養素の代謝の仕組みや毒物の解毒の仕方も、ほぼ同じだからである。少なくとも、微生物とヒトの隔たりよりは、ラットとヒトの隔たりの方がずっと小さいと考えられるからだ。

そこで、だいたい成人の平均体重を50キログラムとすると、ソルビン酸のヒトに対する50％致死量は、およそ３６８グラムとなる。これを見て、科学者は、ソルビン酸はものすごく安全な物質である、と判定する。もし、３６８グラムのソルビン酸を、ソルビン酸含有量０・３％のチーズによって摂取しようとすれば、チーズを一気に１２３キログラムも食べなければならない。こんなことはあり得えない。どんなにチーズ好きな人でも、一度に1キロも食べない。仮に食べたとしても、ソルビン酸の摂取量は、50％致死量の百分の一以下である。すぐ肝臓が解毒してくれるだろう。

急性毒性の他に、慢性毒性の検査というものもある。これはある物質を一定量、長期間にわたって食べたときに何か異常が起きないか、あるいは子孫に影響が現れないかを調べるものだ。慢性毒性は、特に、水に溶けにくい（そのかわり油の中にとけ込みやすい)、あるいは重金属のような物質については要注意である。身体の脂肪などに蓄積しやすく、長期にわたって作用を発揮する可能性があるからだ。ソルビン酸のように水溶性の高い物質は、むしろすぐに分解・解毒の経路に乗りやすく体外に排出されやすいものなので、慢性毒性の危険性は低いと考えられる。実際、ソルビン酸に慢性毒性があるとのデータは見当たらない。

確かに、急性毒性や慢性毒性のテストでは、食品に添加されている程度のソルビン酸の量に害作用はないと判定された。でも、それらの毒性テストで観察されるのは、死ぬかどうか、あるいは異常行動や病気が起こるかどうかなど、目で見てわかる非常にドラスティックな害作用だけである。もっと目で見えないレベル、たとえば細胞のレベルで、ソルビン酸は密かに何らかの影響を与えているということはあり得ないだろうか。

そして個体のレベルでは顕著に観察されなくとも、もっとミクロなレベルで、何か悪さをしているという可能性はないだろうか。そこで科学者は、ちゃんと別のツールを用意している。ミクロな世界に分け入って調べるツールである。それを普通、科学者は、インビトロの実験と呼んでいる。ビトロ(vitro)とは、ビードロを吹く女のビードロと同じ、ガラスという意味だ。つまり、インビトロとは、試験管内での実験方法を指す。

ここにシャーレが何セットか用意されているとしよう。シャーレとは円形の蓋と胴でできた直径8センチほどの透明な容器である。この中で、食品を腐敗させる微生物を培養することができる。微生物の生育に必要な栄養素をたっぷり含んだ培養液を用意する。これに寒天の粉を少々加えて、加熱殺菌する。寒天は熱で溶けて培養液と混ざる。これをシャーレの中にすばやく薄く流し込む。蓋をしてしばらくさますと、シャーレの中で寒天が固まる。〝にこごり〟に似ている。培養液も寒天も加熱殺菌されており、清潔な実験室の中で熟達の手がすばやく操作しているので、シャーレの中は無菌状態である。だからこのまま放置しても、何事も起こらない。

では、今度はこの寒天の上に、一滴、液を垂らしてから先端を丸めた清潔なガラス棒で薄く液を広げてみよう。この液には微生物が希釈されている。食品を腐らせる大腸菌や黄色ぶどう球菌といった微生物たちがとけ込んでいる溶液だ。もちろん微生物は小さすぎるので、いくら目を凝らしても何も見えない。寒天が乾燥しないようにシャーレの蓋を閉めて一晩待ってみる。

このまま一晩待つと、シャーレの中の寒天の表面には白い点々がいっぱい広がっているのがわかる。直径1ミリか2ミリ程度の円形。この白い点のひとつひとつが微生物の大集団である。昨日、ここに塗りつけたときには目で見ることができなかった微生物が、それぞれ倍々・倍々・倍々に増殖して、それぞれ大集団を作ったのだ。

では今度は、もうひとつのシャーレを見てみることにしよう。寒天の上にはきれいに何も見えない。でも、何もしていないわけではない。白い点々がいっぱい広がっているさきほどのシャーレと全く同じように、微生物がとけ込んでいる溶液を一滴垂らして、ガラス棒で広げてあるのだ。でも微生物は全然増殖していない。白い点はひとつもできていない。なぜか。それは、この寒天の中の培養液には、ソルビン酸が0・3％だけ添加してあるからだ。ソルビン酸の存在によって代謝経路を寸断された微生物たちは、生育がブロックされて増殖できないのである。だからシャーレは、まるで何事もなかったようにクリーンに見える。

ここまでの話であれば、当たり前のことで、それがどうしたという感じがするだろう。でも実は、実験はまだ前半戦が終わっただけなのである。これと全く同じ実験を、ヒトの細胞を使って行うことができる。

ヒトの細胞は、ヒトの身体から引き離してシャーレの上に移すと大半はすぐに死んでしまう。でも中にはシャーレの上でもどんどん増え続けることのできる細胞がまれにある。皮膚の細胞、肝臓の細胞など、分裂する能力の高い細胞がそうだ。このような細胞の中には、シャーレの中に栄養素を含んだ温かい液と十分な量の酸素が供給されていると、シャーレの底面に張りついて二分裂、四分裂と増殖していくことができるものがある。もちろん微生物のように、一時間に一回分裂するなどという高速度では増えない。せいぜい10時間に一回、あるいはもっとゆっくりしか分裂できない。でもなにはともあれ、ヒトの細胞を〝インビトロ〟に飼うことができるわけである。

そうなれば、いろいろな物質の作用を直接、調べることができることになる。液の中にソルビン酸を好きな量だけ添加して、そのあと時間経過にそって顕微鏡で細胞の形態に変化がないかどうか観察することができる。ヒトの細胞は、微生物たちよりは大きなサイズだが、それでも直径0・03ミリメートル程度しかないので、肉眼では見えない。でも光学顕微鏡を使うと数百倍に拡大できるので、その姿をくっきり見ることができる。シャーレを顕微鏡のステージに置けば、その底に張りついたヒトの細胞を生きたまま観察することができる。

ソルビン酸の害作用がもしあるとすれば、それは細胞の微小な形態の変化となって現れる可能性がある。正常な細胞なら星形のきれいな形をしているのに、いびつな形だったり丸まってしまったり、あるいは細胞は調子が悪くなるとうまくシャーレの底面に張りついていることができなくなって、浮き上がってしまうこともある。しかし微生物の生育をストップさせる程度のソルビン酸の濃度では、ヒトの細胞に何の変化もなかった。

インビトロの実験の有利な点は、顕微鏡観察だけでなく、ヒトの細胞に対して様々な生化学的なアプローチを直接行いうることである。細胞の一部を採取して、各種の酵素の働きを測定したり、呼吸の程度やエネルギー代謝の調子を見ることもできる。あるいはＤＮＡに異常が現れていないか、細胞分裂に際してＤＮＡがちゃんとした速度で複製されているかなどを精査することも簡単にできる。ソルビン酸は食品添加物に使用されている程度の量では、いずれのパラメータについても、ヒトの細胞に対して害作用を及ぼしていることを示すデータを見いだすことができなかった。つまり精密なインビトロ実験によっても、ソルビン酸の安全性は確かめられたのである。

でも本当にこれだけでよかったのだろうか。私はここで部分と全体ということを考えてみたいと思う。たしかにソルビン酸は微生物に対しては毒として作用するが、ヒトの細胞には毒にはならない。インビトロによるヒトの細胞への直接実験でこのことは証明された。しかしそれは、部分的な視野にもとづく思考であるといえる。なぜなら、私たち人間は実は一人で生きているのではないからである。でもこれは倫理的な意味で言っているのではない。生物学的な意味で言っているのである。私たち人間は、他の生命と共生しながら、相互作用しながら生きている。

微生物はありとあらゆる場所におり、私たちの皮膚の上にも存在している。皮膚が内側に折りたたまれた私たちの消化管内、ここにも大量の微生物が棲息している。これらは腸内細菌と呼ばれる微生物である。腸内細菌は私たちが生まれた後、外界からやってきて消化管の壁に棲み着く。そして私たちが食べた食物の上前をはねて、暖かな環境でぬくぬくと生育している。しかし、無限に増えたり毒素を出すことはなく、自らの分をわきまえて、一定の安定したコロニーを維持して存在しつづけている。

では、彼らはそこで栄養素を掠め取っているだけのパラサイトなのか。否。パラサイトとは一方的な寄生である。腸内細菌はパラサイトではなく、人間と「共生」している。寄生と共生の違いはなんだろうか。それは、一方的な搾取か相互応酬的かということだ。

では、腸内細菌は人間に何をもたらしているのか。それは安定した消化管内環境の提供である。腸内細菌群は消化管において一種のバリアーとして働き、危険な外来微生物の増殖や侵入を防ぎ、日常的な整腸作用を行ってくれている。私たちヒトは全身の細胞をすべて数えると、およそ六十兆個からなっていると言われている。しかし、ヒトひとりの消化管内に巣くっている腸内細菌の数は、なんと百二十兆～百八十兆個も存在していると推定されるのだ。つまり私たちは、自分自身の3倍もの生命と共生しているわけだ。その活動量たるや、尋常なものではない。

私たちの大便は、だから単に消化しきれなかった食物の残りかすではない。大便の大半は腸内細菌の死骸と、彼らが巣くっていた消化管上皮細胞の剥落物、そして私たち自身の身体の分解産物の混合体である。だから消化管を微視的に見ると、どこからが自分の身体でどこからが微生物なのか、実は判然としない。ものすごく大量の分子がものすごい速度で刻一刻、交換されているその界面の境界は実は曖昧なもの、きわめて動的なものなのである。

ソルビン酸は実にこの不明瞭な界面にあって、腸内細菌に対して影響を及ぼすことによって、間接的に人体に害作用を及ぼす可能性がある。

たとえば風邪を引いたとき、私たちは抗生物質を飲む。抗生物質は微生物に対する強力な代謝阻害剤である。これによって感染症をもたらす微生物（病原細菌）を制圧する。しかし抗生物質を服用するとその不可避的な副作用として、便秘や下痢が起こることが知られている。それは抗生物質を飲むとまず第一に消化管内で腸内細菌叢に制圧的に作用し、コロニーが乱され、整腸作用が変調するためだと考えられている。これと同じことが、ソルビン酸によっても起こる可能性がある。ソルビン酸も抗生物質も、微生物に対する代謝阻害剤だからだ。とはいえ、ソルビン酸は抗生物質に較べるとずっと弱めの阻害剤である。

しかし一過性の抗生物質使用とは異なり、ソルビン酸は弱いとはいえ長期間、ずっと継続的に摂取するタイプの化学物質である。抗生物質によって一時的に制圧されても腸内細菌は抗生物質の服用が終われば、また復活して安定なコロニーを形成する。しかしソルビン酸のような、弱いながらも制圧作用を有する化学物質が長期間、日常的に腸内細菌叢に与える影響については、十分解明できているとはいえない。腸内細菌のバリアーの破れに乗じて、外来のより毒性の強い微生物が侵入する可能性がある。長期的な整腸作用の攪乱が身体にどのような影響をもたらすのかも不明だ。なんと言ってもソルビン酸がこのように広範囲に加工食品に添加され始めてから、それほど長い年月が経過しているわけではないのだから。

私はここで何も、だからコンビニのサンドイッチを買ってはいけないと主張しているのではない。ソルビン酸は、いつでもどこでも安価なサンドイッチが食べられるという便利さ＝ベネフィットと引き換えに、最低限度の必要悪＝リスクとして使用されているわけである。そしてソルビン酸の健康に対するリスクは、それほど大きいものとはいえない。だから、リスク－ベネフィットのバランスを納得した上で、その便利さを享受するという選択はもちろん成り立つ。

問題なのは、現代の私たちの身の回りでは、リスクが極めて小声でしか囁かれない、むしろわざと見えないようにされがちであるということである。ソルビン酸は、加工食品の後ろに張られているラベルの中に、ごく細かな字でしか表記されていない。そして私たちの多くはそこに注意を全く払っていないし、たとえソルビン酸という文字を見たとしても、その間接的な作用にまでは想像力が届かない。

生命をかき分け、そこだけ取り出して直接調べるという、一見、解像度の高いインビトロの実験。しかしインビトロの実験は、ものごとの間接的なふるまいについては何の情報ももたらしてはくれない。ヒトの細胞はそこでは全体から切り離されているからである。本来、細胞がもっていたはずの相互作用が、シャーレの外周線に沿ってきれいに切断されているのである。

2　消化管における「細菌受容体」の発見

2-1　GP2ノックアウトマウスを用いた経口感染リスクの評価系

今回ここで述べる研究は、GP2（Glycoprotein 2）タンパク質の新しい機能の発見についてである。理化学研究所、東京大学などとの共同研究により、GP2タンパク質は、病原体細菌が消化管に侵入したとき、これを捕まえて免疫細胞に引き渡す「細菌受容体（レセプター）」として働いていることが見出された。私たちは、自らが見つけ出したGP2タンパク質の機能を探るため、GP2を人為的に欠損させた遺伝子ノックアウトマウスを作った。しかしこのマウスは全く正常だった。それは他のタンパク質が、欠損を互いに補完する「動的平衡」の結果とみなすことができる。この経緯は、私の著書『生物と無生物のあいだ』（講談社現代新書）に詳しく記載した。

ノックアウトマウスは通常、実験室内のクリーンな環境で飼育されているため、細菌受容体としてのGP2が存在しなくても、見かけ上、健康に見えたのだった。環境に揺さぶりがかかったときは、動的平衡が初めてその脆弱さを露呈する例証だと捉えられる。

この発見は、「経口ワクチン」の開発に役立つものと期待される。経口ワクチンは、飲むことによって効果を発揮する予防注射の代替薬品である。途上国の公衆衛生向上や、インフルエンザの大流行対策に寄与するものとして有望視される。

かつて昆虫少年だった私は、新種の蝶の採集を夢みたが、果たされることはなかった。その後、分子生物学者となった私は、捕虫網を遺伝子工学の実験器具に持ちかえて、遺伝子ハンターとなった。その過程で見つけたのが、機能未知のタンパク質GP2だった。GP2は、特に膵臓で大量に合成されていた。膵臓の消化酵素分泌のしくみにGP2が重要な役割を果たしていると考えた私は研究を進めたが、決定的な証拠はなかなか得られなかった。

そこで私は、GP2ノックアウトマウスを作成した。多額の研究費と時間が費やされた。このマウスは、遺伝子操作によってゲノム上にあるGP2の遺伝子情報が消去（ノックアウト）されている。その結果、全身の細胞はGP2タンパク質を一切作りだすことができない。GP2が存在しないとき、マウスは何らかの異常を示すはずである。それこそがGP2の機能を知る手がかりとなる。

私は固唾をのんで、ノックアウトマウスの誕生と成長を見守った。しかし一向に異常は現れなかった。膵臓の機能が損なわれる結果、栄養失調や糖尿病になるかと思われたが、マウスは健康そのものだった。さらに、生化学検査や顕微鏡観察が行われたが、代謝や細胞のレベルでも異常は見いだせなかった。

私はたいへん落胆した。遺伝子がひとつ完全に欠落しているのに、マウスは何不自由なく生存している。落胆しながら、私は昔学んだ、ある名前を思い出していた。ルドルフ・シェーンハイマーである。

シェーンハイマーは、生命とは機械論的なものというよりは、むしろ流れの中にある動的なものであることを実験的に証明した。構成成分は、絶え間のない流れの中にあり、それでいて全体としてはバランスを保っている。つまり生命とは「動的平衡」にある。

もし受精卵の段階である遺伝子が欠落していれば、生命はその欠落を巧みに補うように動的平衡を動かす。つまり別の遺伝子やしくみを立ち上げて、バランスを取ろうとする。そして何事もなかったようにふるまう。生命は時計仕掛けというよりも、むしろもっと柔軟で可変的なものなのだ。

いま、目の前にいるマウスに異常が起こらないのは、実験が失敗したのではない。生命とは何かという実験の、最も成功したかたちが鮮やかに現れているのだ。私はそのことに思い至り、結局のところ、科学者もまた自然の前にひざまずくしかないと感じた。

しかし、私はただただ、ひざまずいていたわけではない。生命の動的平衡が、GP2遺伝子の欠損を補ったとするなら、その平衡状態は、正常な平衡状態とはまた異なったもののはずである。それは「何とかやりくりした」結果として作られた平衡であり、そこには未知の脆弱さや不安定さが潜んでいるかもしれない。生命の動的平衡は、精妙で柔軟であるけれども、同時に薄氷の上に成り立つバランスでもあるから。

私は、GP2を発見した当初、このタンパク質が膵臓だけでなく、わずかながら消化管でも機能していることを確認していた。しかし、GP2がそこで何をしているかは全く不明だった。

そんな折、ごく最近になって、理化学研究所の大野グループは、GP2が消化管の免疫に重要な役割を果たしているパイエル板のM細胞で発現（遺伝子のスイッチがオン）していることを見出した。パイエル板とは、消化管に散在する見張り台のような場所である。そこで私は、虎の子のノックアウトマウスを供出して共同研究を行うことにした。

すると意外なことがわかってきた。私たちの消化管は、お腹の中にあるように思えるが、実はちくわの穴のように外界と直接つながっている。だから日々、食べ物や吸気に由来する病原微生物の襲来を受けている。それに対抗するため消化管免疫システムがある。外敵を認識し、これに対して抗体を作ったり、リンパ細胞を動員する。しかしここで重要なのは、トポロジー（空間的思考）である。外敵が取りつくのは消化管の内腔側（ちくわの穴側）だ。一方、免疫システムは消化管の血管側（ちくわの身の中）にある。外敵が大挙して血管側に侵入してきたとき（これが感染）に初めて免疫システムが作動していたのでは手おくれ、大変なことになる。だから消化管の内腔側にやってきた病原体を事前に捕捉して、免疫システムに知らせる「細菌受容体（レセプター）」が必要となる。

実は、GP2こそが、この「細菌受容体」だったのだ。GP2は、M細胞の内腔側表面にアンテナのように突き出して存在している。そしてサルモネラ菌のような病原体がやってくるとこれを捕まえる（結合する）。そのあとGP2はサルモネラ菌を結合したまま、M細胞の中を横切って、血管側に待機している免疫細胞にサルモネラ菌を引き渡す。これによって、免疫細胞は抗体を準備したり、病原体を捕食してしまうマクロファージ（リンパ細胞の一種）を動員して警戒態勢を敷く。

GP2ノックアウトマウスでは、GP2が存在しないのでこの警戒の仕組みが働かない。サルモネラ菌を消化管に投与すると、正常なマウスでは免疫システムが作動するが、GP2ノックアウトマウスではその応答が起こらないことが分かったのである。

消化管におけるこのような「細菌受容体」の発見は、世界で初めてのことである。機能が長らく謎だったGP2には、このような隠れた働きがあったのだ。この発見は高く評価され、権威ある科学専門誌ネイチャーに掲載されることになった。

2-2　この発見は何に役立つのか――経口ワクチンの可能性

先にも述べたように、消化管はお腹の中にあるように思えるが、皮膚が内側に折りたたまれてできた穴であり、口と肛門で外側に通じている。つまり「ちくわの穴」のようなもので、身体の外側にあたる。だからそこは、襲来する外敵と戦う最前線でもある。そのため免疫システムが発達しており、消化管は身体の中でもっとも重要な免疫組織である。ただし免疫細胞が存在するのは、消化管内ではなく、消化管の内側、つまりほんとうの身体の内部である。

消化管は一層の上皮細胞で隙間なく覆われており、これがバリアーとなっている。細菌がバリアーを突破して内側に進入してきたとき（このときを「感染」という）、これに免疫細胞が立ち向かうためには、消化管内に襲来する細菌の情報をあらかじめ得ておくことが有利となる。バリアーを閉じたまま、外界の細菌の情報をサンプリングする仕組みがＧＰ２を介した細菌受容体である。このときＧＰ２は、細菌の表面に存在するFimHというタンパク質を目印にして、これに結合し、細菌を捕まえる。細菌を捕まえたＧＰ２は、そのままＭ細胞の内部を通り抜けるようにして、消化管側の情報（サンプリングした細菌）を、内側に控えている免疫細胞（主として樹状細胞）に引き渡す。Ｍ細胞の外と内を通り抜けるような情報のうごきを、トランスサイトーシスと呼ぶ。

FimHタンパク質を持つ細菌は、サルモネラ菌の他、大腸菌（病原性大腸菌を含む）、チフス菌などである。悪玉菌でも、ピロリ菌にはFimHがない。善玉菌の乳酸菌にもFimHはない。したがって、ＧＰ２を介したルートで捕捉されるのは、特定の病原性細菌ということになる。

ＧＰ２を介したこのトランスサイトーシスをうまく利用すれば、経口的に、免疫細胞へ任意の情報を届けることが可能となるかもしれない。経口ワクチンである。口から摂取されたタンパク質は、通常、消化酵素によって分解されてしまう。消化されるのをうまく免れたタンパク質があったとしても、消化管のバリアーを通り抜けて、内部の免疫細胞に届くことはほとんどない（不用意にこのようなリークが起こると、食物アレルギーにつながる）。

かりに、インフルエンザウイルスの表面抗原のようなタンパク質にFimHタンパク質を結合し、これを経口的に摂取すると、うまく小腸のＭ細胞にさえ届けば、そこでＧＰ２によって捕捉され、トランスサイトーシスで、免疫細胞に引き渡されるはずである。つまり、口から飲むだけでインフルエンザに対する免疫力がつく「経口ワクチン」が作れる可能性がある。

タンパク質工学を使えば、FimHタンパク質に任意の病原体タンパク質を結合することができるので、多様な経口ワクチンを作り出すことができる。カプセル等で保護して、できるだけ消化されないよう工夫すれば、Ｍ細胞に経口ワクチンを効率よく届けることができるはずである。

注射器による接種が不要な経口ワクチンは、途上国の予防接種の代替薬品として公衆衛生の向上に大きく寄与するだろう。先進国でも都市型のインフルエンザ大流行への迅速な対応などに利用できるはずである。

2-3 残された謎

ＧＰ２は実は細菌レセプターだった。なぜこのことが今まで分からなかったのか。それは普通、遺伝子ノックアウトマウスがクリーンな環境で飼育されているからである。室内も餌も無菌に近い状態が維持されている。凶悪な細菌が襲来してこないクリーンな状況では、たとえＧＰ２が存在しなくても不都合はない。だからマウスは見かけ上、健康にみえる。環境に揺さぶりがかかったとき（この場合は細菌が襲来してきたとき）、なんとかそれまでバランスを保っていた動的平衡ははじめてその脆弱さを露呈してしまうことになるのだ。

一方、ＧＰ２が最初に発見された膵臓でも、ＧＰ２は細菌受容体として働いているのだろうか。膵臓も細い管で消化管につながっているので、「外界」に面しているといえる。膵臓を守るため、ＧＰ２がその最前線に存在していると考えることも可能だ。

空間（トポロジー）的にこれに似た状況にあるのが、腎臓である。尿管を介して外界に面している。実は、腎臓の細胞にもＧＰ２によく似た、ＴＨＰ（タム・ホースフォールタンパク質）というものが存在している。これらの役割を解明することが今後の課題となる。

次の節に、ネイチャー誌掲載論文の概要（福岡訳）を示す。

3　GP2ノックアウトマウスを用いた経口リスク評価系研究の新展開(1)

3-1　付着因子 FimH 陽性細菌がM細胞に発現するGP2を介して取り込まれることで、粘膜免疫応答が開始される

概要

体内最大の免疫組織である粘膜免疫系には、全リンパ球の約4分の3もの量が集結し、日々グラム単位でのIgA（SIgA）産生が行われている。SIgA は、粘膜表面を病原体から守り、常在細菌叢（腸内フローラ）との共存を可能にしている。粘膜免疫応答は、粘膜上にある抗原がパイエル板のようなリンパ系器官を介して上皮バリアーを突破することで、誘導される。抗原経細胞輸送（アンチゲントランスサイトーシス：抗原取り込み機構）と呼ばれるこの機能は、パイエル板の表面を覆う濾胞円柱上皮細胞層（FAE）に点在する特殊に分化したM細胞を、その舞台としている。しかしながら、この抗原取り込みを促進する分子機構は、ほとんど明らかにされていない。そこで私たち研究グループは、M細胞の管腔側に特異的に発現するGP2という糖蛋白質が、抗原の取り込みの受容体として機能していることを報告する。

組換え型タンパク質を用いた実験により、GP2は、付着因子 FimH を発現する線毛（タイプI）を認識することで、大腸菌やネズミチフス菌を含む常在および病原性の腸内細菌と選択的に結合する。これらの細菌は、M細胞内の細胞質小胞の他に細胞膜上でも内在性GP2と結合する。また、細菌の FimH や宿主側のGP2を欠損させると、タイプI線毛細菌の取り込みが阻害され、パイエル板の抗原特異的免疫応答の抑制をもたらす。

したがって、GP2はタイプI線毛細菌の新規の取り込み受容体であるとともに、粘膜の免疫監視において必須で

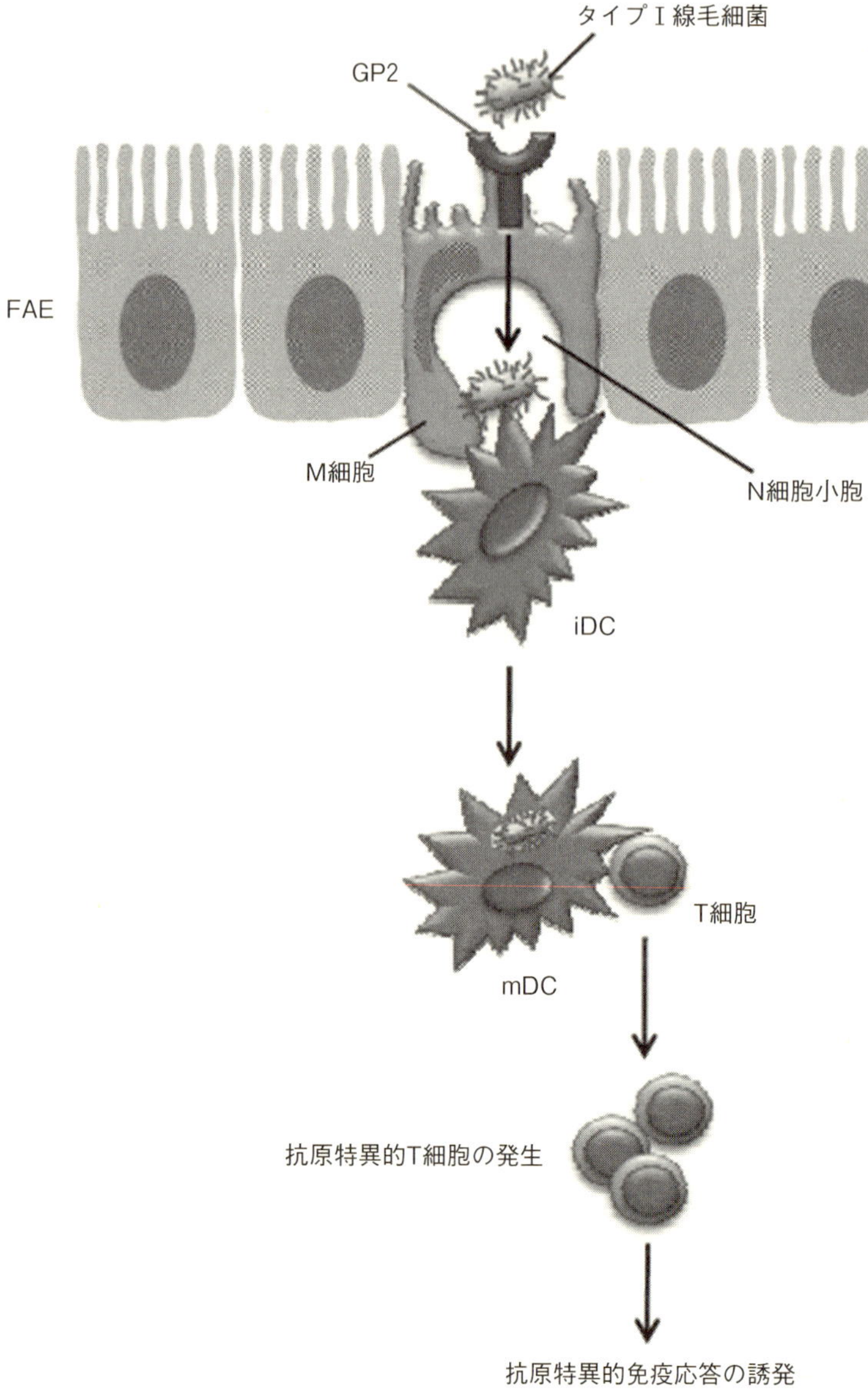

図2-1　GP2依存性の取り込み機構

あり、M細胞による抗原輸送の分子機構を定義する上で重要な発見であると私たちは考えている。さらに、M細胞を介する経路がさまざまな感染症に対する経口ワクチンの有力候補であることを考慮すると、GP2依存性の取り込み機構はM細胞を標的としたワクチン開発への新たな道しるべとなるであろう（図2-1）。

3-2　パイエル板におけるGP2依存性抗原取り込み機構

M細胞の管腔側に発現するGP2は、タイプI線毛細菌の取り込み受容体として働く。取り込まれた細菌はM細胞の下部に蓄積している未熟な樹状細胞（immature DC）に渡される。抗原で刺激された樹状細胞は成熟（mature DC）後、T細胞が豊富に存在する領域まで遊走し、抗原提示をする。以下は、*Nature*, 2009, 462, 226-230 よりの抜粋である。

M細胞と呼ばれる微絨毛の発達していない細胞は、食餌性抗原や微生物を積極的に取り込む特殊な上皮細胞である。標的抗原を分解する樹状細胞やマクロファージとは異なり、抗原の取り込みがその主な機能である。M細胞は、細胞質が大きく陥凹し、そこにT細胞やB細胞を抱え込んでいる。M細胞が腸管内の微生物などを盛んに取り込み、リンパ球などの免疫細胞に受け渡すことにより、免疫応答が開始されると考えられているが、その実体を明らかにした研究は極めて少ない。M細胞から取り込まれた抗原が、非特異的な受容体によって輸送されるか否かも、いまだ不明である。私たち研究グループは、腸内細菌の取り込みが非常に効率的に行われることより、M細胞の管腔側に抗原特異的な受容体が存在すると予想した。その受容体を特定するため、マイクロアレイ法により網羅的発現解析を行ったところ、以前私たちが報告した膵腺房細胞に特異的に発現するGP2(2)が、パイエル板の濾胞円柱上皮細胞（FAE）に高発現していることを発見した(3)。

M細胞からの細菌取り込み機構を明らかにしたので、ここで紹介する。

消化管でのＧＰ２発現は主にＭ細胞（マウス、ヒト）

定量ＰＣＲ法（図２-２ａ）およびウエスタンブロット法（図２-２ｂ）を用いて、消化管においてのＧＰ２発現量を調べたところ、絨毛上皮細胞（ＶＥ）と比較し、濾胞円柱上皮細胞（ＦＡＥ）でのＧＰ２発現が高値を示した。また、In situ ハイブリダイゼーション（ＩＳＨ）法（図２-２ｃ左）およびＭ細胞認識レクチン（Ulex europaeus agglutinin-1: UEA-1）との二重免疫染色法（図２-２ｄ）の結果より、ＧＰ２発現はＦＡＥのパイエル板のＭ細胞に限局していることが明らかとなった。

マウスにおけるＧＰ２発現は、Ｍ細胞以外にもリンパ濾胞や盲腸および大腸のリンパ斑点（パッチ）などのリンパ系組織でも確認された（図２-２ｅ）。ヒト腸管でのＧＰ２発現もマウス同様、Ｍ細胞で認められた（図２-２ｃ、ｆ）（ヒトのＭ細胞マーカーはClusterin）。

この知見により、ＧＰ２はマウスとヒトのＭ細胞に共通して発現することから、ＧＰ２は汎用性の高いＭ細胞マーカーとして定義できる。

免疫電子顕微鏡でＭ細胞のＧＰ２の細胞内局在を観察したところ、ＧＰ２は特にＭ細胞の管腔側頂端部で陽性であった（図２-２ｇ）。さらに膜透過性を抑え表面のみ認識する条件下で染色をすると、ＧＰ２が細胞表面で特に検出されたことにより、ＧＰ２が管腔側に向いて存在していることが確実となった（図２-２ｈ）。また、ＧＰ２は細胞の中間あたりに位置する管状小胞状構造でも検出された（図２-２ｇ 矢印）ことより、ＧＰ２がエンドサイトーシス（飲食作用）受容体としての機能をもつ可能性がある。この可能性を評価するため、抗ＧＰ２モノクローナル抗体（mAb）をパイエル板の連結部位に投与する実験（Intestinal Loop Assay）を行った。投与された mAb はＭ細胞の頂端部細胞膜上に残っているものもあれば、細胞多孔質構造に移行しているものもあるという結果は、Ｍ細胞に発現するＧＰ２が管腔に存在する抗原のエンドサイトーシス受容体として機能するという見解を十分に裏付けている。

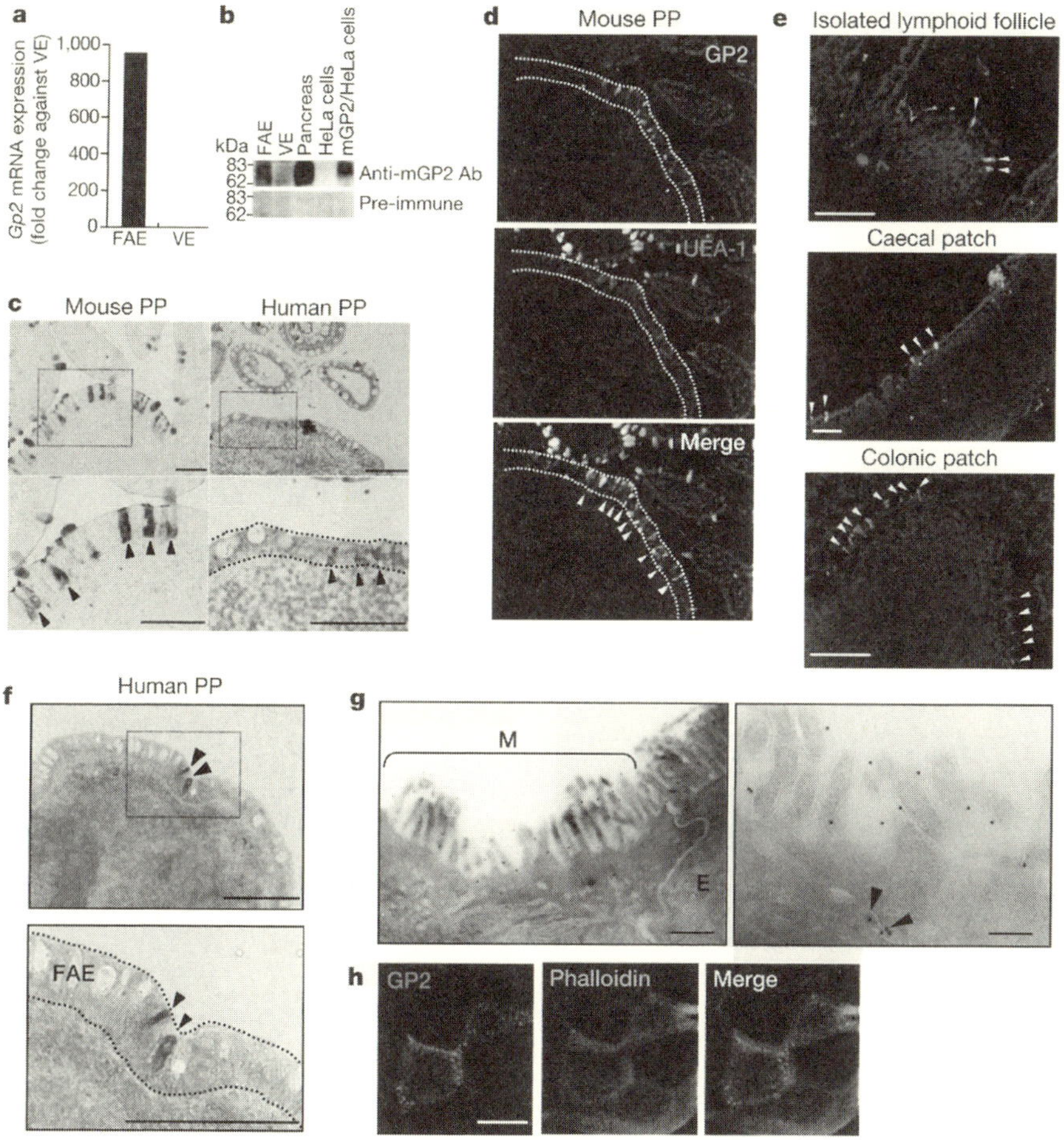

長谷らNature 2009, 462, 226-230より抜粋

図2-2　消化管においてのGP2発現量

ＧＰ２は FimH 陽性グラム陰性細菌と結合

ＧＰ２が結合する管腔内抗原の同定を試みた。ＧＰ２は尿細管上皮細胞の頂端部細胞膜に発現するTamm-Horsfall タンパク質（ＴＨＰ）とドメイン構造がよく似ており、アミノ酸配列で52％の相同性を持つ。ＴＨＰは、尿路感染性大腸菌と特異的に結合し、細菌排除に働いて宿主を守る。ＧＰ２がＴＨＰと構造的にもよく似ていることから、ＧＰ２が特定の腸内細菌と結合すると推察し、まずは、インビトロでの結合実験を行ったところ、マウスとヒトの GP2-hIgG-Fc 融合タンパク質（mGP2-Fc, hGP2-Fc）が濃度依存的に大腸菌と結合を示した（図２‐３ａ）。大腸菌のＧＰ２への結合様式として、大部分が FimH 発現陽性（タイプⅠ）の線毛によって媒介される。菌の湾曲部、鞭毛をコードする CsgA や FliC 遺伝子を大腸菌から欠失させてもＧＰ２への結合になんら影響は受けなかったものの、FimH 遺伝子を欠失させると、ＧＰ２への結合が阻害されるという実験により証明された（図２‐３ｂ）。細菌外膜の非繊維状成分であるリポ多糖類（ＬＰＳ）やペプチドグリカンもＧＰ２へ結合しない。FimH はマンノース含有糖タンパク質とよく結合するとの報告があることから、反応系にマンノースを加えてみたところ、ＧＰ２と大腸菌との相互作用が著しく抑制された。したがって、FimH 発現陽性（タイプⅠ）線毛はＧＰ２の主要な結合相手であると考えられ、最近発表されたロウらの報告[4]とも一致する。この事象は、ＧＰ２が緑膿菌、リステリア菌、腸炎エルシニアのような FimH 陰性細菌には結合せず、大腸菌、サルモネラ菌、ネズミチフス菌のような FimH 陽性細菌への強い結合が確認されたこと（図２‐３ｃ）からも裏付けられる。

FimH と結合するＧＰ２は、タイプⅠ細菌の取り込み受容体として機能すると予想されることから、消化管ループテスト（Intestinal Loop Assay）によりＭ細胞のＧＦＰ発現大腸菌の細胞内取り込み能を検討した。逆重畳顕微鏡による三次元画像解析を行った結果、ＧＦＰ発現大腸菌の周りに集積してきたＧＰ２がＭ細胞の管腔側の頂端部細胞膜表面から内部に移行している様子が観察された（図２‐３ｄ、ｅ）。ネズミチフス菌を用いても同様の結果が得られた。また、野生型（ＧＰ２$^{+/+}$）マウスとＧＰ２欠損（ＧＰ２$^{-/-}$）マウスを用いてＭ細胞におけるタイプⅠ細菌の細胞内取り込み能を比較した。経口投与実験と同様に消化管ループテストを用いてGFP発現大腸菌を投与すると、GP2-/-マウスにおいて、パイエル板に取り込まれる細菌数が著しく減少した(図2-5a左)。しかしながら、エンテロコリチカ菌を用いた実験では、GP2+/+マウスとGP2-/-マウスで有意差は見られなかった(図2-5a右)。

M細胞によって取り込まれた抗原は、FAE下にある上皮下ドーム(SED)領域に蓄積した未熟な樹状細胞(DCs)に渡される。抗原によって刺激を受けた樹状細胞が成熟した後、T細胞が豊富に存在する領域まで遊走し、抗原提示に引き続き、IgAを産生するB細胞形成を中心とした抗原特異的免疫応答が引き起こされる。逆重畳顕微鏡による消化管ループテストを用いて、GP2依存的に取り込まれた細菌

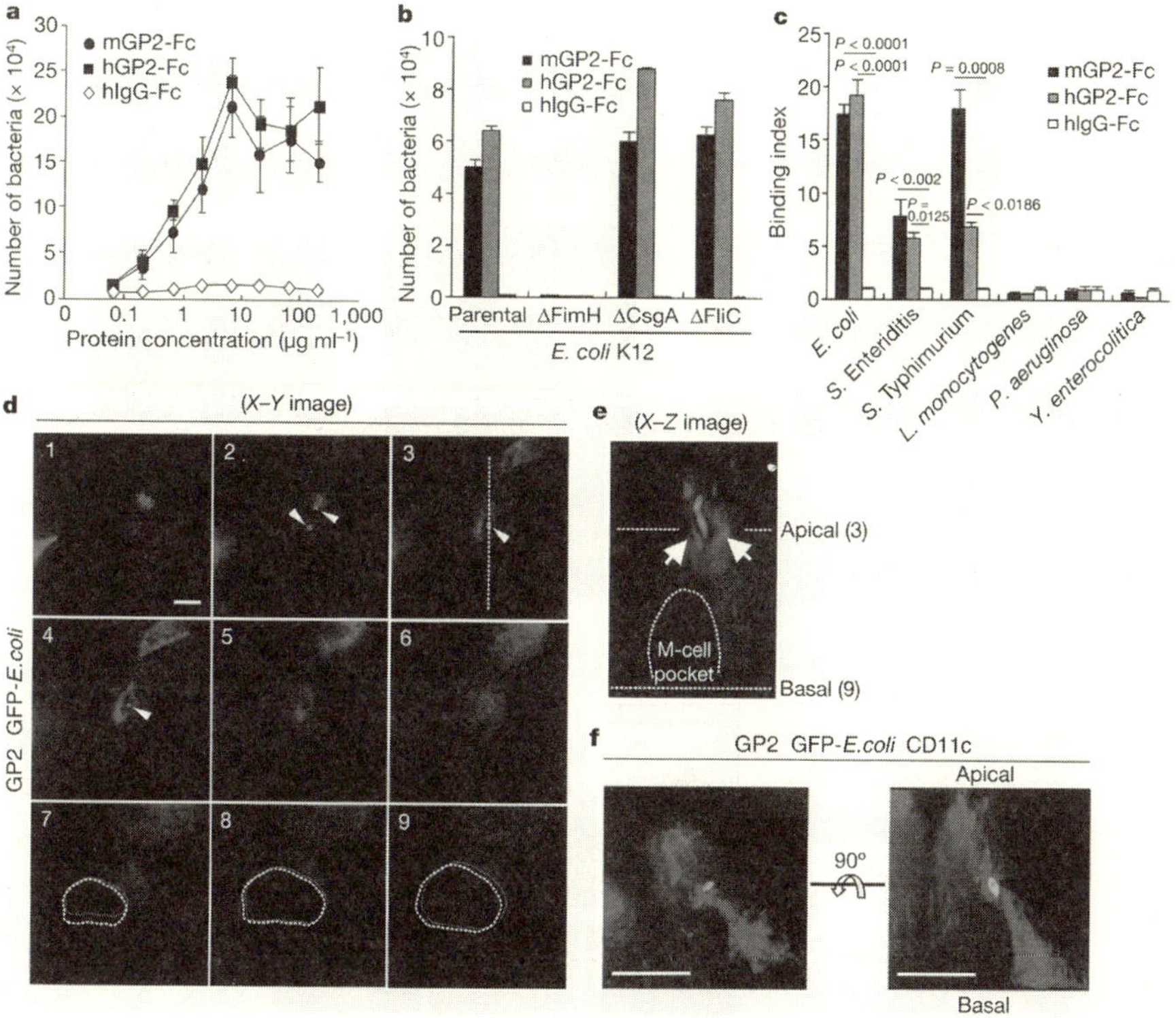

図2-3　GP2が結合する管腔内抗原

性抗原がDCsに捕獲されるか否かを検討したところ、M細胞ポケット（免疫細胞が多く存在する細胞質が大きく陥凹した領域）においてDCsによるGFP陽性大腸菌の捕獲が行われていることが明らかになった（図2-3f）。また、ネズミチフス菌を経口投与したパイエル板の免疫組織染色を行ったところ、90％以上の菌がDCsと共存していた。

FimHを持たないサルモネラ菌はパイエル板内へ侵入できず、抗原特異的免疫応答を誘導しない

GP2依存性抗原取り込みがパイエル板の抗原特異的免疫応答の開始を誘導するか否かを検討した。抗原としてFimHを欠失させ、さらに破傷風類毒素断片を組み込んだネズミチフス菌（rSalmonella-ToxC: FimH-; FimH欠失菌）を用いて経口感作モデルを確立した。野生型の親株菌（FimH+）はGP2と結合するが、FimH欠失菌は結合しないことを確認した（図2-4a）。菌体のFimHの欠乏により、細菌のパイエル板や腸管リンパ節（MLN）への侵入を有意に抑制した（図2-4b）。結果的に、

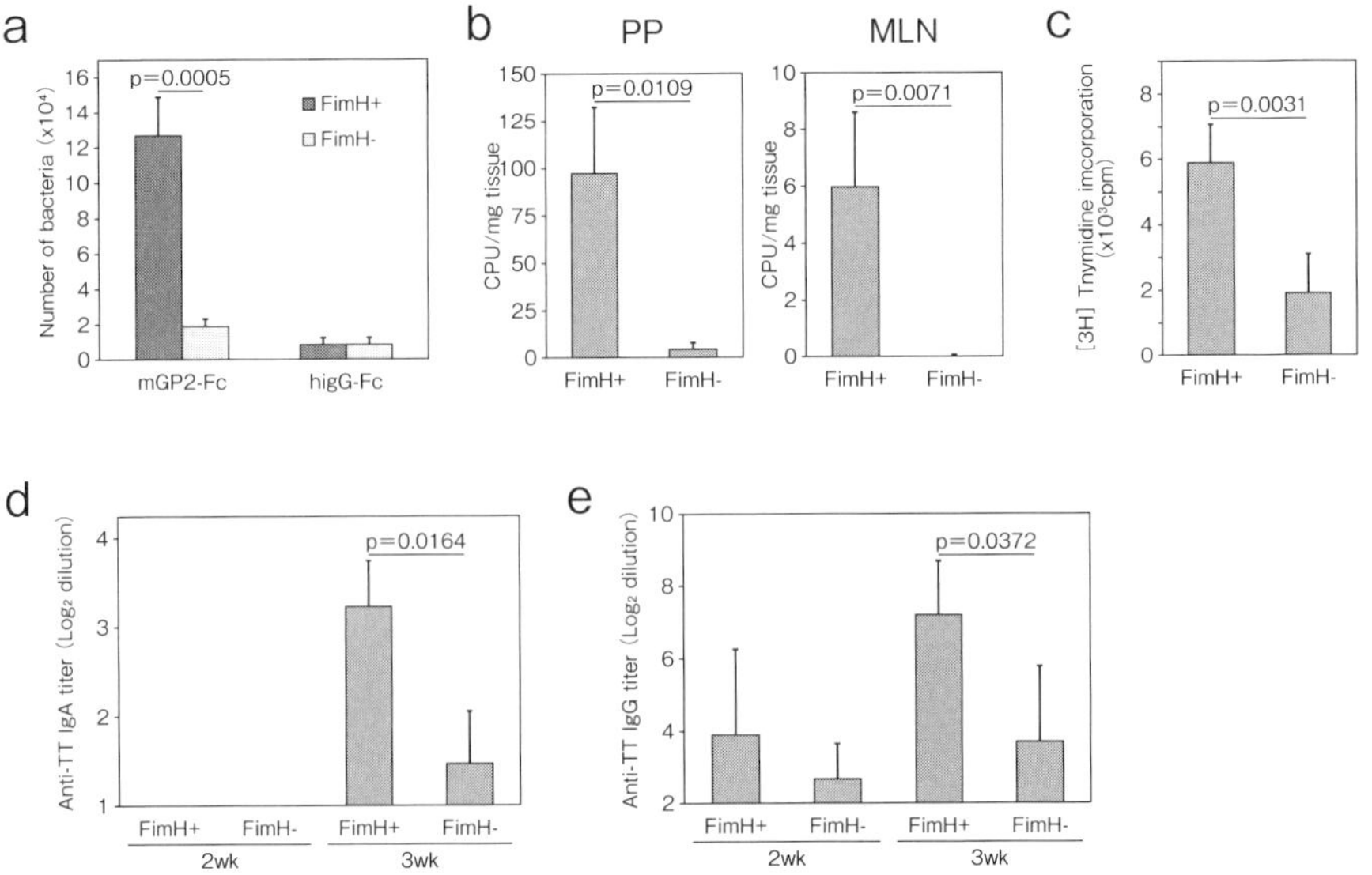

図2-4　抗原特異的免疫応答の有無

FimH 欠失菌は、パイエル板においての破傷風類毒素によるヘルパーT細胞（Th）応答が弱まり（図2-4c）、抗原特異的な糞便中 IgA や血清中 IgG 産生の減衰をもたらした（図2-4d-e）。

GP2は抗原特異的な粘膜免疫応答の誘導に必須

GP2$^{-/-}$マウスに FimH は欠損させずに破傷風類毒素を発現させたネズミチフス菌を感作させても抗原特異的免疫応答は誘導されなかった（図2-5b-d）。脾臓における破傷風類毒素特異的なT細胞応答は両マウスともに正常に誘導されたことから、GP2$^{-/-}$マウスの免疫機能の異常によるものではないと考えられる。したがって、GP2依存性細菌取り込み機構が、消化管粘膜での免疫監視（immunosurveillance）に関与することが明確に示された。

最後に

M細胞上に腸内細菌を選択的に認識する細菌型認識受容体（bacterial pattern-recognition recep-

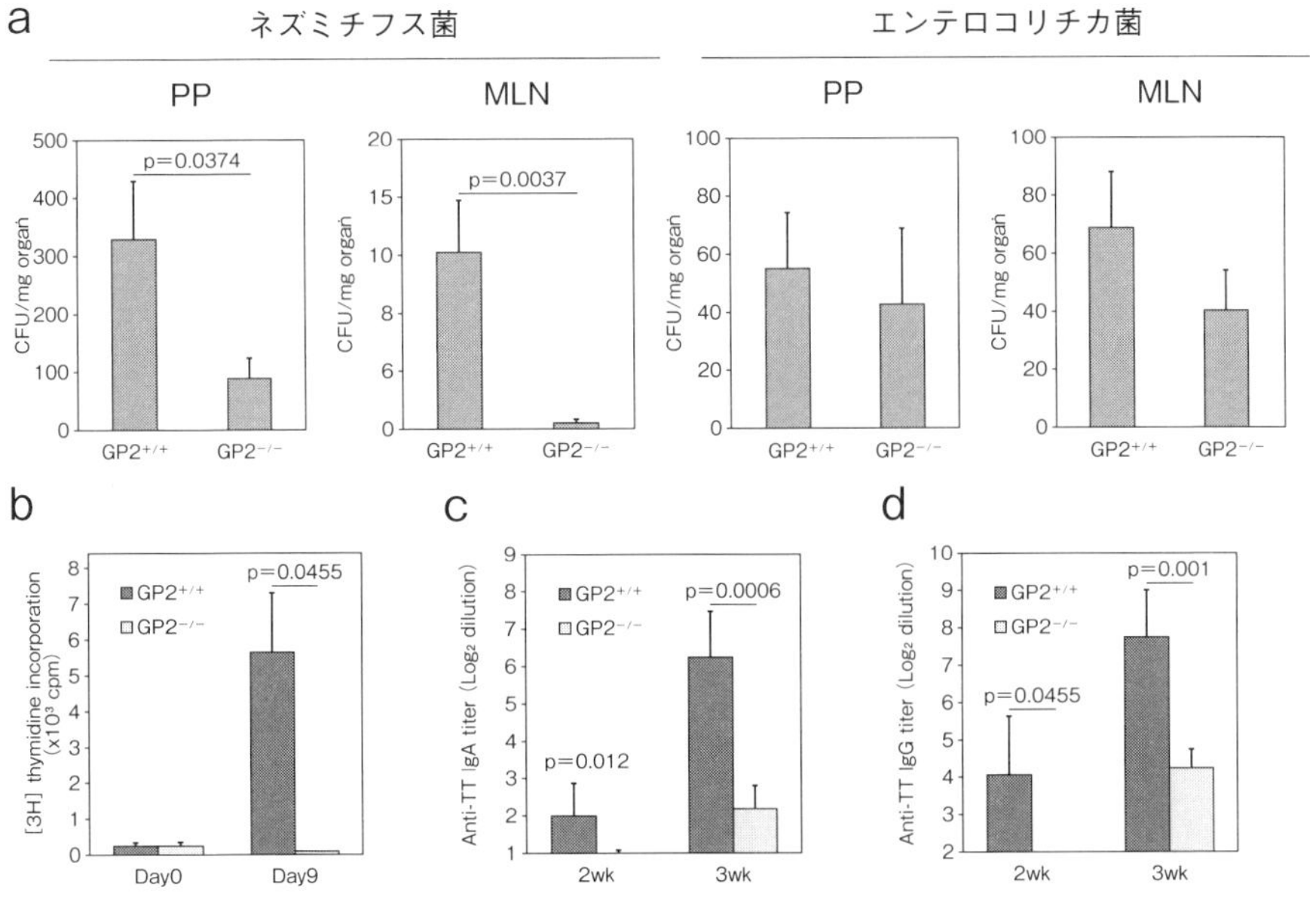

図2-5　抗原特異的な粘膜免疫応答の誘導

tors）が存在するという仮説が出発点であったが、今回私たちが明らかにしたパイエル板M細胞でのGP2発現やその機能的特徴が、この仮説を裏付けている。また、GP2を介した細菌の取り込みが、抗原特異的粘膜免疫応答の開始に重要であることも解明された。

M細胞の抗原取り込み機構を明らかにすることで、病原微生物に対する防御の最前線として働く粘膜免疫の理解を深めることができる。今後、GP2依存性抗原取り込みのメカニズムをさらに明らかにし、M細胞での抗原輸送の分子基盤を定義した上で、効果的なワクチンや新たな薬物投与法の開発の発展につなげていくつもりである。

3-3　まとめ

GP2タンパク質は、消化管のM細胞上にアンテナのように存在している。そこで消化管に襲来する病原体（たとえばサルモネラ菌など）を捕捉する。このとき、GP2は、細菌の一部であるFimHというタンパク質を目印にして結合する。GP2は細菌を結合したまま、M細胞の外と内を通り抜けて（トランスサイトーシス）、細菌を樹状細胞（免疫細胞の一種）に引き渡す。これによって免疫応答反応（抗体の準備やリンパ球の増殖）が引き起こされる（図2-6）。

GP2をうまく利用すれば、経口的に、免疫細胞を活性化できる可能性がある。経口ワクチンである。かりに、インフルエンザウイルスの表面抗原のようなタンパク質にFimHタンパク質を結合し、これを経口的に摂取すると、消化管内でGP2によって捕捉され、トランスサイトーシスで、免疫細胞に引き渡されるはずである。つまり、口から飲むだけでインフルエンザに対する免疫力がつく「経口ワクチン」が作れる可能性がある。

注射器による接種が不要な経口ワクチンは、途上国の予防接種の代替薬品として公衆衛生の向上に大きく寄与するだろう。先進国でも都市型のインフルエンザ大流行への迅速な対応などに利用できるはずである（図2-7）。

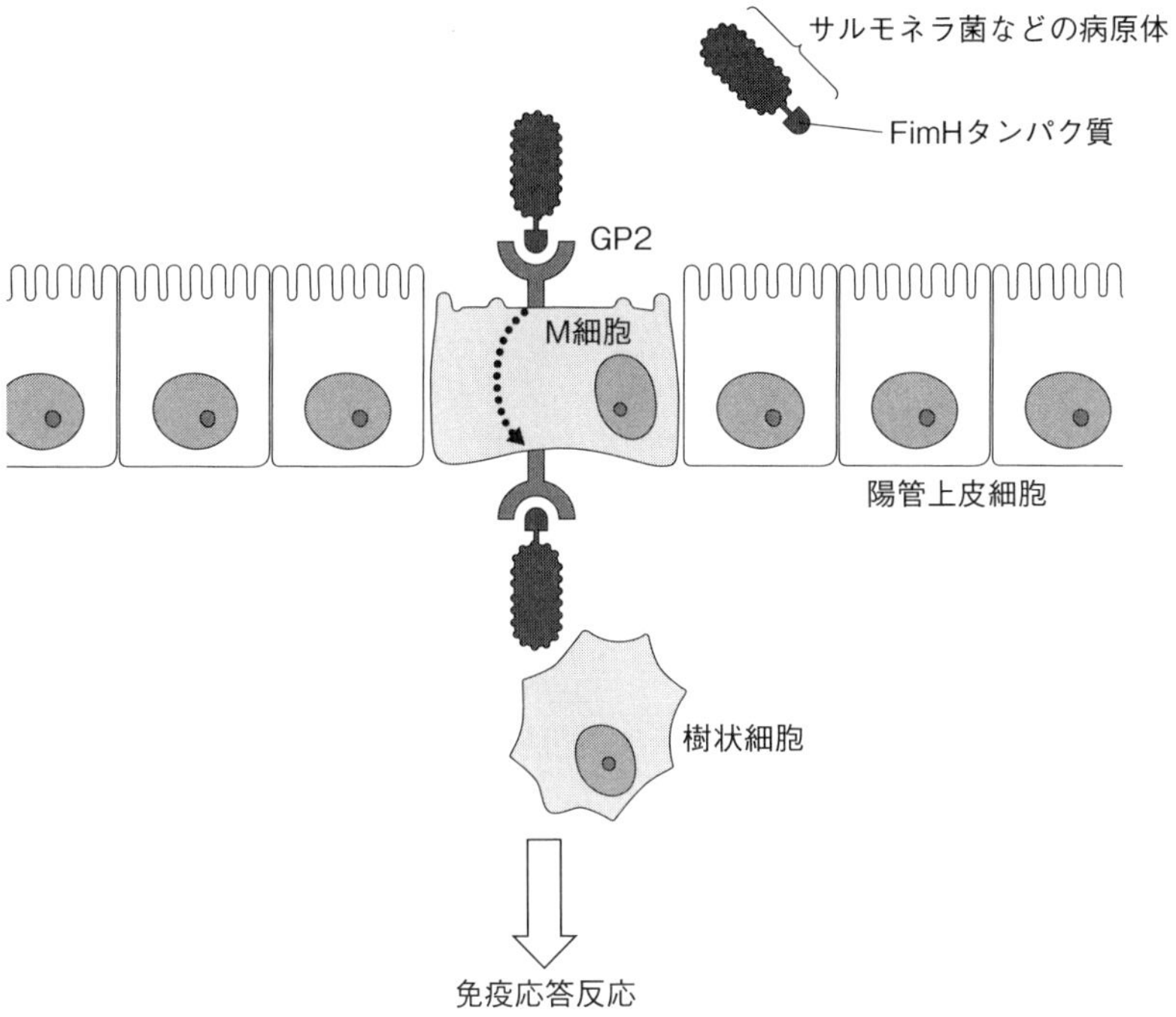

GP2タンパク質は、消化管のM細胞上にアンテナのように存在している。そこで消化管に襲来する病原体（たとえばサルモネラ菌など）を捕捉する。このとき、GP2は、細菌の一部であるFimH というタンパク質を目印にして結合する。GP2は細菌を結合したまま、M細胞の外と内を通り抜けて（トランスサイトーシス）、細菌を樹状細胞（免疫細胞の一種）に引き渡す。これによって免疫応答反応（抗体の準備やリンパ球の増殖）が引き起こされる。

図2-6　GP2は細菌受容体

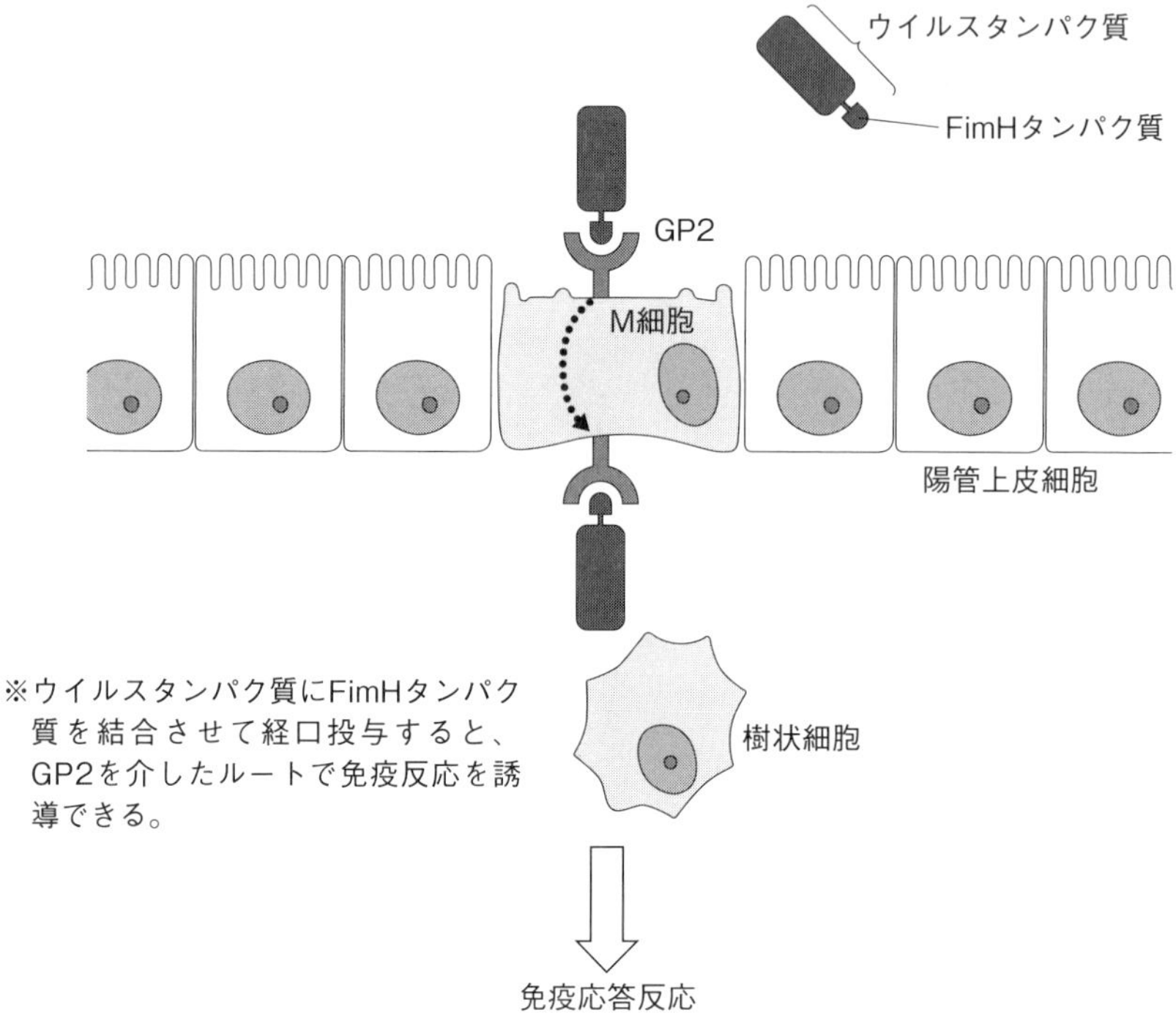

GP2をうまく利用すれば、経口的に、免疫細胞を活性化できる可能性がある。経口ワクチンである。かりに、インフルエンザウイルスの表面抗原のようなタンパク質にFimHタンパク質を結合し、これを経口的に摂取すると、消化管内でGP2によって捕捉され、トランスサイトーシスで、免疫細胞に引き渡されるはずである。つまり、口から飲むだけでインフルエンザに対する免疫力がつく「経口ワクチン」が作れる可能性がある。

注射器による接種が不要な経口ワクチンは、途上国の予防接種の代替薬品として公衆衛生の向上に大きく寄与するだろう。先進国でも都市型のインフルエンザ大流行への迅速な対応などに利用できるはずである。

図2-7　経口ワクチンの可能性

図2-8　著者（福岡伸一）と実験マウス（大学の研究室にて）

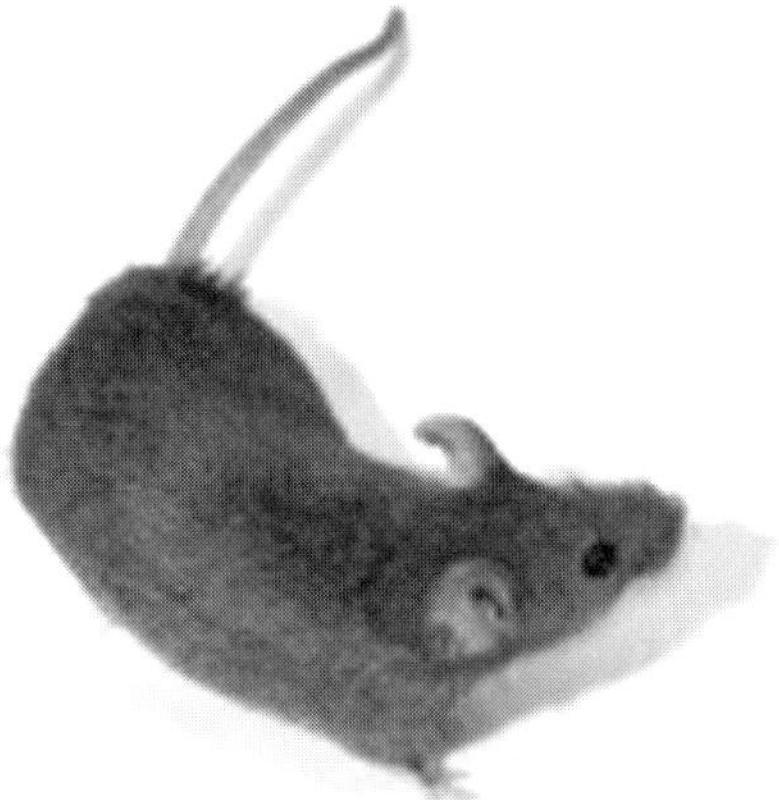

一見、全く健康そうにみえるが、GP2が存在しないため、消化管に来襲した細菌に対して免疫反応が十分に起こらない。

図2-9　GP2遺伝子ノックアウトマウス

4　ＱＰＲＴノックアウトマウスを用いた必須アミノ酸摂取上限の研究
――その１　分子生物学的アプローチ

4-1　はじめに

トリプトファンは必須アミノ酸のひとつであり、食物から摂取する必要がある。摂取されたトリプトファンは血液脳関門を容易に通過し、脳内で様々な神経伝達物質やビタミンへと代謝される。中でも、ニコチンアミドアデニンジヌクレオチド（nicotinamide adenine dinucleotide; ＮＡＤ）へと代謝される経路が主であり、これをキヌレニン経路という。

キヌレニン経路の中間代謝物であるキノリン酸（ＱＡ）は、Ｎ-メチルアスパラギン酸（N-methyl-D-aspartate; ＮＭＤＡ）レセプターのアゴニストとして作用し、興奮性神経毒性を発揮する(4、5)。キノリン酸は通常、キノリン酸リボースリン酸転移酵素（Quinolinic acid phosphoribosyltransferase; ＱＰＲＴ）によって脳内で速やかに無毒な物質へと代謝される(6)。しかし、近年ではハンチントン病(7)、てんかん(8、9)、アルツハイマー病(10、11)、エイズ認知症(12-15)といった神経変性疾患患者の脳内で、キノリン酸濃度が上昇していることが報告され、キノリン酸と神経変性疾患との関連性が注目されている。脳内でのキノリン酸蓄積が神経変性疾患を引き起こしているという仮説をキノリン酸仮説といい、１９８０年代にロバート・シュワルツによって提唱された。しかし、脳内でのキノリン酸蓄積のメカニズムについては未解明な点が多い。

ＱＰＲＴはマウスの生体内において脳、腎臓、肝臓に存在していることが私たちの研究室で明らかにされている。このＱＰＲＴの活性が何らかの原因で異常をきたし、正常な代謝が行えなくなることが、脳内でキノリン酸濃度が上

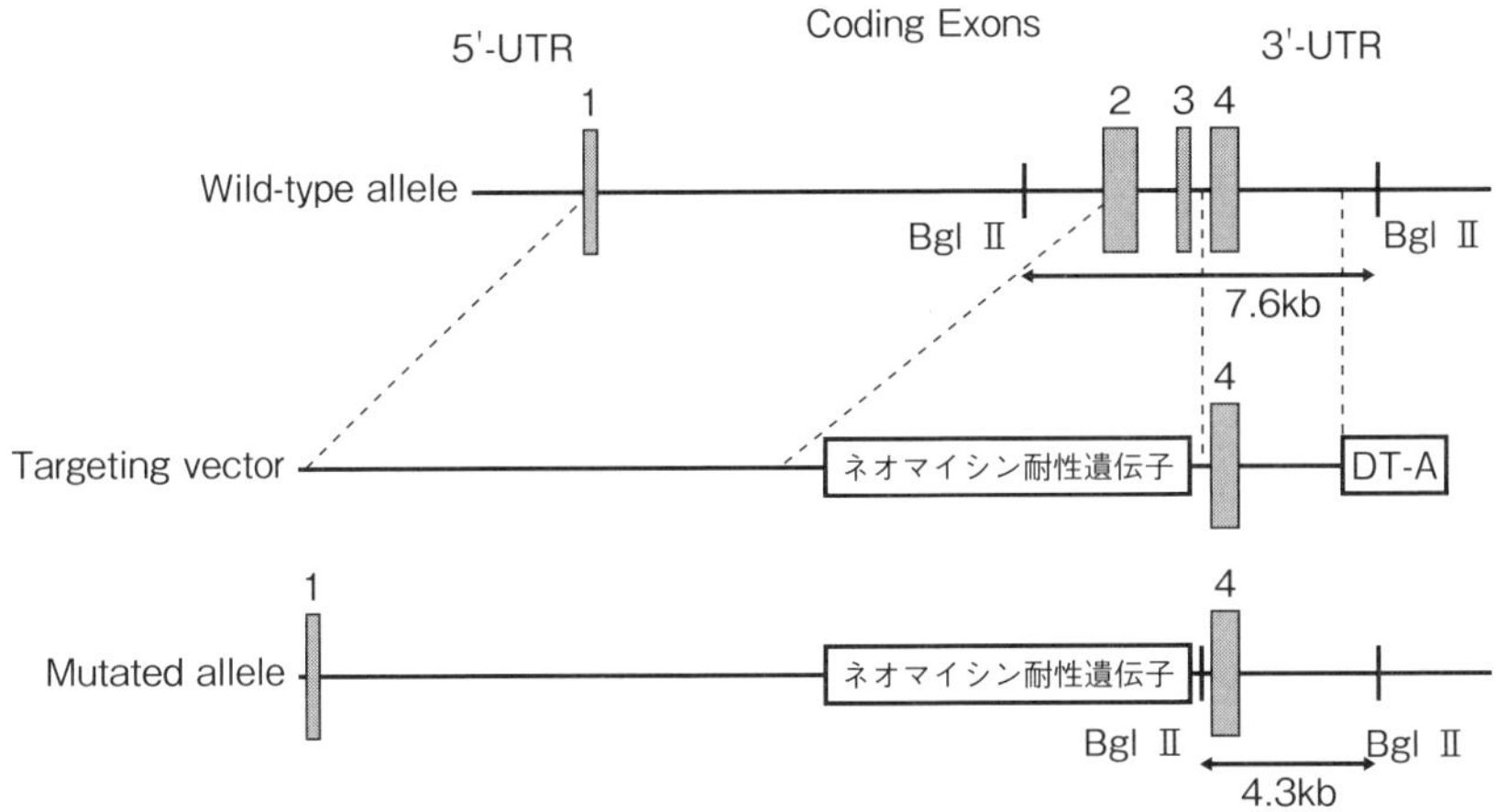

QPRT遺伝子は4つのエキソンをもつが、2番目と3番目を切り取ってネオマイシン耐性遺伝子に置き換えた。この変異遺伝子を持つマウスは生体内でQPRTを発現できず、QPRTノックアウトマウスとなる。

図2-10　QPRTノックアウトマウス

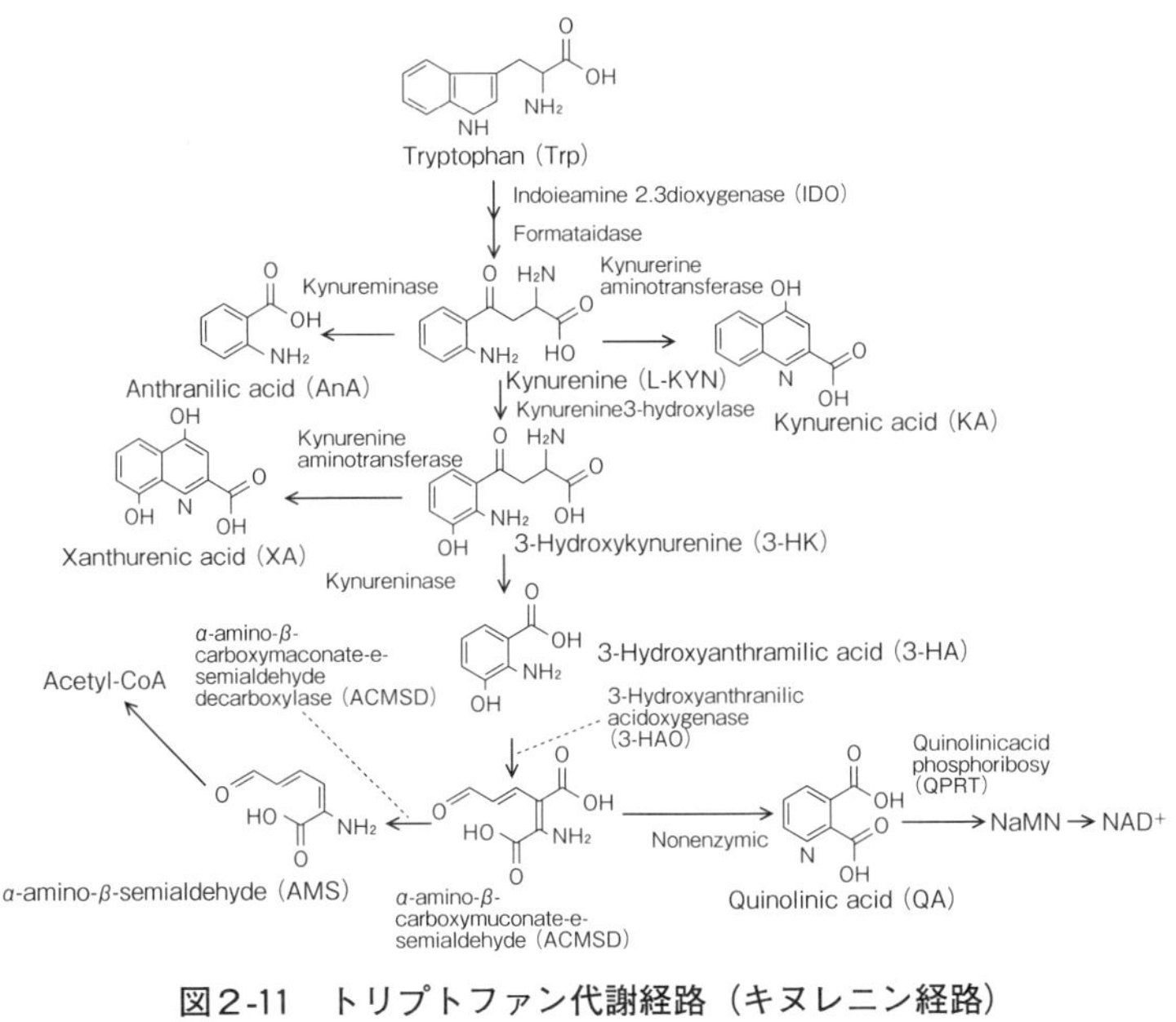

図2-11　トリプトファン代謝経路（キヌレニン経路）

昇する原因と考えられる。

本研究室では、ＱＰＲＴに着目し、ＱＰＲＴ遺伝子を人為的に欠損させたＱＰＲＴノックアウトマウス（図2-10）を作出した。本研究ではこのＱＰＲＴノックアウトマウスの表現型観察と形態学的解析、生化学的解析を行うことで、キノリン酸仮説を検討することを目的とした。研究の基盤として、ＱＰＲＴノックアウトマウスの遺伝子型同定法の確立と、蛍光免疫染色法による脳、腎臓、肝臓におけるＱＰＲＴの発現確認を行った。さらに、キノリン酸の素となるトリプトファンをマウスに過剰摂取させ、それがマウスの生体に及ぼす影響を解析した。

ＱＰＲＴ遺伝子は４つのエキソンをもつが、２番目と３番目を切り取ってネオマイシン耐性遺伝子に置き換えた。この変異遺伝子を持つマウスは生体内でＱＰＲＴを発現できず、ＱＰＲＴノックアウトマウスとなる。

4-2　実験材料と方法

ＱＰＲＴノックアウトマウスの遺伝子型同定法

【ゲノムＤＮＡ抽出】

ＱＰＲＴノックアウトマウス（株式会社フェニックスバイオが作製）を当研究室で繁殖させ、尾部を１㎝切り取った。切り取った尾部にLysis solusion（10 mg/ml ActinaseE）（科研製薬株式会社、東京）34㎕、10mg/ml ProteinaseK（和光純薬工業株式会社、大阪）34㎕、Lysis buffer（50mM Tris-HCl（pH 8.0）、100mM EDTA（pH 8.0）、100mM NaCl、1% SDS）682-l）７５０㎕を加え、55℃湯浴で一晩インキュベートした。インキュベート後、沸騰水中で10分間処理をしてアクチナーゼEとプロテイナーゼKを不活化した。10mg/ml RNase（和光純薬工業株式会社、大阪）10㎕を加え37℃で１時間インキュベートした後、中性フェノール７５０㎕を加えて攪拌し、１４５００rpm、室温で５分間遠心した。遠心後に水層を回収し、ＰＣＩ（中性フェノール：クロロホルム：イソアミルアルコール＝25:24:1）７５０㎕

を加えて攪拌し、14500rpm、室温で3分間遠心した。遠心後に水層を回収し、CIA（クロロホルム：イソアミルアルコール＝24：1）を加えて攪拌し、14500rpm、室温で3分間遠心した。遠心後、水層を450μℓ回収し、3M酢酸ナトリウム溶液45μℓと2-プロパノール450μℓを加えて転倒混和し、14500rpm、室温で10分間遠心した。遠心後、沈殿を回収し、70％エタノールを1mℓ加えて転倒混和し、14500rpm、室温で2分間遠心した。遠心後、沈殿を回収して乾燥させた。沈殿に30μℓのTE溶液（10mM Tris-HCl buffer（pH 8.0）、1mM EDTA（pH 8.0）を加えてゲノムDNAを再溶解させ、濃度を測定した。ゲノムDNA溶液はマイナス20℃で保存した。

【プライマー設計】

QPRT遺伝子検出のために、マウスQPRT遺伝子中の エクソン2とエクソン3の間でPCRが行われるようなプライマーを設計した。また、変異型遺伝子を検出するために、前任者が設計したネオマイシン耐性遺伝子（neo）に特異的なプライマーを用いた。遺伝子型同定をより正確にするため、プライマーは各々2セット使用した。次にプライマーの配列を示す。

全てのプライマーセットに関して、最適なアニーリング温度は66・1℃であることがわ

F: forward primer, R; reverse primer

QPRTプライマーセットA（前任者が設計）

F: 5'-CGACACCTGGGTTCCGACTGGT-3'

R: 5'-CCTGCCGAGCCTTCAGCACTGC-3'

QPRTプライマーセットB

F: 5'-CCTTCTTTGACGCCATCTTC-3'

R: 5'-CGCCTACTTGGAGCCCATA-3'

neoプライマーセットA（前任者が設計）

F: 5'-TGGGCACAACAGACAATCGG-3'

R: 5'-ACTTCGCCCAATAGCAGCCAG-3'

neoプライマーセットB（前任者が設計）

F: 5'-CAAGACCGACCTGTCCGGTG-3'

R: 5'-CGACGAGATCCTCGCCGTCG-3'

かった。遺伝子型同定のためのＰＣＲは、94℃ 30秒を1サイクル後、94℃ 30秒、66・1℃ 30秒、72℃ 30秒を計35サイクル行うものとした。

【ＰＣＲの最適化】

ゲノムＤＮＡを10 ng／μℓに調整した。1反応あたりの組成を示す（試薬は全てタカラバイオ株式会社、京都）。計25 μℓとし、ＰＣＲを行った。ＰＣＲ条件は、94℃30秒を1サイクル後、94℃30秒、50℃～70℃で最適なアニーリング温度を検討30秒、72℃30秒を計35サイクル行った。ＰＣＲ産物を4％アガロースゲル電気泳動により分離した。電気泳動結果より、遺伝子型同定に最適なアニーリング温度を決定した。

ゲノムＤＮＡ	2 μℓ
forward primer	0.5 μℓ
reverse primer	0.5 μℓ
Ex TaqTM	0.125 μℓ
10 × Ex TaqTM buffer	2.5 μℓ
dNTP Mixture	2 μℓ
MilliQ	17.375 μℓ

使用した試薬

【PB】

Na2HPO4・12H2O	15.6g
KH2PO4	35.82g
MilliQ（total）	1ℓ

【PBS】

NaCl	8g
Na2HPO4・12H2O	2.9g
KCl	0.2g
KH2PO	40.2g
MilliQ（total）	1ℓ

【封入剤】

1.4-diazabicyclo［2.2.2］octane（DABCO）	1g
p-phenylenediamine（PPDA）	0.1g
polyvinyl alcohol（PVA）	2g
glycerol	4mℓ
1M Tris-HCl pH9.0	2mℓ
MilliQ	13mℓ

臓器摘出・凍結包埋

マウスの腹腔内に４％砲水クロラール水溶液（和光純薬工業株式会社、大阪）を３００μℓ投与し、全身麻酔した後に脳、肝臓を摘出した。既固定で凍結包埋する場合、摘出した臓器を４％ＰＦＡ（Paraformaldehyde ４g、ＰＢで１００mℓにメスアップ）溶液に４℃で一晩浸漬した。その後、30％スクロース溶液（スクロース30gをＰＢＳ１００mℓに溶解）に室温で３時間浸漬した。臓器をO.T.C.Compound（サクラ精機株式会社、東京）で包埋し、液体窒素で凍結させマイナス80℃で保存した。未固定で凍結包埋する場合、臓器摘出後速やかに包埋を行った。

蛍光免疫染色法

凍結包埋した臓器を、クライオスタッツ（株式会社ファインテック、群馬）で８μmに薄切し、ＭＡＳコート付スライドガラス（松浪硝子工業株式会社、大阪）に乗せた。ドライヤーの冷風を15分以上当てて乾燥させ、切片をスライドガラスに貼り付けた。未固定のサンプルの場合のみ、乾燥後にマイナス20℃のエタノール中で15分間固定した。それをＰＢＳＴ（0.03% TritonX-100 in PBS）で5分間×３回洗浄した。洗浄後ＰＢＳＴを拭き取り、ブロッキング液（5% BSA in PBST）を50μℓのせ、４℃で30分間インキュベートした。ブロッキング後、ブロッキング液を拭き取り一次抗体を50μℓのせ、４℃で一晩インキュベートした。一次抗体は、Anti-pig-QPRT 兎血清（滋賀県立大学人間文化学部、柴田克己教授のご好意により頂いたもの）をブロッキング液で３００倍に希釈した。インキュベート後、スライドガラスをＰＢＳＴで5分間×３回洗浄した。ＰＢＳＴを拭き取り、二次抗体を50μℓのせ４℃で一晩インキュベートした。二次抗体は、Alexa Fluor 488 donkey anti-rabbit IgG（Molecular Probes、米国）をＰＢＳＴで３００倍希釈した。インキュベート後、スライドガラスをＰＢＳＴで5分間×３回、洗浄した。ＰＢＳＴを十分に拭き取り、封入剤をのせた。観察は、蛍光顕微鏡（ZEISS、ドイツ）で行った。

蛍光免疫染色法によって、脳・肝臓に存在するＱＰＲＴを可視化することができた。脳は未固定状態、肝臓は既固定状態で凍結包埋したサンプルの方が、蛍光免疫染色に適していることがわかった（口絵写真2-1～-3参照）。

4-4 トリプトファン過剰摂取による影響の解析

マウスの飼育と観察

当研究室で繁殖させた4週齢のマウスを、野生型（WT）・コントロール食（Ctrl）群、ホモ型（KO）・Ctrl群、WT・2％トリプトファン添加食（2％Trp）群、KO・2％トリプトファン群の四つの群に分けた。各々、オス2匹とメス2匹の計4匹とした。室温20℃、自由摂食・自由飲水とし、照明は12時間（6時～18時）、一個体ごとにマウスケージに入れて飼育・観察を行った。観察期間は4週間とした。1週間ごとに、12時付近に体重・摂食量を測定した。餌（表2-1）については、滋賀県立大学人間文化学部、柴田研究室の皆様のご好意で調整していただいた(16)。

リアルタイムPCR法による遺伝子発現解析

【トータルRNA抽出】

実験が終了した時点で8週齢になったマウスの脳を摘出し、大脳側を全体の半分程度の大きさに切り取った。さらに細切し、1・5㎖ TORIZOL 中でホモジェナイズした。十分にホモジェナイズした後、室温で5分間静置した。3

表2-1 実験に用いた餌の組成表

	Ctrl		+ 2 % Trp	
	%	g	%	g
Casein	20	700.0	20	700.0
L-methionin	0.2	7.0	0.2	7.0
Gelatinized cornstarch	45.9	1606.5	45.9	1536.5
Sucrose	24.4	854.0	24.4	854.0
Corn oil	5	175.0	5	175.0
Mineral mixture（AIN-93-G-MX）	3.5	122.5	3.5	122.5
Vitamin mixture（AIN-93-VX + nicotinic acid）	1	35.0	1	35.0
Trp	0	0.0	0	70.0

００μℓの CHCl3 を加えて15秒間振り混ぜ、再び室温で５分間静置した。４℃、１３０００rpmで15分間の遠心分離した後、水層を回収し、７５０μℓ 2-propanol を加えて転倒混和した。室温で10分間静置した後、４℃、１３０００rpmで10分間の遠心分離を行った。上清を取り除き、沈殿を回収した。沈殿に１mℓ75%エタノールを加えて混和し、４℃、１１０００rpmで５分間の遠心分離を行った。上清を取り除き、沈殿を回収した。室温で10分間乾燥させた後、２００μℓ RNase free H2O を加え、55℃の湯浴で10分間温めて沈殿を溶解させた。トータルＲＮＡ溶液はマイナス80℃で保存した。

【逆転写反応（cDNA の合成）】

トータルＲＮＡ溶液を、実サンプルについては１００ng／μℓ、検量用サンプルは５００ng／μℓに希釈した。表２-２は、一反応あたりの組成を示す（試薬は全てタカラバイオ株式会社、京都）。

計40μℓとして、逆転写反応を行った。逆転写反応は、30℃ 10分、60℃ 30分、99℃　５分、５℃ ５分、４℃８の順に行った。

【リアルタイムＰＣＲ】

２×SYBR Premix Ex Taq TM（タカラバイオ株式会社、京都）を用いて、iCycler サーマルサイクラー（日本バイオ・ラッド ラボラトリーズ株式会社、東

表2-2　一反応あたりの組成

total RNA	4 μℓ
5×　Prime ScriptTM Buffer (for Real Time)	8 μℓ
Prime ScriptTM RT Enzyme Mix Ⅰ	2 μℓ
Oligo dT Primer (50 μ M)	2 μℓ
Random 6 mers (100 μ M)	2 μℓ
MilliQ	22 μℓ

表2-3　一反応あたりの組成

cDNA	2 μℓ
forward primer	0.5 μℓ
reverse primer	0.5 μℓ
2× SYBR Premix Ex TaqTM	12.5 μℓ
MilliQ	9.5 μℓ

京）を使用してＰＣＲを行った。また、解析ソフトウェアはiCycler iQTM Real-time Detection System Software（Version 3.0）（日本バイオ・ラッド ラボラトリーズ株式会社、東京）を使用した。cDNA 溶液を、実サンプルについては１００ng／μℓとして使用した。検量用サンプルは、８週齢のＷＴマウスから得られたcDNAを５００ng／μℓ、50ng／μℓ、５ng／μℓ、５００pg／μℓ、50pg／μℓ、５pg／μℓに希釈した。表２-３は、一反応あたりの組成を示す。

表2-4　プライマー配列

F ･･･ forward primer、R ･･･ reverse primer

GAPDH
F: 5'-TAAAGGGCATCCTGGGCTACACT-3'
R: 5'-TTACTCCTTGGAGGCCATGTAGG-3'

IDO
F: 5'-TTCTTCTTAGAGTCAGCTCCCC-3'
R: 5'-TCACAGAGACCAGACCATTCAC-3'

ACMSD
F: 5'-GGTACATGCCTCTTACATCAGC-3'
R: 5'-GCTATCCTAGAGCTTGCTATGC-3'

3-HAO
F: 5'-TTGAGTGGTTGAGAGCTGTCAC-3'
R: 5'-GGCTATGGCTGTTAGAAGATCG-3'

nNOS
F: 5'-CGCTGCTACAACCTCGCTACT-3'
R: 5'-CGGGTATGGTAGGACACGATG-3'

データ解析の際、補正を行うための内部標準遺伝子GAPDHと、遺伝子発現解析のターゲットとしたキヌレニン経路代謝酵素（indoleamine 2,3-dioxygenase; IDO）、α-amino-carboxymuconate-ε-semialdehyde decarboxylase（ACMSD）、3-hydroxyanthranilic acid oxygenase（3-HAO）、キノリン酸によって活性化されることが知られるneuronal nitricoxide synthase（nNOS）[17]に対応したプライマー配列を表2-4に示す。

4-5　結果

実験開始から4週間までは、行動異常などの表現型への影響は観察できなかった。体重・摂食量についても、四つの群の間で有意な差は見られなかった。

遺伝子発現解析では、IDO、ACMSD、nNOSについて各群の間で発現量に有意な差は無かった。3-HAOは、KO・Ctrl食群のみで相対的に発現量が高くなっていた。

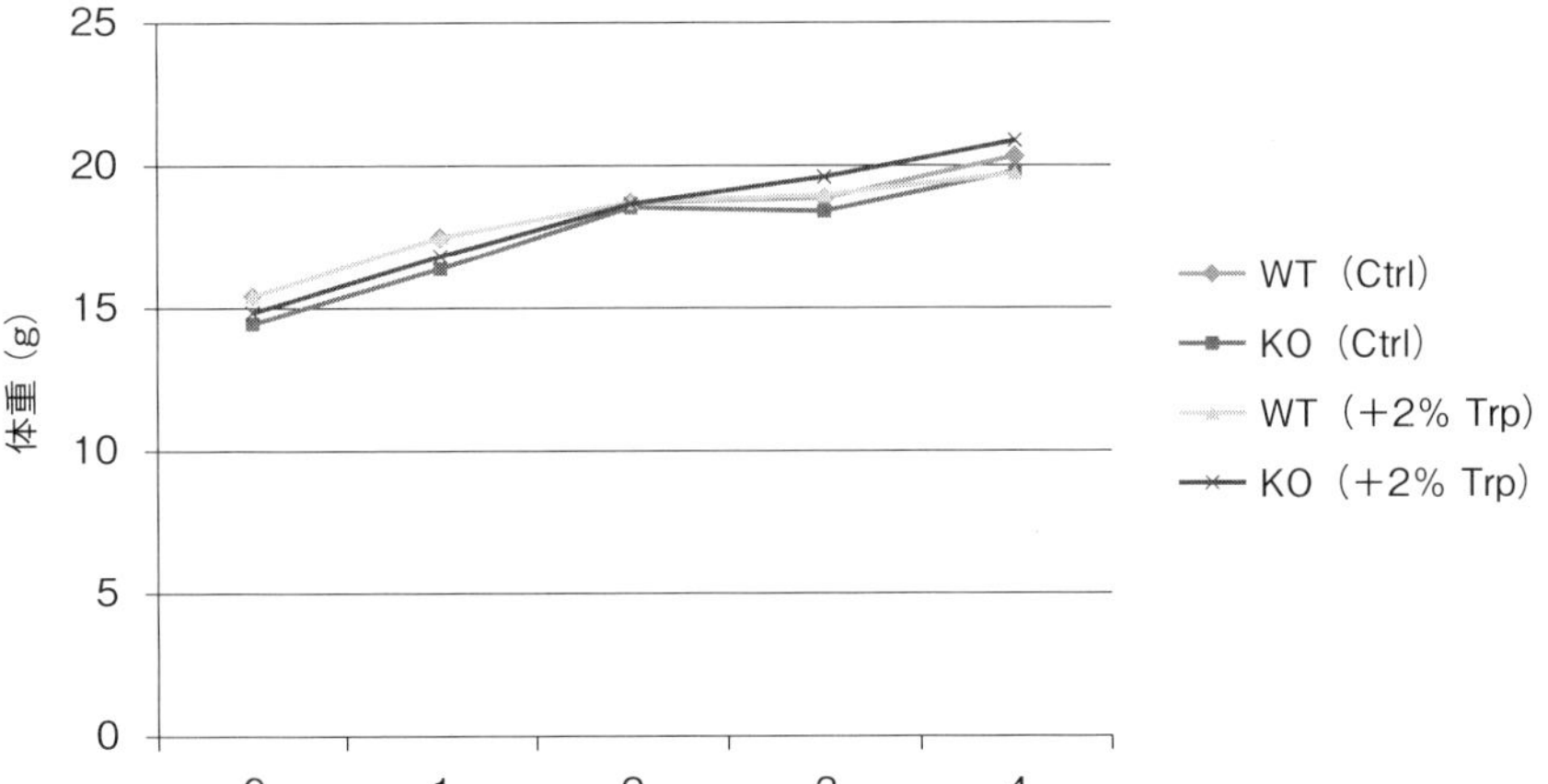

一週間ごとに体重を測定し、群ごとの平均値を算出した。4つの群の間に有意な差は見られなかった。

図2-12　マウスの体重測定結果（n=4）

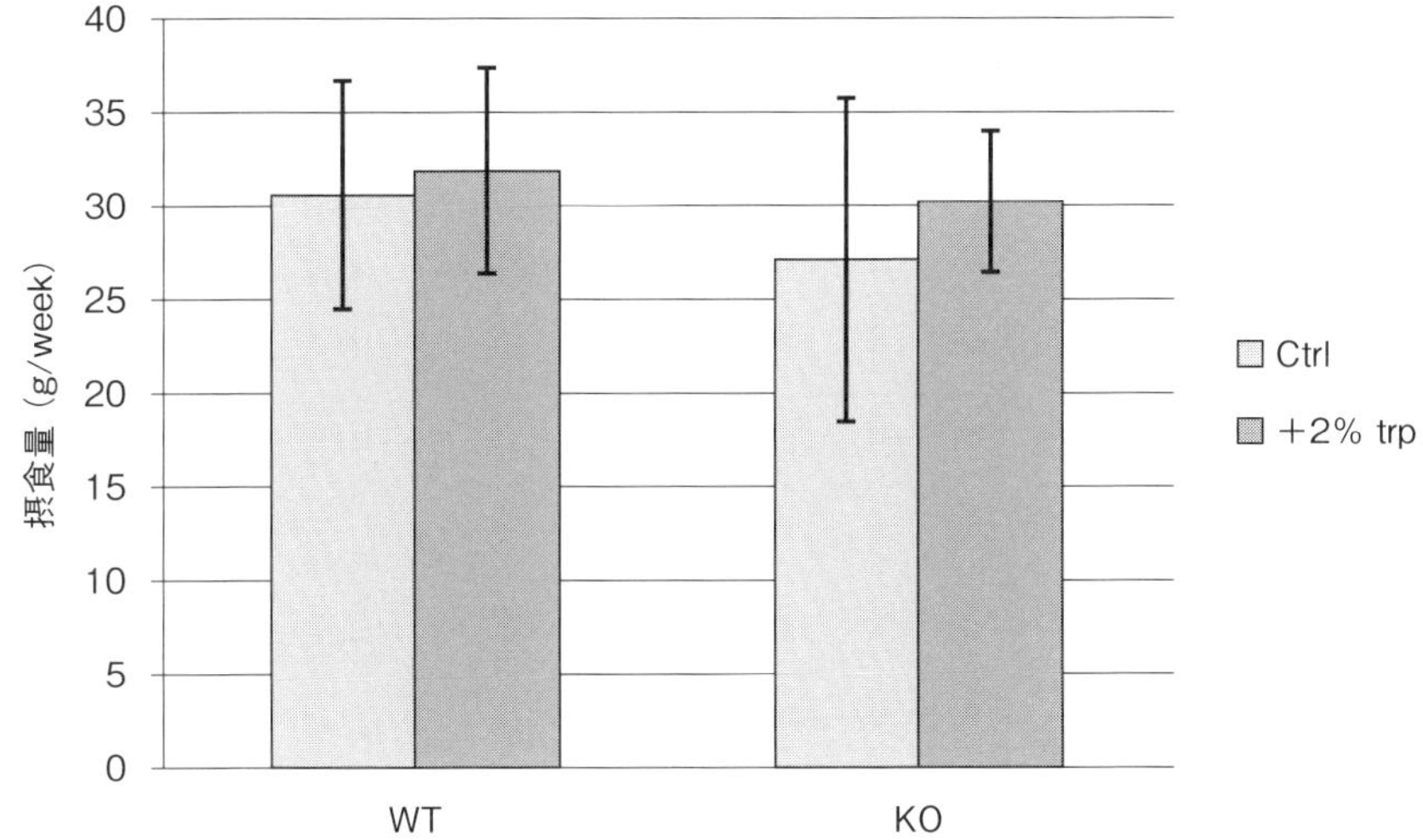

一週間ごとに摂量を測定し、各群について4週間分の平均値を算出した。４つの群の間に有意な差は見られなかった。

図２-13　１週間あたりの摂食量（*n*=4）

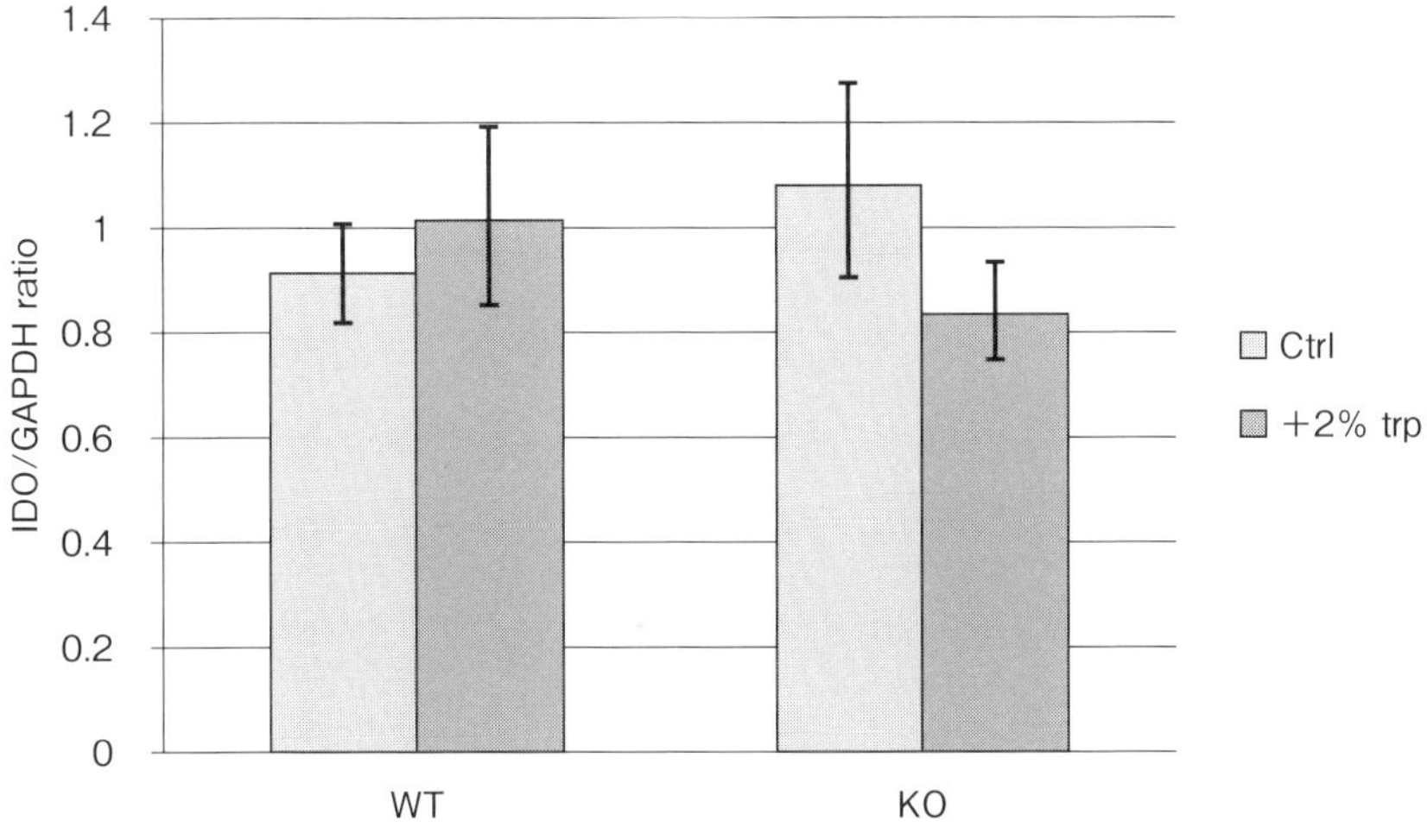

内部標準遺伝子GAPDHの発現量で補正し、値は平均値±標準偏差とした。

図２-14　IDO 遺伝子発現解析結果（*n*=3）

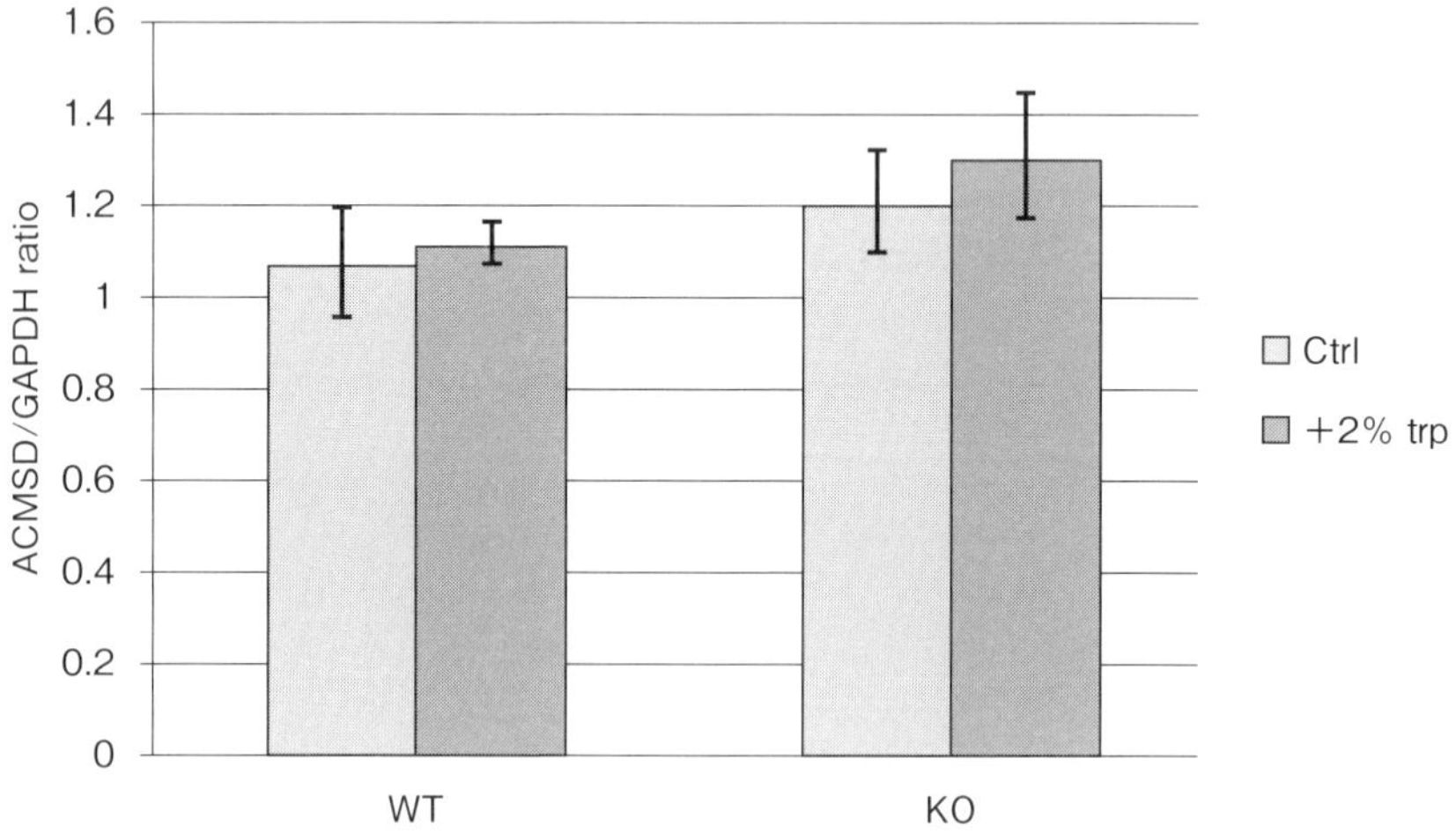

内部標準遺伝子GAPDHの発現量で補正し、値は平均値±標準偏差とした。

図2-15　ACMSD遺伝子発現解析結果（*n*=3）

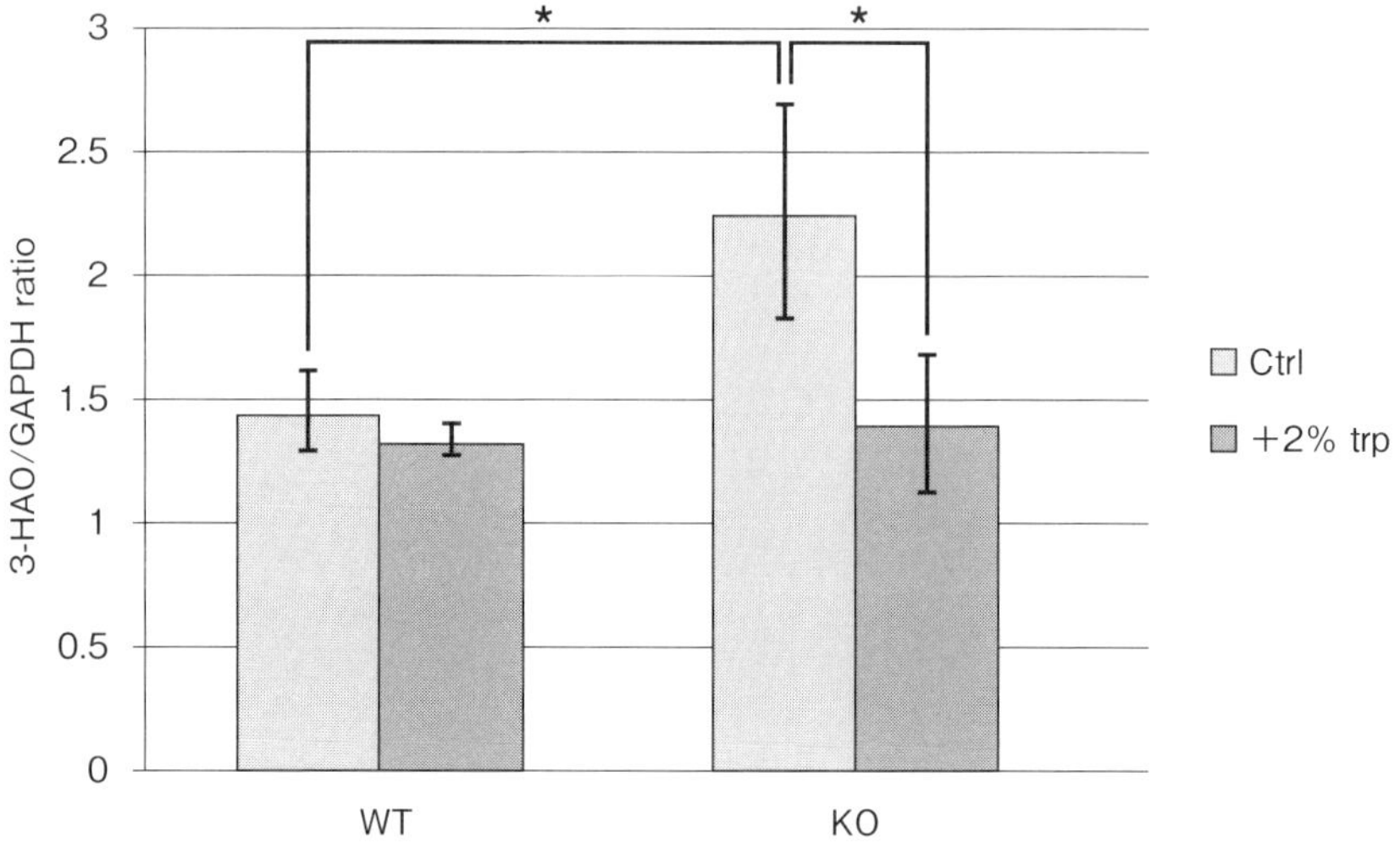

内部標準遺伝子GAPDHの発現量で補正し、値は平均値±標準偏差とした。
有意差はt testにより計算した。（*：$p < 0.05$）

図2-16　3-HAO遺伝子発現解析結果（*n*=3）

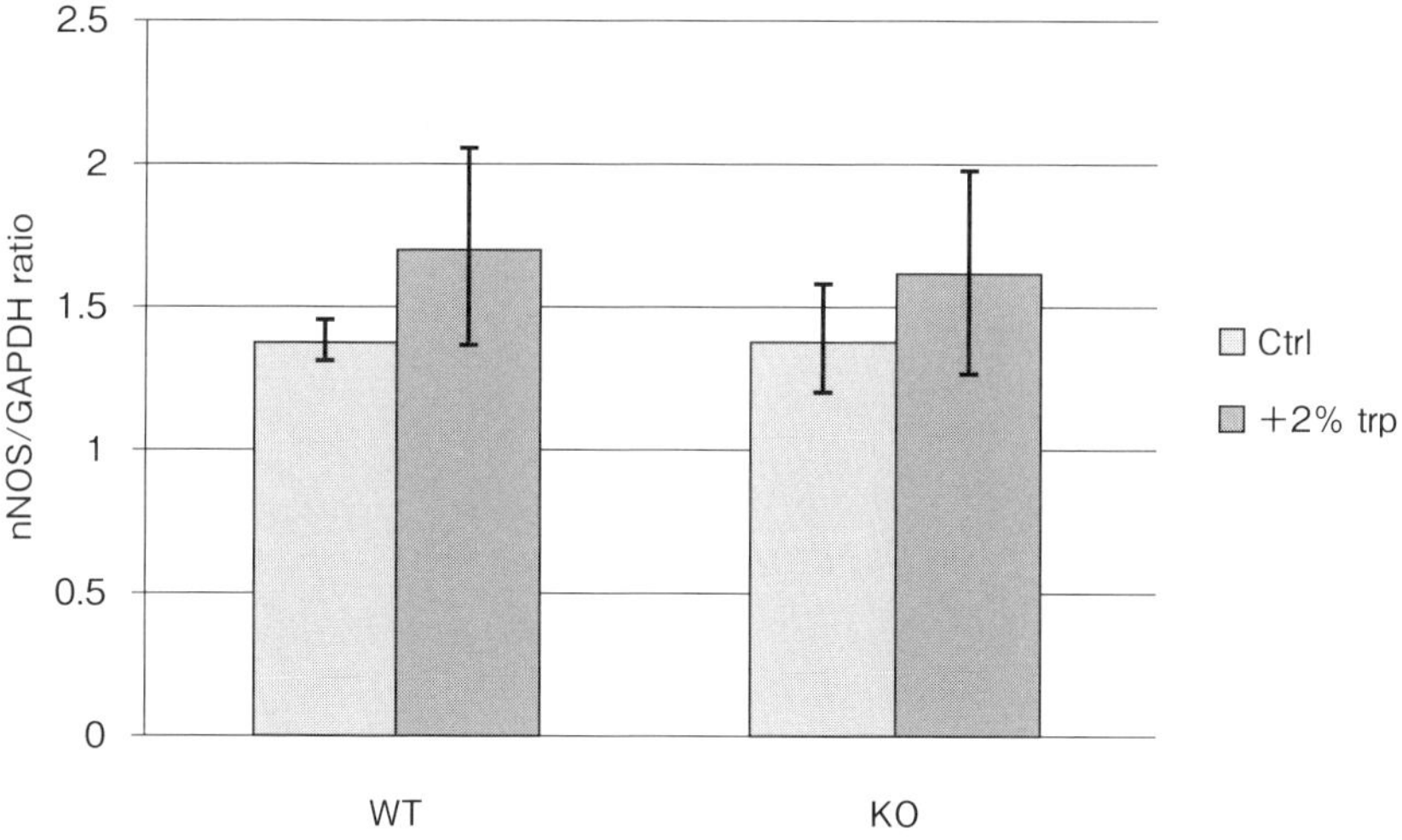

内部標準遺伝子GAPDHの発現量で補正し、値は平均値±標準偏差とした。

図2-17　nNOS遺伝子発現解析結果（n=3）

4-6 考察

QPRTノックアウトマウスのジェノタイピング法を確立し、研究室内でマウスを繁殖させる準備を整えることができた。また、ノックアウトマウスの脳および肝臓において、QPRTは発現していないことが形態学的に確認された。

トリプトファン過剰摂取による影響は、本研究では観察できなかった。実験期間とした4週間では、マウスの生体に影響が及ぶには不十分であったと考えられる。しかし、遺伝子発現解析の結果より、トリプトファン代謝経路の出発点で働く酵素IDOと、キノリン酸蓄積を制御する律速酵素ACMSDの発現量がQPRTの欠損やトリプトファン過剰摂取によって変化していないことが分かった。また、キノリン酸によって活性化されるnNOSの発現量はトリプトファン過剰群で上昇傾向にあった。これは、さらに長期間にわたってトリプトファンの過剰摂取を続けたり、餌に含まれるトリプトファン含量を増やしたりすることで、脳内にキノリン酸が蓄積する可能性を示唆している。3-HAOの発現量がKO・Ctrl群で相対的に高くなっていたことから、代謝経路がQPRTノックアウトやトリプトファン過剰摂取による影響を受けている可能性が考えられる。この点を明らかにするためには、他のキヌレニン経路代謝酵素についても遺伝子発現解析を行う必要がある。

キノリン酸蓄積が起これば脳内で細胞死が誘発され、それによる神経病学的欠陥が現れる可能性がある。キノリン酸蓄積や細胞死を観察するために、脳の形態学的観察（TUNEL染色、HE染色等）が必要だと考えられる。また、神経病学的欠陥はマウスに対する行動テストを行うことで明らかになると考えられる（次項参照）。

5　QPRTノックアウトマウスを用いた必須アミノ酸摂取上限の研究
──その2　行動学的アプローチ

5-1　QPRTノックアウトマウスの飼育

QPRTノックアウトマウス（以下ノックアウトマウス）は、株式会社フェニックスバイオより購入し、交配マウス（系統名：C57BL/6NCrlCrlj）を日本チャールスリバー株式会社より購入し、本研究室で繁殖をさせ、系統維持を行った。交配により誕生した仔マウスの遺伝子型を本研究室で確立したジェノタイピング法に従い、野生型（WTマウス）、ヘテロ型（HZマウス）、およびノックアウトマウスの遺伝子型を決定した(13)。マウスはケージ（クリーンS）（日本クレア）内に入れ、専用の動物飼育室内で室温22℃、照明12時間点灯（AM6時からPM6時まで）の条件にて飼育した。飼料はMF、床敷きにはホワイトクレーフ（どちらもオリエンタル酵母工業株式会社）を用いて、飼料及び水は自由摂取とした。

5-2　遺伝子発現解析に用いたマウス

上記の飼育条件の下で飼育されたマウスを用いて、QPRT遺伝子欠損によるキノリン酸蓄積メカニズムの解明のため、以下のマウス群に分け（表2-5）、トリプトファン代謝経路酵素の遺伝子発現解析を行った。また、本研究ではキノリン酸蓄積をより促す目的の下、トリプトファンを通常エサ（以下通常食）の約10倍量含むエサ（以下トリプトファン過剰食）を摂取させ、その影響も解析した。

表2-5 遺伝子発現解析を行ったマウス群

	遺伝子型	エサの種類
①（n=5）	WTマウス	通常食
②（n=6）		Trp過剰食
③（n=5）	HZマウス	通常食
④（n=5）		Trp過剰食
⑤（n=8）	KOマウス	通常食
⑥（n=9）		Trp過剰食

週齢は14~16週。Trp過剰摂取期間は10週間で解析を行った。

表2-6　実験に用いた飼料の組成表

	Ctrl		+ 2 % Trp	
	%	g	%	g
Casein	20	700.0	20	700.0
L-methionin	0.2	7.0	0.2	7.0
Gelatinized cornstarch	45.9	1606.5	43.9	1536.5
Sucrose	24.4	854.0	24.4	854.0
Corn oil	5	175.0	5	175.0
Mineral mixture（AIN-93-G-MX）	3.5	122.5	3.5	122.5
Vitamin mixture（AIN-93-VX + nicotinic acid）	1	35.0	1	35.0
Trp	0	0.0	0	70.0

今実験で用いた飼料は滋賀県立大学人間文学部の柴田研究室の皆様の御好意で調製していただき、引き続き同じ組成（表2-6）のものを、オリエンタル酵母株式会社に注文をし、購入した(14)。

5-3　リアルタイムPCR法による遺伝子発現解析

トータルRNA抽出

上記のマウス群の脳を摘出し、全脳を各部位（小脳、海馬、線条体、大脳皮質）に取り分けた。それぞれの組織を1mℓ TORIZOL 中でホモジェナイズをし、室温に戻るまで静置させた。３００μℓの CHCl3 を加え、15秒間振り混ぜ、再び室温で5分間静置した。４℃、１３０００rpmで15分間の遠心分離した後、水層を回収し、７５０μℓ 2-propanol を加えて転倒混和をした。室温で10分間静置した後、４℃、１３０００rpmで10分間の遠心分離を行った。上清を取り除き、沈殿を回収した。沈殿に１mℓ 75％エタノールを加えて混和し、４℃、１１０００rpmで５分間の遠心分離を行った。上清を取り除き、沈殿を回収した。室温で乾燥させた後、組織が十分取りやすい、小脳および大脳皮質は１００μℓの RNase free H2O を加え溶解させ、海馬と線条体は30μℓの RNase free H2O を加え、溶解させた。以上の方法で抽出したトータルRNA溶液は、マイナス80℃で保存した。

逆転写反応

濃度測定を行ったトータルＲＮＡ溶液を、実サンプルについては１００ng／μℓ、検量用サンプルは５００ng／μℓに希釈した。一反応あたりの組成と反

表2-7　逆転写反応における一反応分の溶液組成

溶液組成	使用量
5× prime scripttm Buffer（for Real Time） Prime scriptTM RT Enzyme MIX Ⅰ Oligo DT prime（50μM） Random 6 mer Total RNA（100 or 500ng/μL） MilliQ	6μℓ 1.5μℓ 1.5μℓ 1.5μℓ 3μℓ 16.5μℓ
Total	30μℓ
反応条件	
37℃ 15分 85℃　5秒	

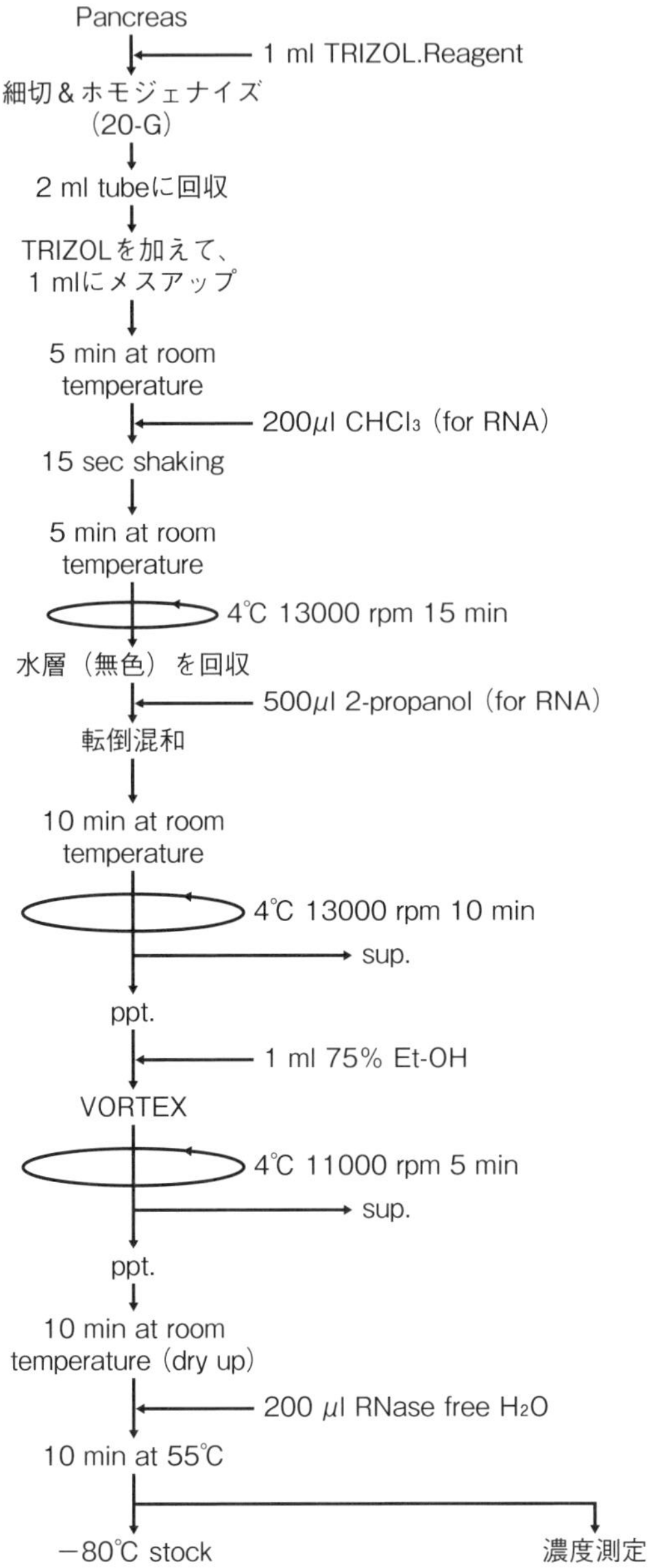
Pancreas
1 ml TRIZOL.Reagent
細切＆ホモジェナイズ
(20-G)
2 ml tubeに回収
TRIZOLを加えて、
1 mlにメスアップ
5 min at room
temperature
200μl CHCl3 (for RNA)
15 sec shaking
5 min at room
temperature
4℃ 13000 rpm 15 min
水層（無色）を回収
500μl 2-propanol (for RNA)
転倒混和
10 min at room
temperature
4℃ 13000 rpm 10 min
sup.
ppt.
1 ml 75% Et-OH
VORTEX
4℃ 11000 rpm 5 min
sup.
ppt.
10 min at room
temperature (dry up)
200 μl RNase free H2O
10 min at 55℃
−80℃ stock
濃度測定

図2-18　トータルRNA抽出手順

応条件を表2-7に示す。

リアルタイムPCR

2×SYBR Premix Ex Taq TM（タカラバイオ株式会社）を用いて、iCycler サーマルサイクラー（日本バイオ・ラッド ラボラトリーズ株式会社）を使用してPCRを行った。また、解析ソフトウェアは iCycler iQTM Real-time Detection System Software（Version 3.0）（日本バイオ・ラッド ラボラトリーズ株式会社）を使用した。

逆転写反応によって得られた検量線用 cDNA 溶液は500ng／μℓ、50ng／μℓ、5ng／μℓ、500pg／μℓ、50pg／μℓと希釈したものを用いた。一反応あたりの組成と反応条件を表2-8に示す。

また、データ解析の際、補正を行うための内部標準遺伝子として用いたGAPDH とターゲット遺伝子としたトリプトファン代謝経路酵素のプライマー配列を表2-9に示す。

表2-8　リアルタイムPCR法における一反応分の溶液組成と反応条件

溶液組成	使用量
cDNA forward primer reverse primer 2× SYBR Premix Ex TaqTM MilliQ	2 μℓ 0.5 μℓ 0.5 μℓ 12.5 μℓ 9.5 μℓ
Total	25 μℓ
反応条件［2 step法］	
4℃ 3分 95℃ 10秒 {95℃ 5秒、60℃ 20秒}×40 {55℃ 10秒 (+0.5℃／秒)}×80	

表2-9 ターゲット遺伝子および内部標準遺伝子のプライマー配列

sequence（5'→3'）

IDO F TTCTTCTTAGAGTCAGCTCCCC
IDO R TCACAGAGACCAGACCATTCAC
3-HAO F TTGACTGGTTGAGAGCTGTCAC
3-HAO R GGCTATGGCTGTTAGAAGATCG
ACMSD F GGTACATGCCTCTTACATCAGC
ACMSD R GCTATCCTAGAGCTTGCTATGC
QPRT F GCTCCTGTTACCCCTACAACC
QPRT R GGATGCAAAATTGAGGCCCGGG
TPH F GCGACATCAGCCGAGAACA
TPH R CGTCTTCCTTCGCAGTGAGC

TDO F AAGAGGAACAGATGGCAGAG
TDO R TCGTCGTTCACCTTTACTCA

KMO F CGCGATCATGCCCTCTA
KMO R GGACCCAAGGACAAAGAGTC

KAT II F CGGTTTGAAGACGACTTGA
KAT II R TTGGGTGGGTAGTTGACAGT

KYNase F AGCCCATGAGAAAGAAATAG
KYNase R TGCCGCTTTGGAGTAG

GAPDH F ATGTTCCAGTATGACTCCACTCACG
GAPDH R GAAGACACCAGTAGACTCCACGACA

5-4　QPRTノックアウトマウスの行動的特性

行動テストを行ったマウス

遺伝子型を判別したマウスを用いて、QPRTノックアウトマウスについての行動的特性とキノリン酸蓄積によって引き起こされると考えられる行動変化を調べるため、マウスを以下の4群に分けた（表2-10）

各群　n＝6とし、上記の飼育条件にて、体重・摂食量の観察と行動テストを行った。体重・摂食量測定は毎週15時付近で測定した。

行動テストの際は主観が入るのを避けるため、観測者にマウスの遺伝子型や餌の種類が分からないように条件（ブラインド条件）を整えた。また、実験開始時間はAM9：00からとし、マウスに負荷を掛けさせないために、同じ日に行動テストは一つまでとした。さらに、観測を行う実験室に30分前には飼育ケージを移動させ、マウスを実験部屋に慣れさせるようにした。

マウス行動テスト

不安関連及び新規場所探索行動テストとして知られるオープンフィールド試験（Open field test）と高架式十字迷路（Elevated plus maze）は、腎臓および肝臓でキヌレニン経路の出発律速酵素として働くTDOを欠損させたマウス（TDOノックアウトマウス）において、有意な行動変化があると報告されている[15]。本研究でのこれらのテストは、

表2-10 行動テストを行ったマウス群

	遺伝子型	エサの種類
①（n=5）	WTマウス	通常食
②（n=6）	WTマウス	Trp過剰食
③（n=5）	KOマウス	通常食
④（n=5）	KOマウス	Trp過剰食

週齢は30週。Trp過剰摂取期間26週で解析を行った。

QPRT遺伝子欠損とキノリン酸蓄積による行動変化を明確にするため、トリプトファンを過剰摂取させたマウスにおいて起きてしまうと考えられる行動変化を調べる目的がある。TDOノックアウトマウスでは、主にトリプトファンを代謝する臓器である腎臓および肝臓で、TDOが働かずにトリプトファンが代謝されにくくなり、血中トリプトファン濃度が上昇する。それにより、脳内でセロトニン濃度が上昇することで、行動変化がもたらされるという報告がある。これはトリプトファン過剰摂取によって起こると考えられる状況と似ている。また、QPRTを欠損させた影響で、マウス生体内でキヌレニン経路ではなく、セロトニン経路でトリプトファンを代謝するという防御機構が働く可能性も考えられる。このことは、当研究室の過去の結果からも示されている[16]。さらに、これらのテストは遺伝子欠損マウスで用いられる一般的な行動テストとしても良く知られ、実験の注意事項などは文献を参考にした[17]。

また、中枢神経系異常を観察できる行動テストとして、尾懸垂試験（Tail suspension）を行い、HDモデルマウスの発症末期マウスに見られる歩行異常を測定するテストとして、歩行テスト（Footprint analysis）を行った[18、19]。これらのテストはQPRT欠損におけるキノリン酸蓄積によって引き起こすと考えられる中枢神経系の異常を観察し、定量化を行うという目的がある。

さらに、脳では運動機能を司るとされている小脳でQPRTの発現量が有意に高いという私たちの研究室の結果が得られている[20]。そのため、脳内においてキノリン酸は小脳で最も多く蓄積されているのではないかという推測から、運動機能障害を定量化する目的としてつりさげテスト（Hanging wire）を行った。以下にそれぞれのテストの測定点、留意点及び実験手順を示す。

(1) オープンフィールド試験（Open field test）

65×65×11㎝のアクリルボックスを観察フィールドとし、壁は白色、床には9×9㎝のマス目を書き（壁際マス目のみ10×10㎝）、マウスをフィールドへ投入し、10分間ビデオ録画を行いながら、目視でも観察を行った。その後、録画した動画をもとに計測を行い、定量化を行った。以下にこのテストの測定点と留意点を示す。

【測定点】

Ⅰ　マウスの動いたマス目の数

Ⅱ　壁際（壁から10㎝以内）滞在時間と中央滞在（壁から10㎝以上）時間

Ⅲ　脱糞数、尿回数

Ⅳ　その他気付いた点（後ろ歩き、歩行異常など）

Ⅰ～Ⅲについては1分ごとに区切り、測定を行った。

【測定点の意味】

Ⅰ　マウスが新規場所に投入された時の探索行動を定量化することができる。通常のマウスは新たな場所に投入された時は、初めは探索行動を取り、徐々に動きが少なくなる。

Ⅱ　新規場所に投入された時のマウスが感じる不安を定量化することができる。不安をより多く感じているマウスは壁際の滞在時間が長くなる。

Ⅲ　脱糞数、尿回数が多いほど不安を感じている。

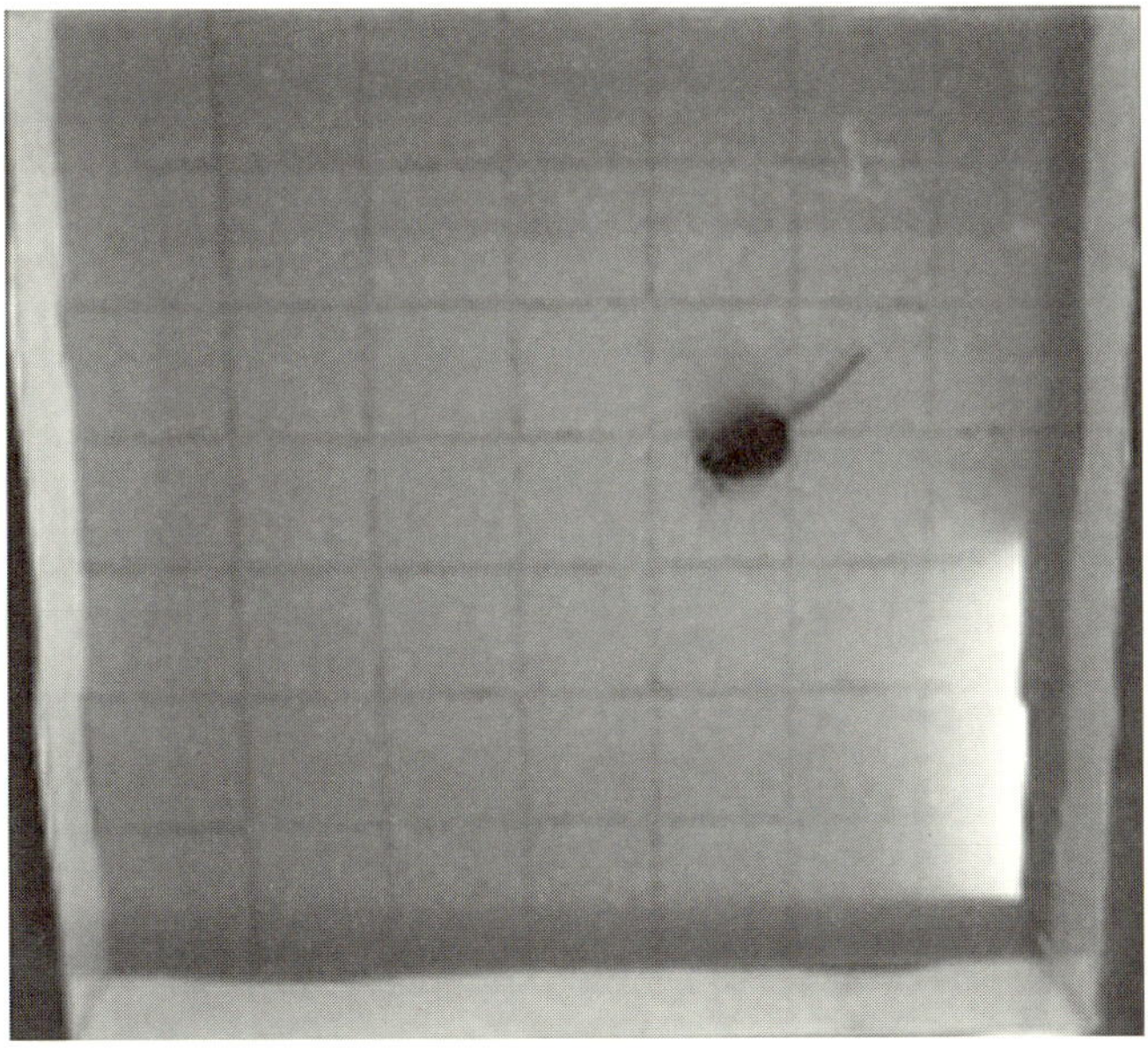

図2-19　オープンフィールド試験の様子

【留意点】

＊測定時は無理に覗きこまない。
＊大きな音を立てない。
＊フィールド内の照明の明るさを均等にする。
＊マウスの入れ替え時には糞を片付け、しっかりとアルコール消毒を行う。

(2) 高架式十字迷路（Elevated plus maze）

7・5×41㎝の壁無し通路と7・5×41×15㎝の壁あり通路を高さ40㎝の位置に十字に組み、床には7・5×7・5㎝のマス目を書いた。マウスを壁無し通路に、センターゾーン側へと顔を向けて観察を始めた。また、5分間ビデオ録画をしながら、目視でも観察を行った。測定点、留意点は以下の通り。

【測定点】

Ⅰ　マウスの動いたマス目の数
Ⅱ　壁あり・壁無し通路およびセンターゾーン滞在時間
Ⅲ　脱糞数・尿回数

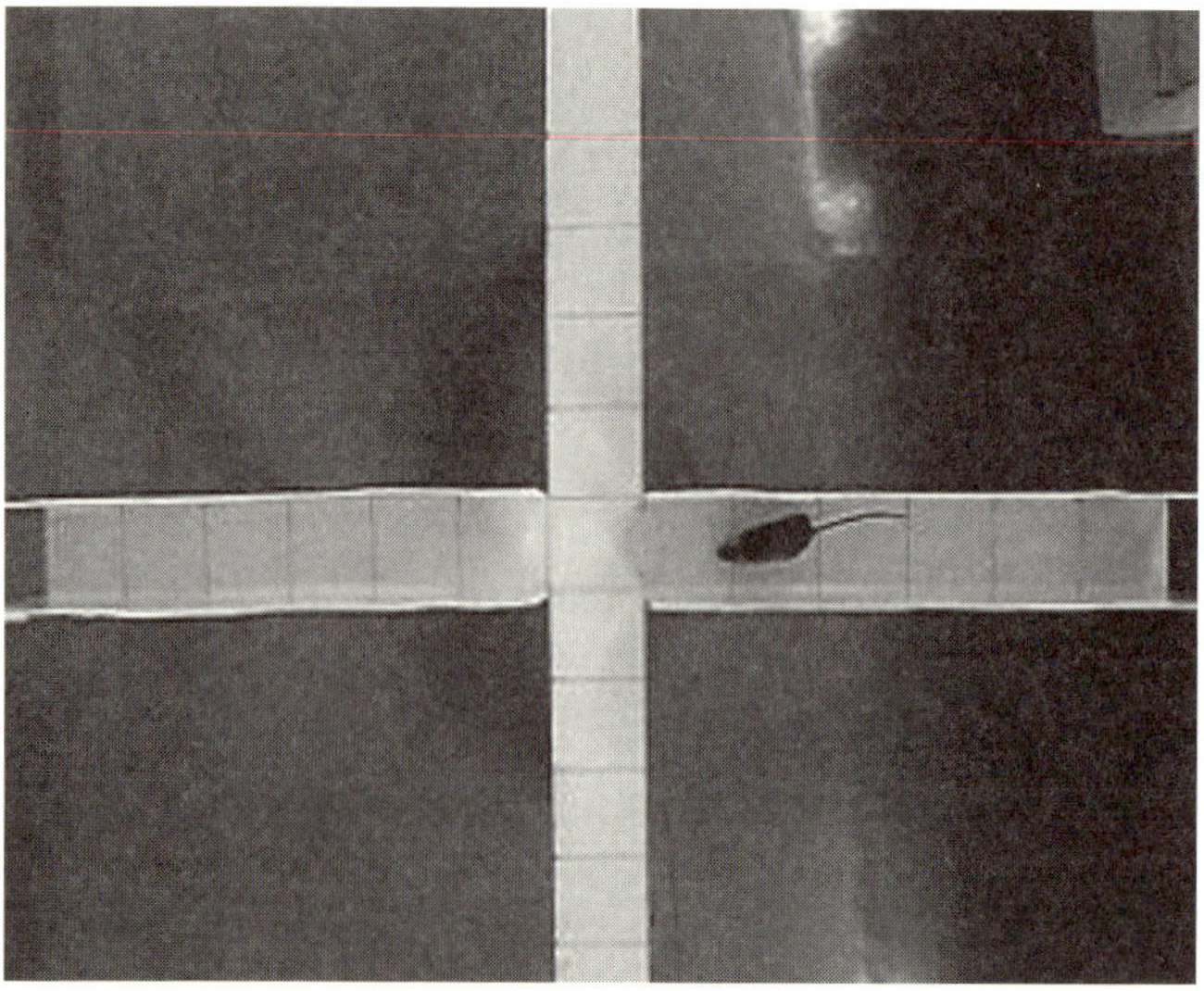

図2-20 高架式十字迷路の様子

Ⅳ　その他気付いた点（落下したか否か、後ろ歩き、歩行異常など）

Ⅰ～Ⅱについては1分ごとに区切り、測定を行った。

【測定点の意味】

Ⅰ　新規場所および高所における不安が高い状態での探索行動を定量化することができる。

Ⅱ　壁がある通路の滞在時間が長いほど、マウスがより不安を感じていると評価できる。

【留意点】

＊高さ約40㎝にするために、空き缶でしっかりと固定する。

＊その他の留意点は　オープンフィールド試験　と同じ。

(3)　尾懸垂試験（Tail suspension）

マウスの尾を持ち、高さ約25～30㎝の所で5分間吊るし、観察した。測定点、留意点は以下の通り。

【測定点】

Ⅰ　下肢反射異常行動（clasping）回数（図2-19）

Ⅱ　マウスの抵抗が無くなり、動かなくなる無動状態時間

Ⅲ　その他気付いた点（けいれんや発作などは見られるか、脱糞等）

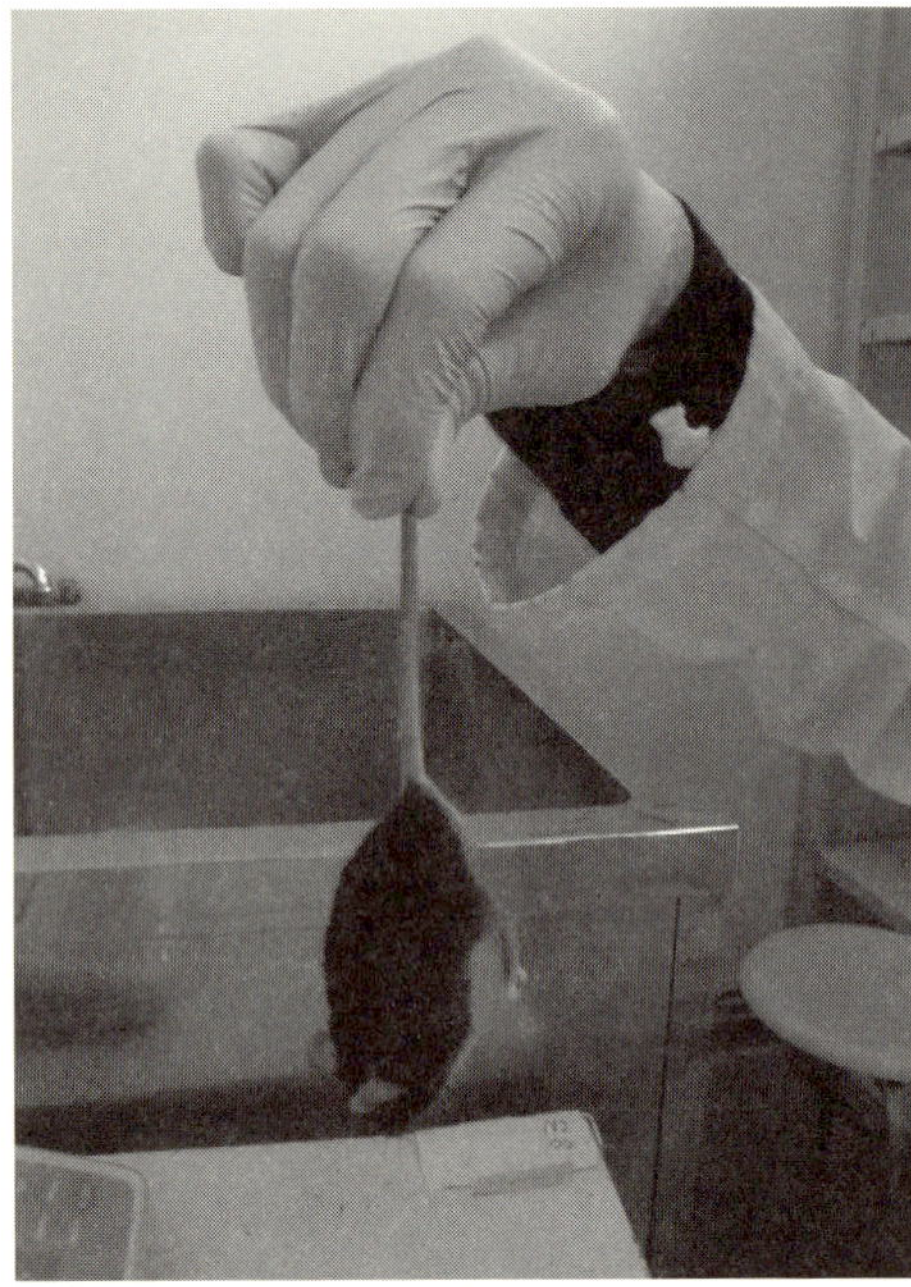

図2-21　尾懸垂試験の様子

図2-23　クラスピング状態

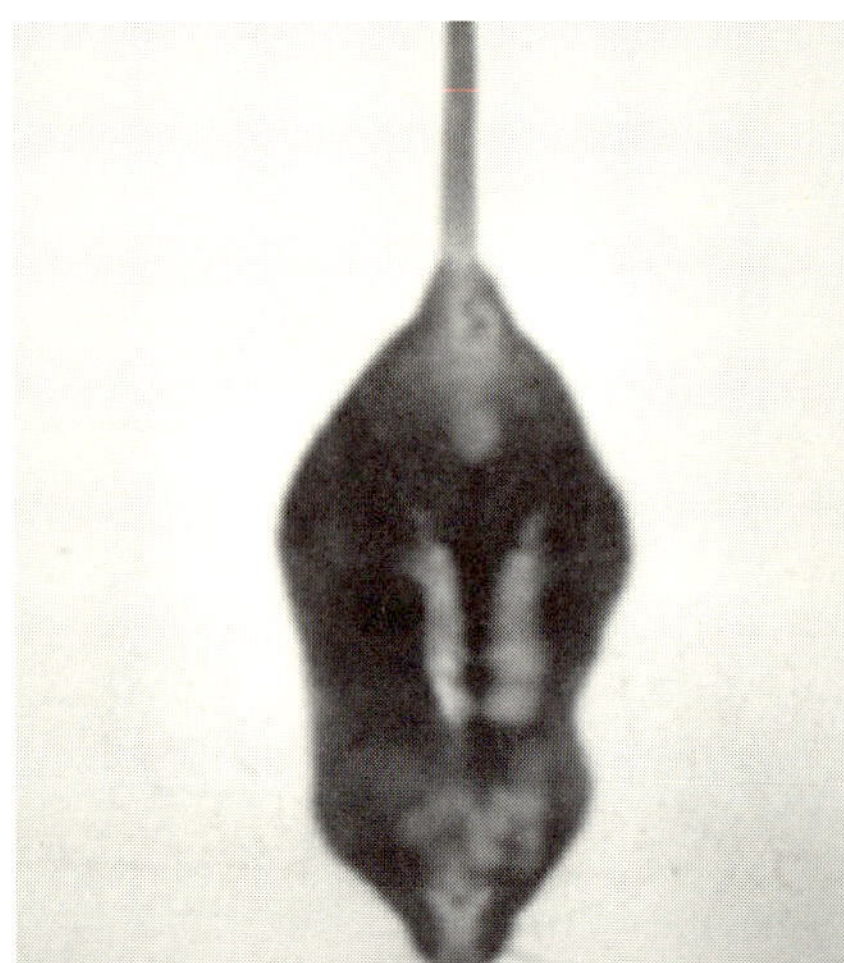

図2-22　尾懸垂時の通常状態

【測定点の意味】

Ⅰ　中枢神経系異常とされる下肢反射異常行動の定量化。

Ⅱ　尾を持ち上げられ、逃避不可能のストレス刺激を与えた時に誘発される行動低下を抗うつ様行動として評価する。無動時間が短いほど、抗うつ状態として評価できる。

【留意点】

＊マウスの尾を強く掴むなどの過度の負担を与えない。

(4)　歩行テスト（Footprint analysis）

マウスの前足と後足にそれぞれ別の色でインク（体に無害の墨・絵具）を塗り、7・5×120×11㎝の通路に半紙を敷き、マウスを歩かせた。インクを塗る際にはマウスになるべく負荷をかけないように注意をし、マウスの歩幅と歩行時の両足の幅を測定した。測定は7歩分の平均を取った。測定点、留意点は以下の通り。

【測定点】

Ⅰ　右前足～右前足などそれぞれ4本の足の歩幅を測定。

Ⅱ　前右足～前左足の幅と後右足～後左足の幅を測定。

【測定点の意味】

図2-24　歩行テストの様子

HDモデルマウスでは有意に歩幅が減少。歩幅の測定をすることで、歩行異常を定量的に示す。

【留意点】

＊マウスの足に墨をつける際には激しく抵抗するので、十分注意を払い、負荷をなるべく与えないようにする。

＊足に墨をつける時はまず、マウスの尾を持ち、前足をケージの網などにしっかり掴まらせる。その後、前足で掴んだ状態で尾を持ち上げ、後足に絵具を塗る。塗り終わったらマウスを持ち上げ、墨をたっぷり入れた口の広い容器にマウスの前足だけを入れ、しっかりと墨をつける。その後、すばやく測定通路にマウスを投入する。

(5) つりさげテスト (Hanging wire)

マウスを金網に乗せ、軽く揺すり、金網にしっかり掴まらせ、金網を高さ20～25㎝の位置で裏へ返した。2分間測定し、マウスが金網から落ちずに、耐えられるかどうかを記録した。

【測定点】

Ⅰ　2分間マウスは金網から落ちずに掴まっていられるか（落ちた場合の落下時間も記録）

Ⅱ　その他気付いた点

図2-25　つりさげテストの様子

【留意点】

＊マウスが落下する場合もあるので、下には落下した時のために敷きわら入りのケージなどを用意しておく（図2－25では置いていない）。

6　トリプトファン代謝経路酵素の遺伝子発現解析によるキノリン酸蓄積メカニズムの解明

6-1　リアルタイムＰＣＲ法による遺伝子発現解析

ＱＰＲＴを除く全ての酵素において、遺伝子型の違いによる発現量の有意な差はほとんど見られなかった。しかし、ＱＰＲＴの発現量は通常食ＨＺマウスでは通常食ＷＴマウスと比べ、全ての部位で有意に減少し、ノックアウトマウスでは発現していないということが再度確認された。

一方、トリプトファンを過剰摂取させた影響はトリプトファン代謝経路酵素の発現量に有意な変化をもたらした。まず、脳内でのキヌレニン経路の出発律速酵素であるキヌレニン経路代謝酵素（ＩＤＯ）の発現量が大脳皮質と小脳において、全遺伝子群で上昇傾向にあり、大脳皮質と海馬では有意に上昇している遺伝子群もあった。その他、トリプトファンを過剰摂取させたマウスは通常食マウスと比べ、多くの酵素の発現量が上昇傾向にあり、有意に上昇している酵素もあった。これらの結果のまとめは表2－11～14と図2－26～29に示す。また、表中の赤字は遺伝子型の違いによって見られる有意差を表わし、青字はエサの違いによる発現量の有意な差を表わす。

表2-11　小脳における各酵素の遺伝子発現解析の結果

IDO	Trp過剰摂取群において発現量が上昇傾向。(有意差は無い)
TDO	通常食HZ群と比べ、Trp過剰摂取HZ群において発現量が有意に上昇。($p<0.05$)
TPH	大きな変化は見られない。
KAT II	大きな変化は見られない。
KYNase	Trp過剰摂取群において発現量が上昇傾向にあり、通常食HZ群と比べ、HZ群では有意に上昇。($p<0.01$)
KMO	通常食HZ群と比べ、Trp過剰摂取HZ群において発現量が有意に上昇。($p<0.01$)
ACMSD	大きな変化は見られない。
3-HAO	Trp過剰摂取群において発現量が上昇傾向にあり、通常食KO群と比べ、KO群では有意に上昇。($p<0.01$)
QPRT	通常食HZ群と比べ、Trp過剰摂取HZ群において発現量が有意に上昇。($p<0.01$)

表2-12　大脳皮質における各酵素遺伝子発現解析の結果

IDO	Trp過剰摂取群において発現量が上昇傾向にあり、通常食WT群と比べ、過剰摂取WT群では有意に上昇。($p<0.05$)
TDO	通常食HZ群と比べ、Trp過剰摂取HZ群において発現量が有意に上昇。($p<0.01$)
TPH	通常食HZ群と比べ、Trp過剰摂取HZ群において発現量が有意に減少。($p<0.05$)
KAT II	通常食WT群と比べ、Trp過剰摂取WT群において発現量が有意に減少。($p<0.05$)
KYNase	通常食WT群と比べ、Trp過剰摂取WT群において発現量が有意に減少。($p<0.01$)
KMO	大きな変化は見られない。
ACMSD	大きな変化は見られない。
3-HAO	通常食WT群と比べ、Trp過剰摂取WT群において発現量が有意に減少。($p<0.01$)
QPRT	通常食HZ群と比べ、Trp過剰摂取HZ群において発現量が有意に上昇。($p<0.01$)

表2-13 海馬における各酵素遺伝子発現解析の結果

IDO	通常食HZ群と比べ、Trp過剰摂取HZ群において発現量が有意に上昇。 ($p<0.01$)
TDO	大きな変化は見られない。
TPH	大きな変化は見られない。
KAT Ⅱ	通常食HZ群と比べ、Trp過剰摂取HZ群において発現量が有意に上昇。 ($p<0.01$)
KYNase	Trp過剰摂取群において発現量が上昇傾向にあり、通常食KO群と比べ、過剰摂取KO群では有意に上昇。 ($p<0.01$)
KMO	大きな変化は見られない。
ACMSD	大きな変化は見られない。
3-HAO	大きな変化は見られない。
QPRT	大きな変化は見られない。

表2-14 線条体における各酵素遺伝子発現解析の結果

IDO	大きな変化は見られない。
TDO	大きな変化は見られない。
TPH	大きな変化は見られない。
KAT Ⅱ	大きな変化は見られない。
KYNase	大きな変化は見られない。
KMO	Trp過剰摂取HZ群と比べ、過剰摂取KO群において発現量が有意に減少。 ($p<0.01$)
ACMSD	通常食KO群と比べ、Trp過剰摂取KO群において発現量が有意に減少。 ($p<0.01$) また、過剰摂取WT群と比べ、過剰摂取KO群において発現量が有意に減少。 ($p<0.01$)
3-HAO	大きな変化は見られない。
QPRT	大きな変化は見られない。

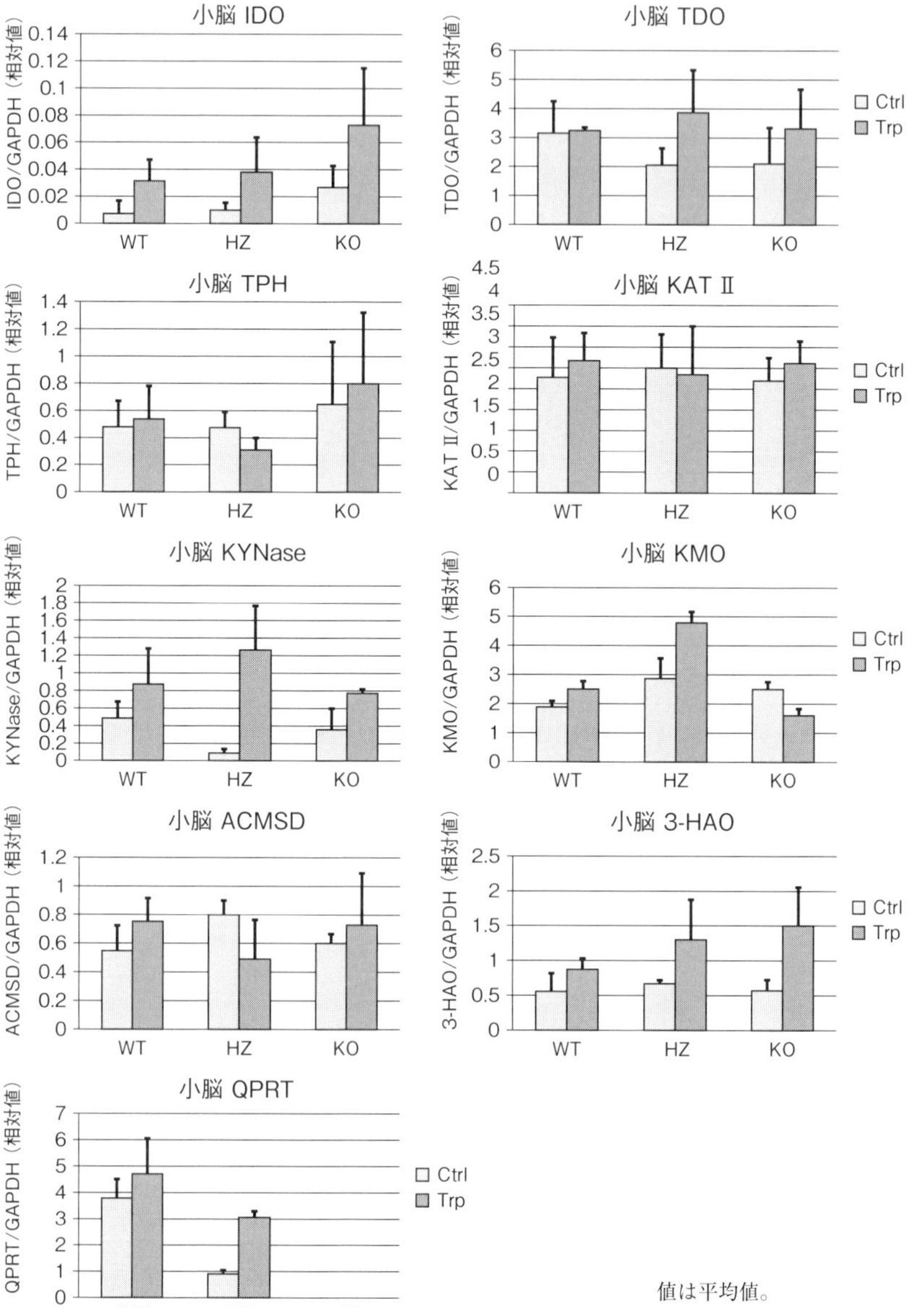

値は平均値。
Bars represent mean ± S.D.

図2-26　小脳における各酵素の遺伝子発現解析の結果

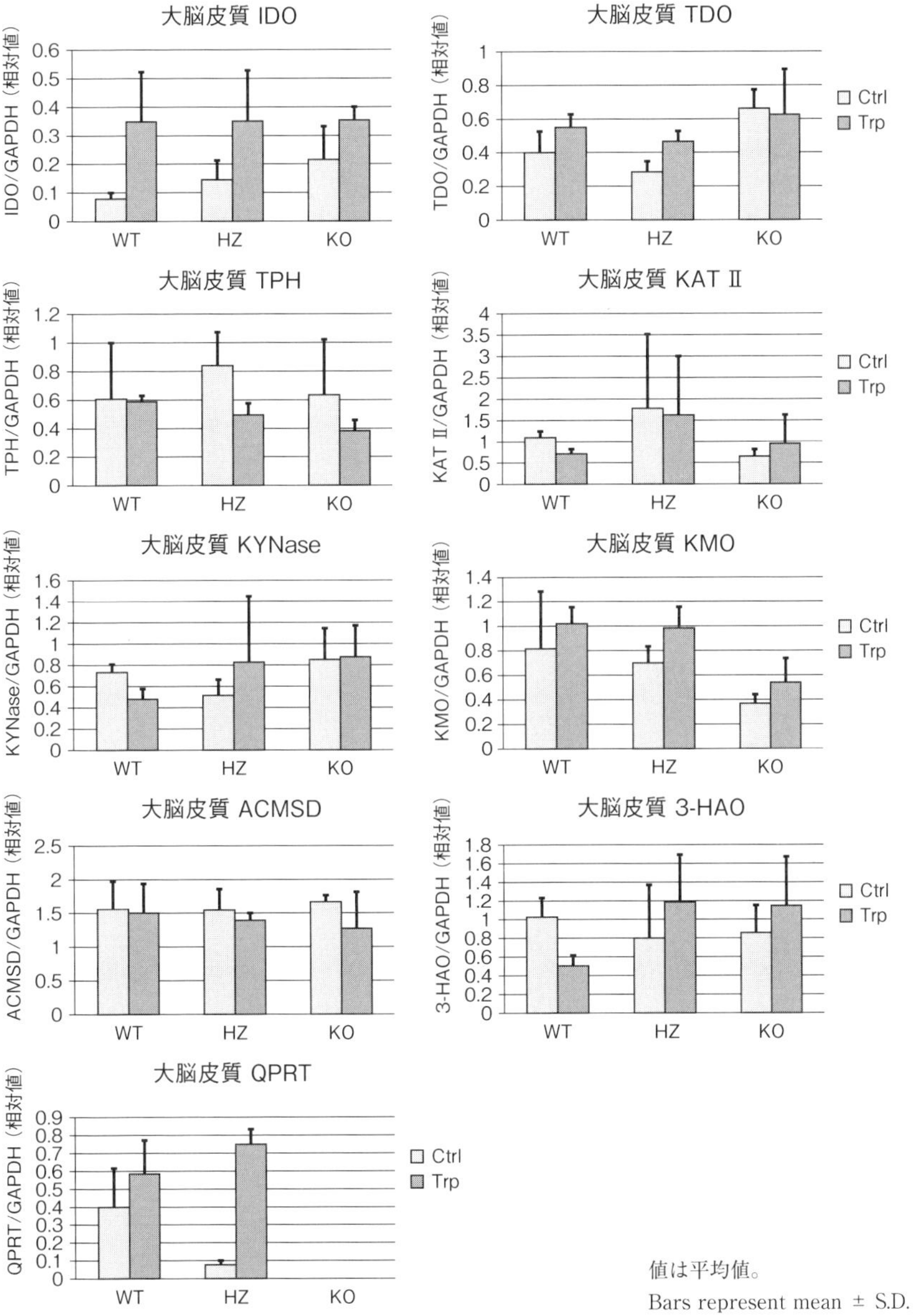

値は平均値。

Bars represent mean ± S.D.

図2-27　大脳皮質における各酵素の遺伝子発現解析の結果

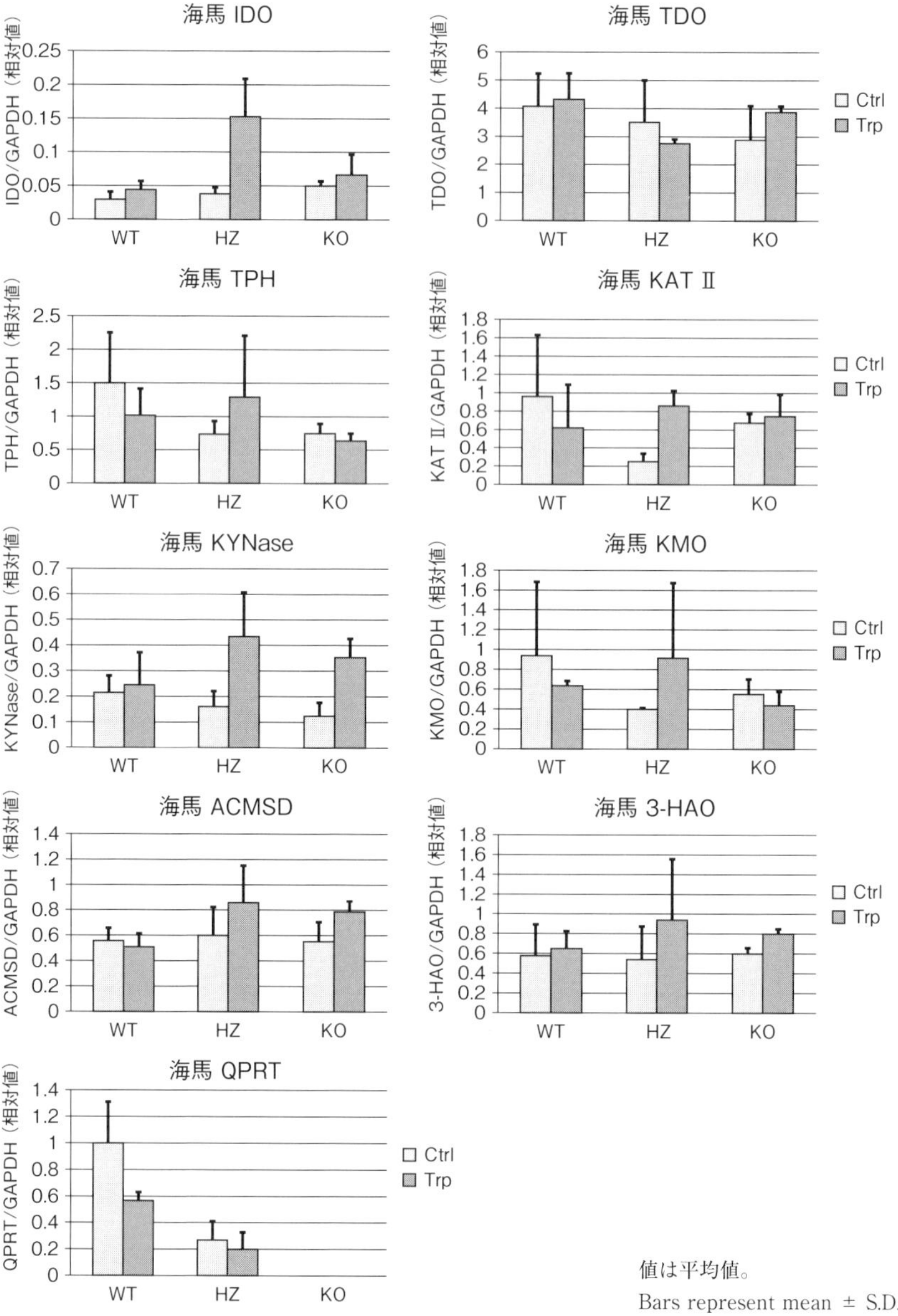

値は平均値。

Bars represent mean ± S.D.

図2-28　海馬における各酵素の遺伝子発現解析

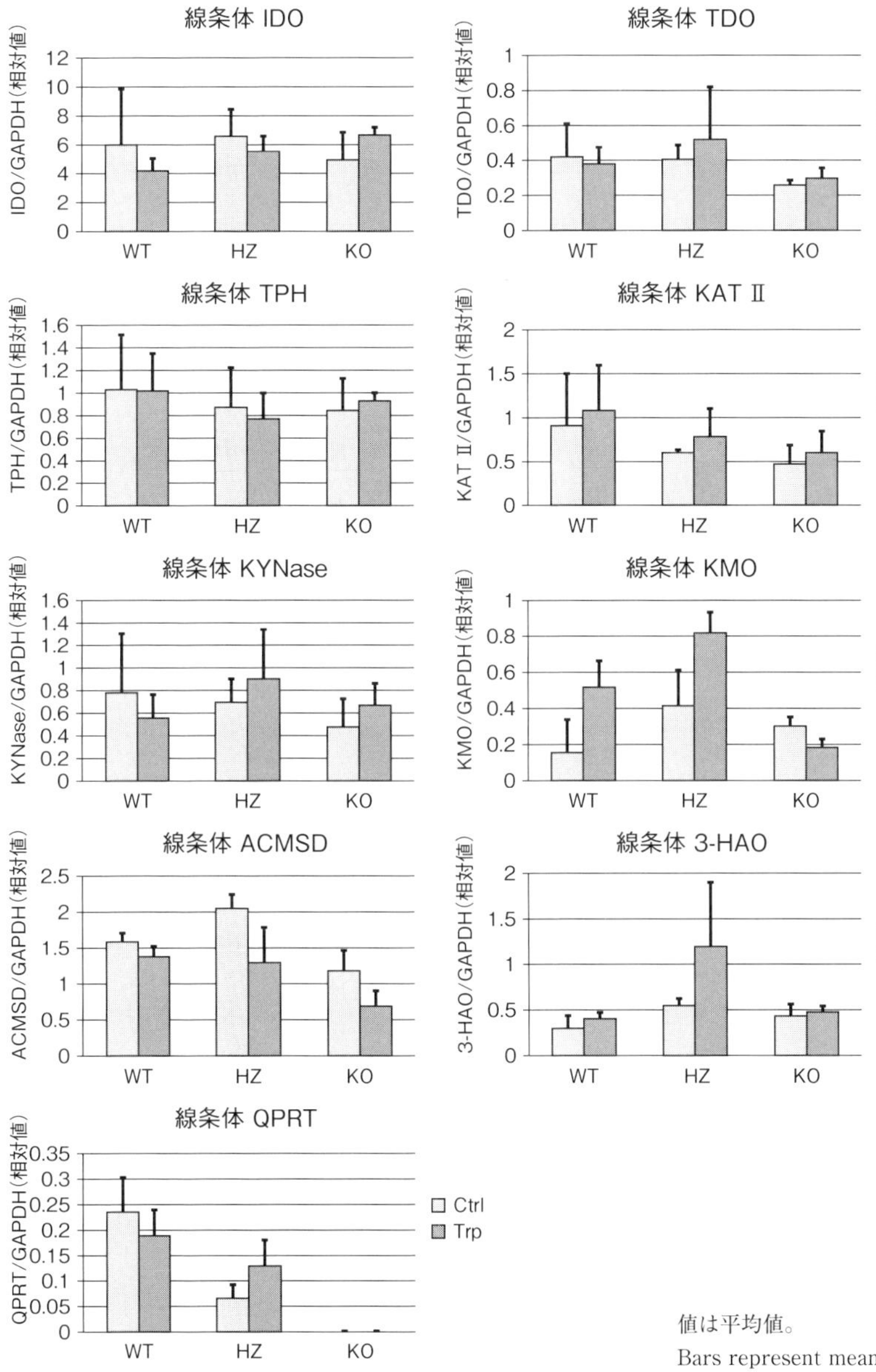

値は平均値。
Bars represent mean ± S.D.

図2-29 線条体における各酵素の遺伝子発現解析の結果

6-2　QPRTノックアウトマウスの行動的特性

行動解析を行ったマウスは外見上の大きな変化は見られず、35週齢までは体重および摂食量にも有意な差は見られなかった。

また、行動テストではオープンフィールド試験、高架式十字迷路、つりさげテスト、歩行テストの四つの行動テストに関しては有意な差は見られなかった。しかし、尾懸垂試験では、中枢神経系の異常を示すとされているクラスピング状態がトリプトファン過剰摂取・ノックアウトマウスにおいて、顕著に観察された。また、平均無動時間もWT群と比較して、トリプトファン過剰摂取・ノックアウトマウス群で有意に減少していた。以下に体重・摂食量測定及び行動テストの結果を示す。

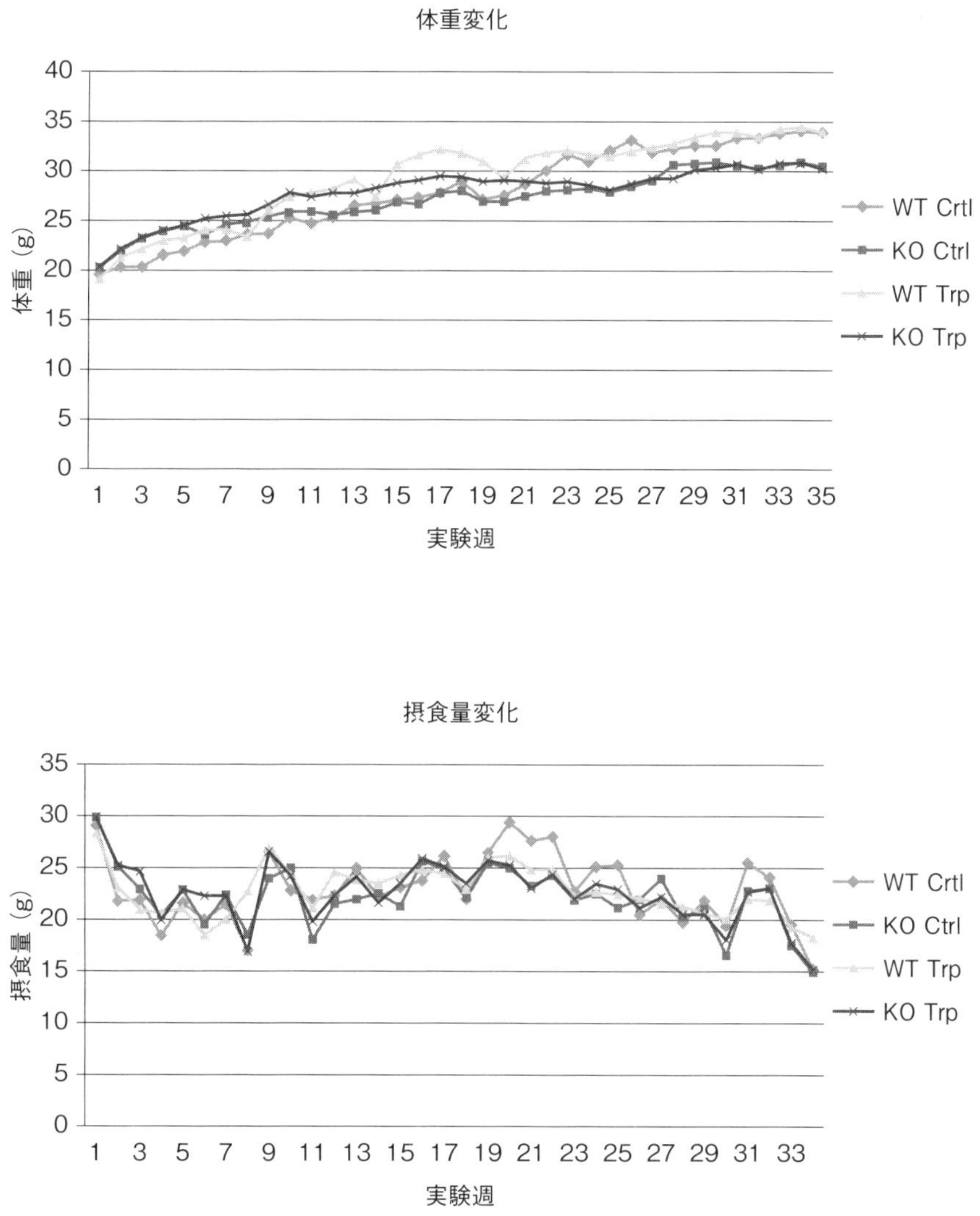

図２-30 体重および摂食量の変化

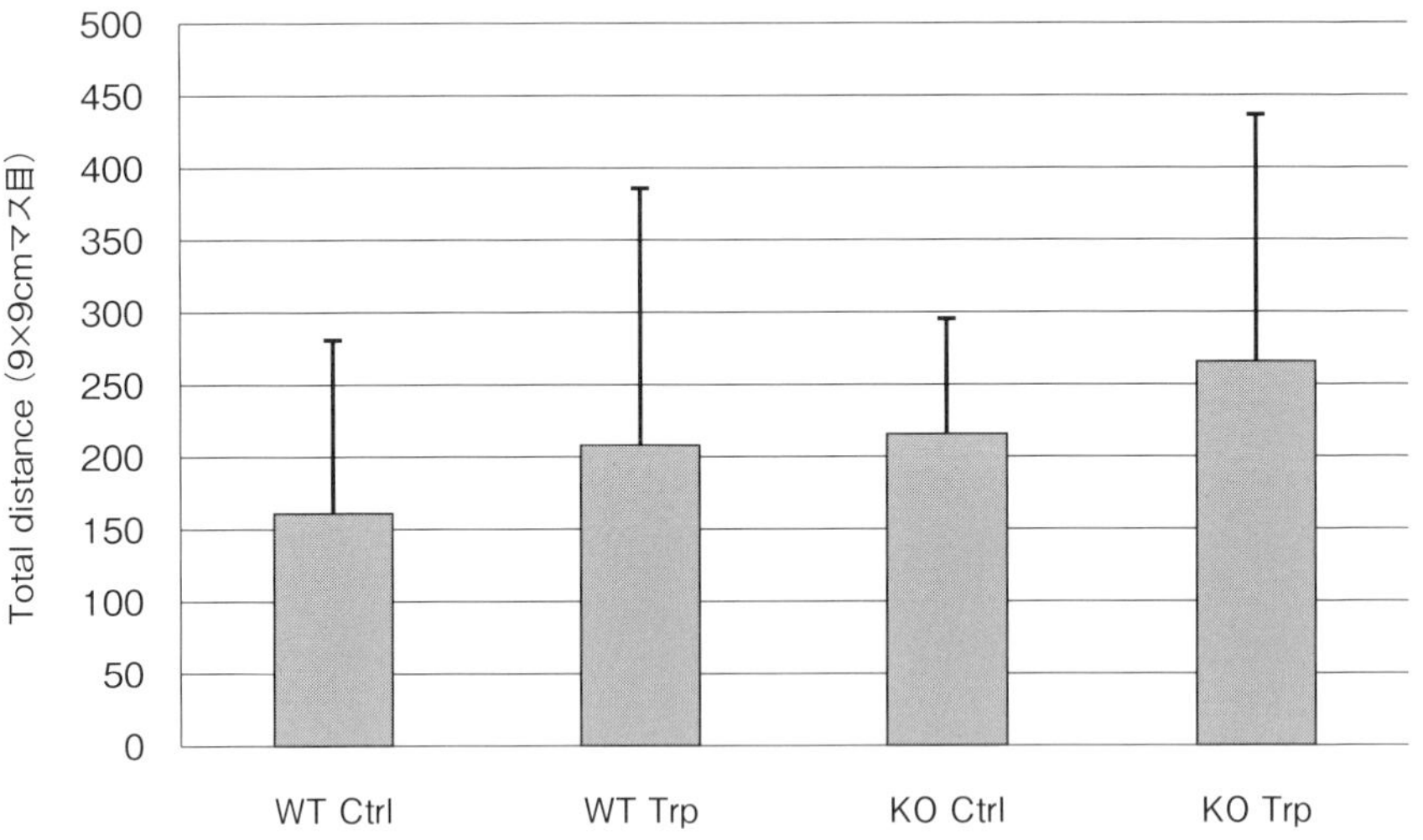

有意な差は見られなかった。値は平均値。Bars represent mean ± S.D.

図2-31　オープンフィールド試験における総移動距離

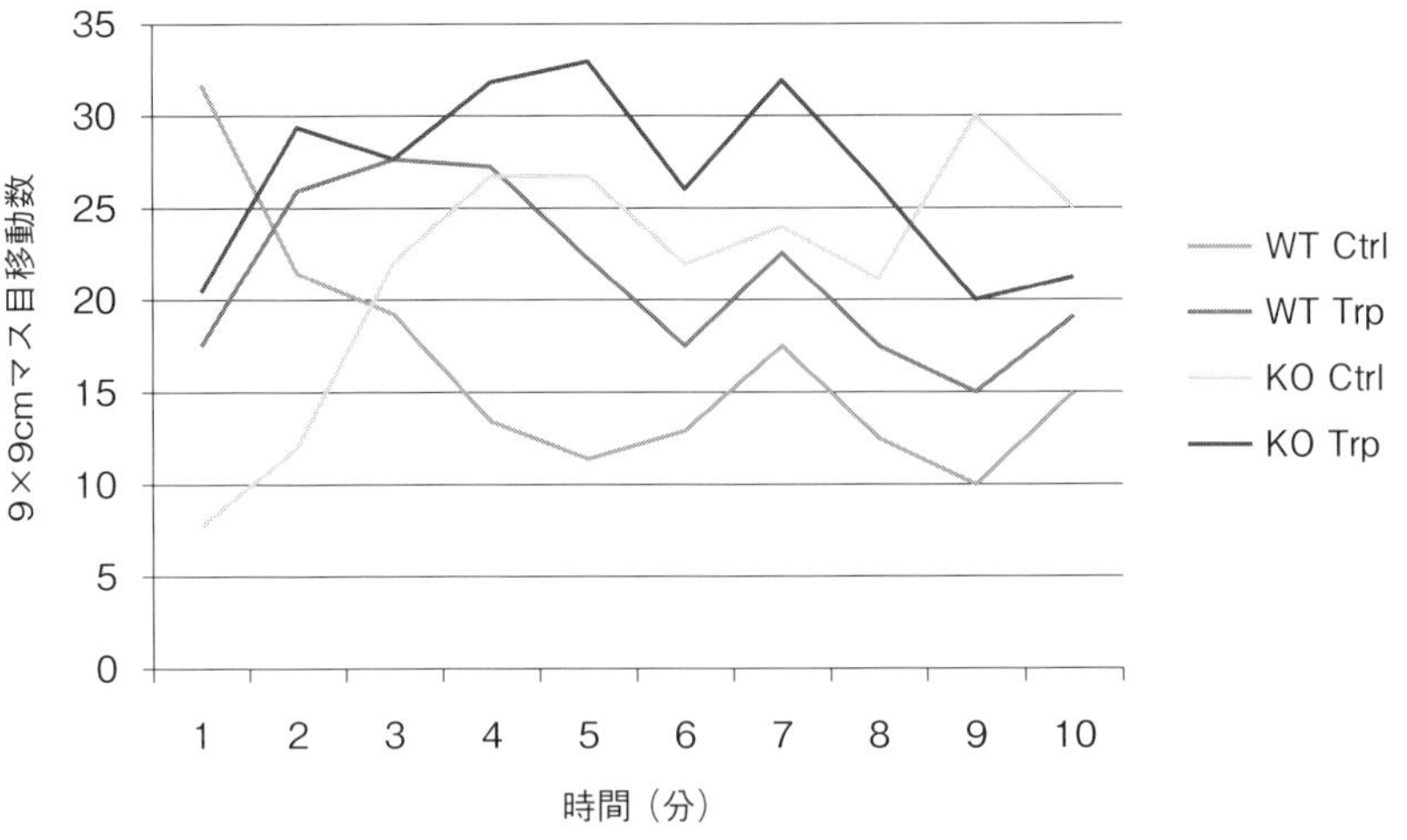

有意な差は見られなかった。値は平均値。Bars represent mean ± S.D.

図2-32　オープンフィールド試験における時間別総移動距離

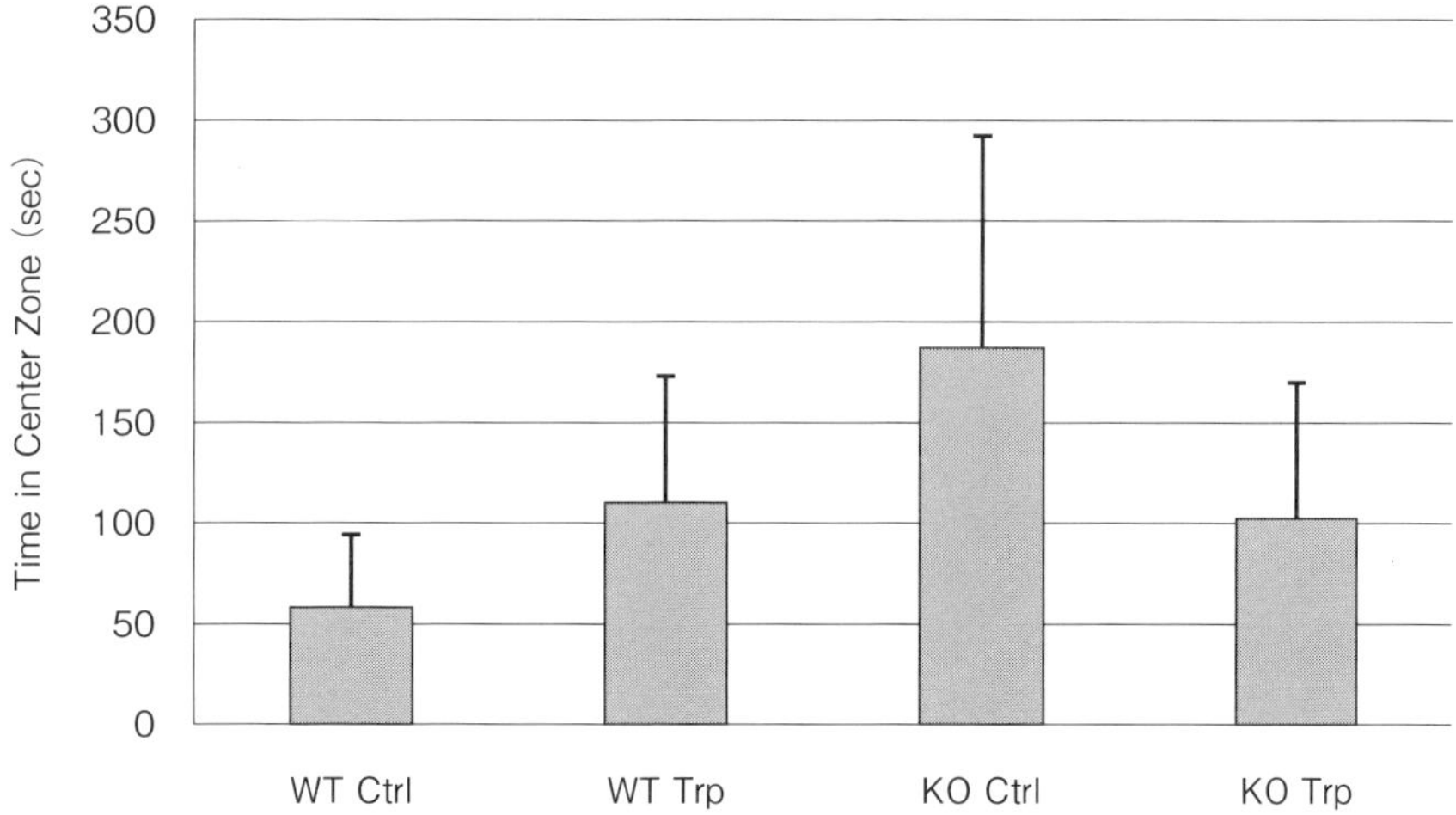

有意差は見られなかった。また、壁際滞在時間に関しては総時間(600sec)から中央滞在時間を引いたもの。値は平均値。Bars represent mean ± S.D.

図2-33　オープンフィールド試験における中央滞在時間

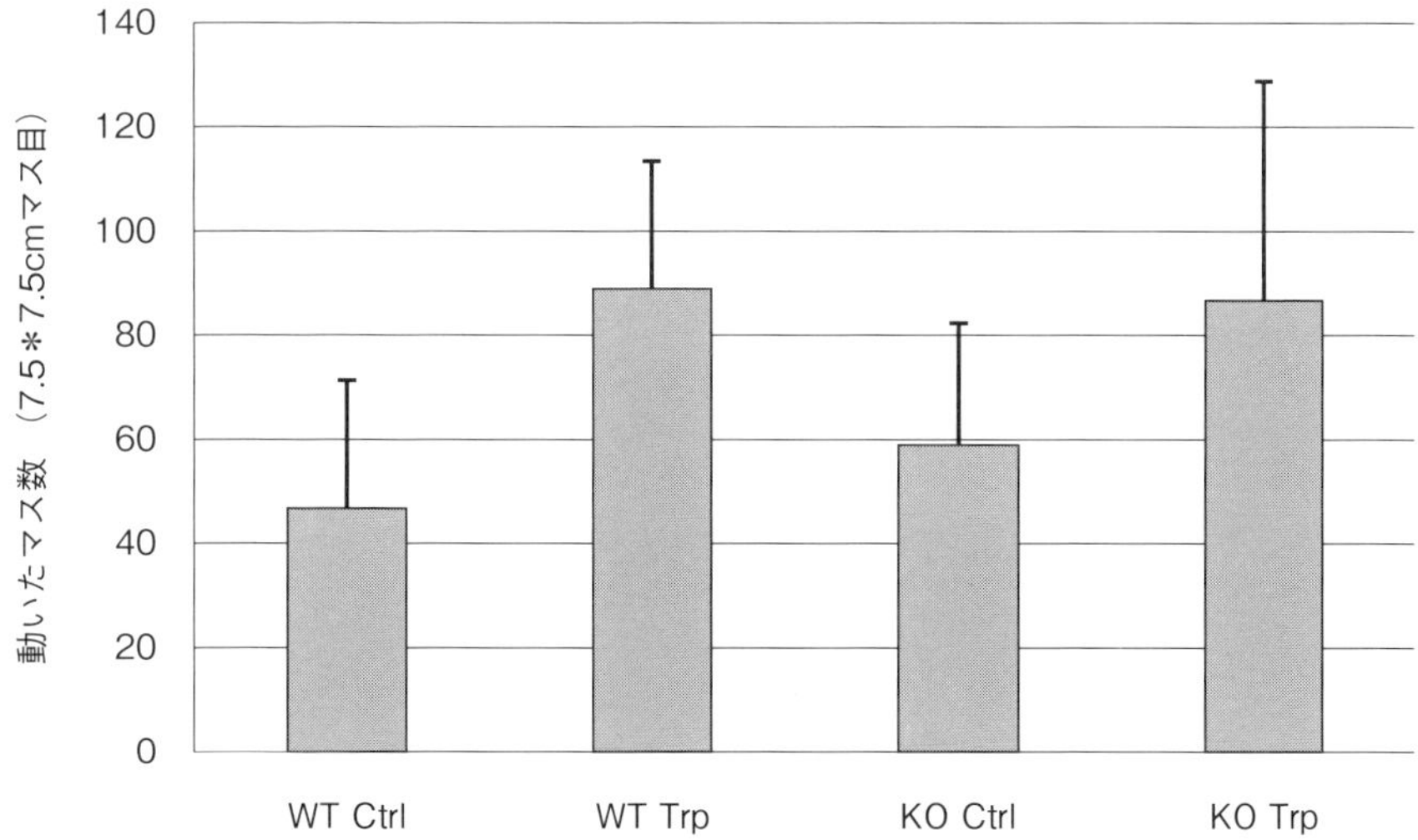

有意差は見られなかった。値は平均値。Bars represent mean ± S.D.

図2-34　高架式十字迷路における総移動距離

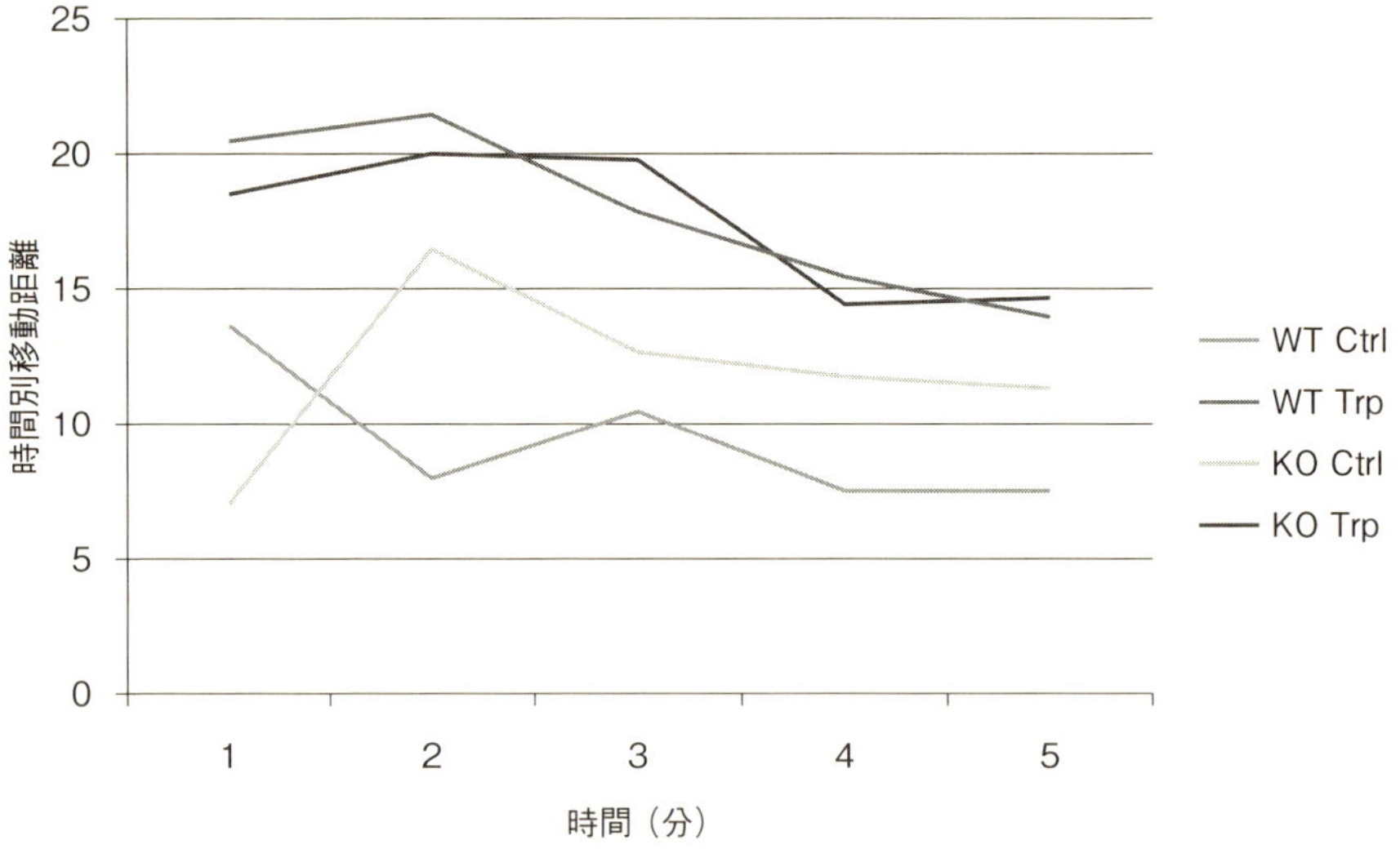

有意差は見られなかった。

図2-35　高架式十字迷路における時間別総移動距離

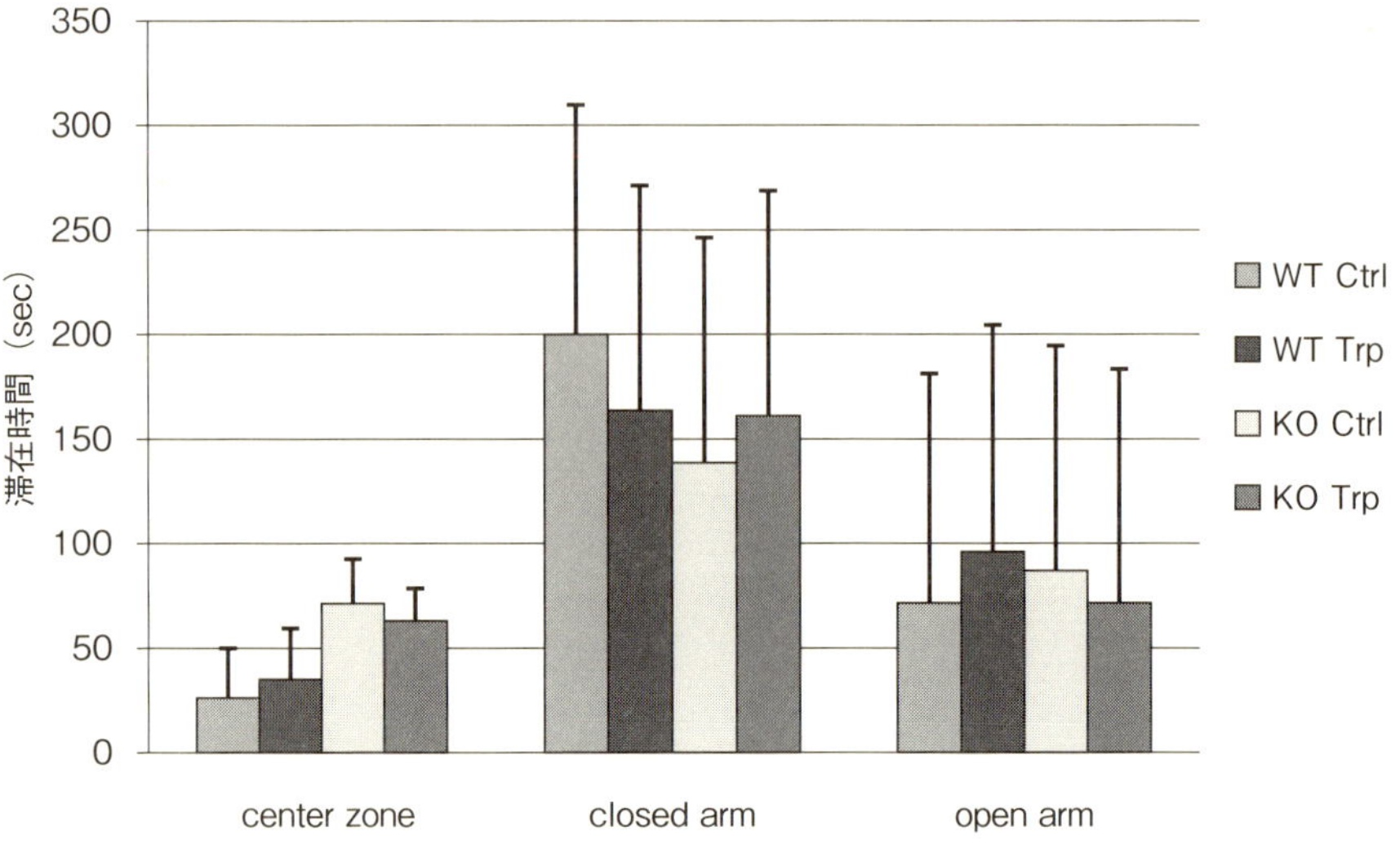

有意差は見られなかった。値は平均値。Bars represent mean ± S.D.

図2-36　高架式十字迷路における各 arm での滞在時間

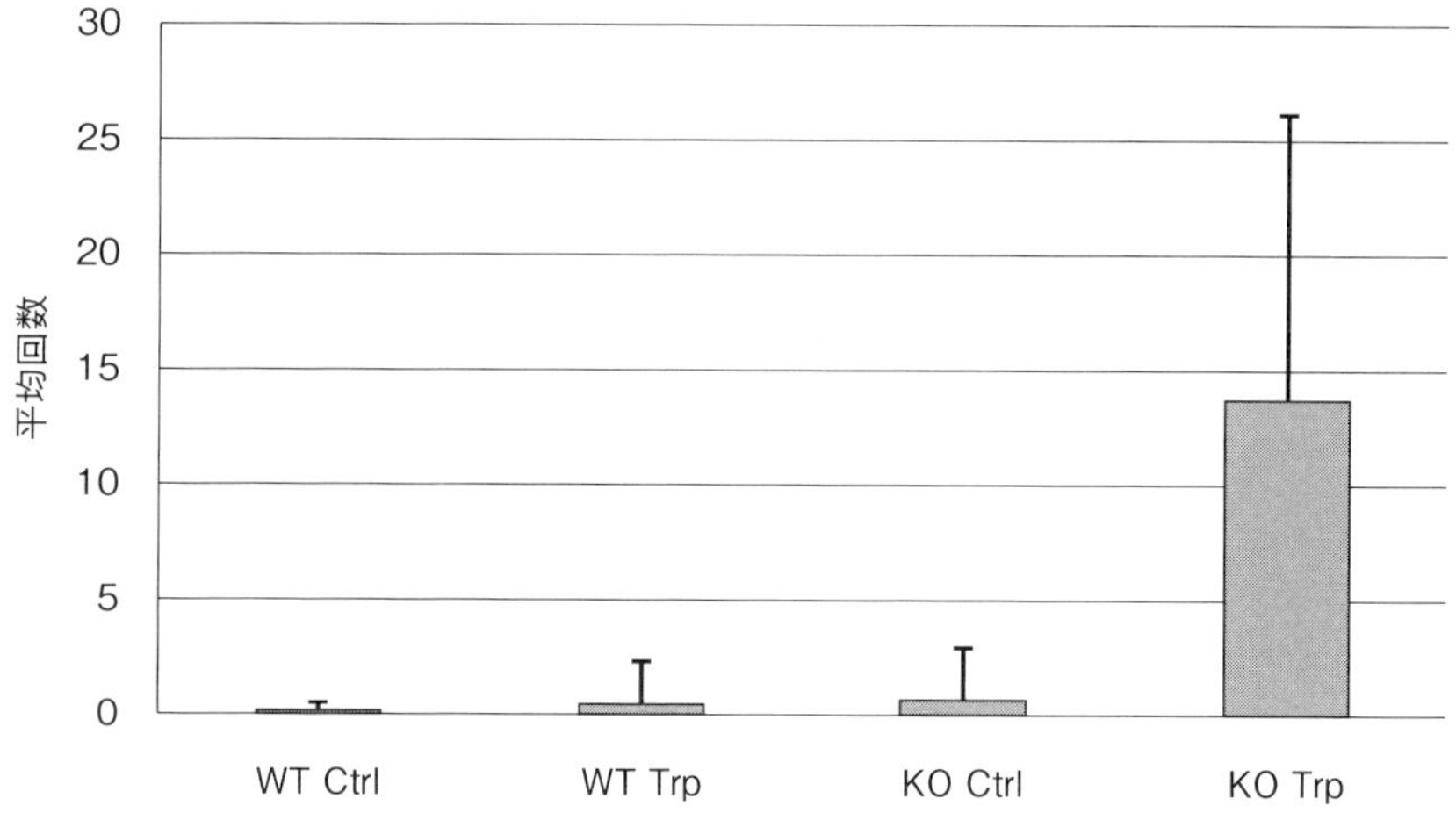

Trp過剰摂取・KOマウス群においてその他全ての群と比較し、有意に増加していた。（p<0.01）
値は平均値。Bars represent mean ± S.D.

図2-37　尾懸垂試験における平均クラスピング回数

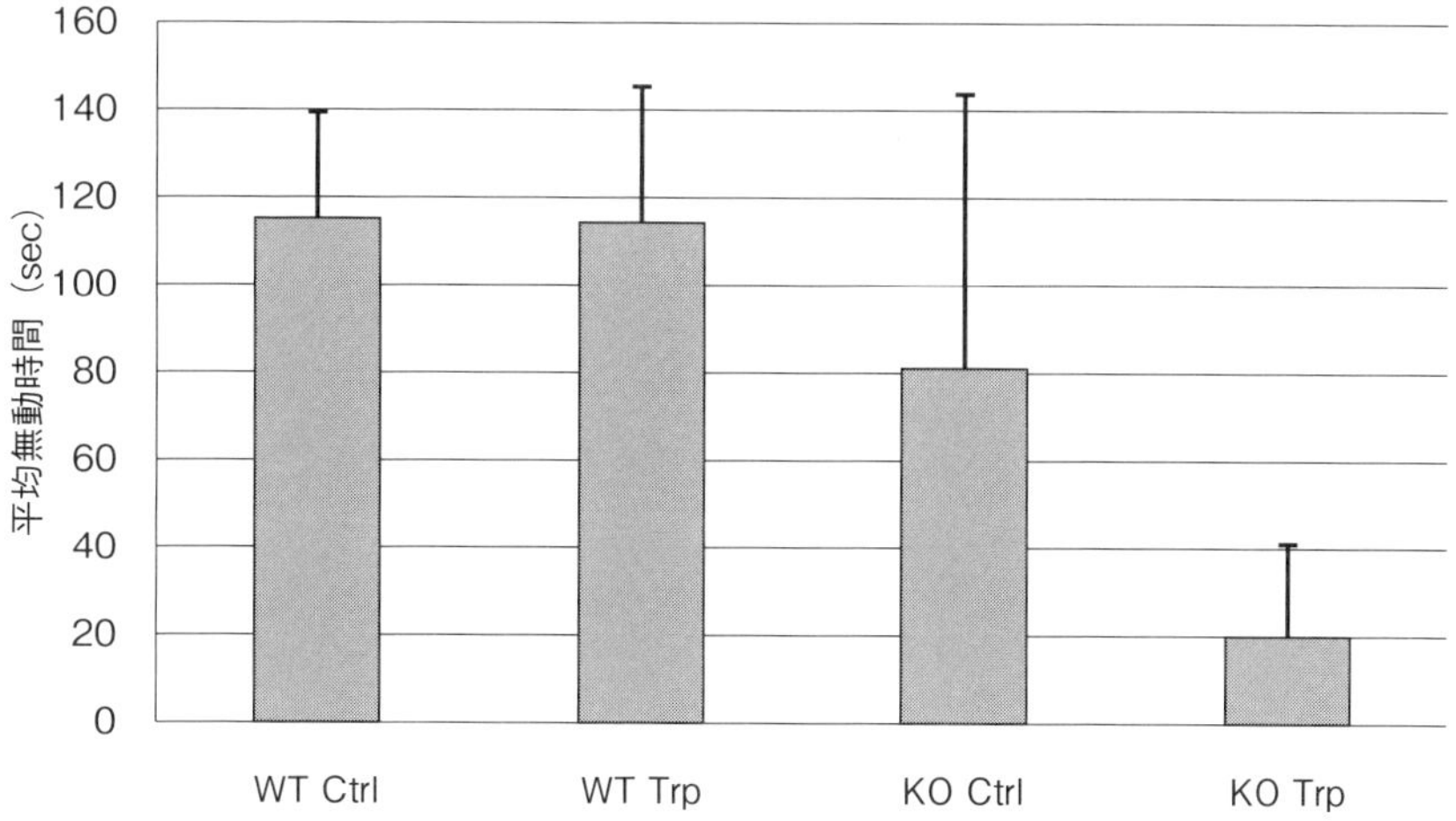

Trp過剰摂取・KOマウス群においてWT群と比較し、有意に減少していた。（p<0.01）
値は平均値。Bars represent mean ± S.D.

図2-38　尾懸垂試験における平均総無動時間

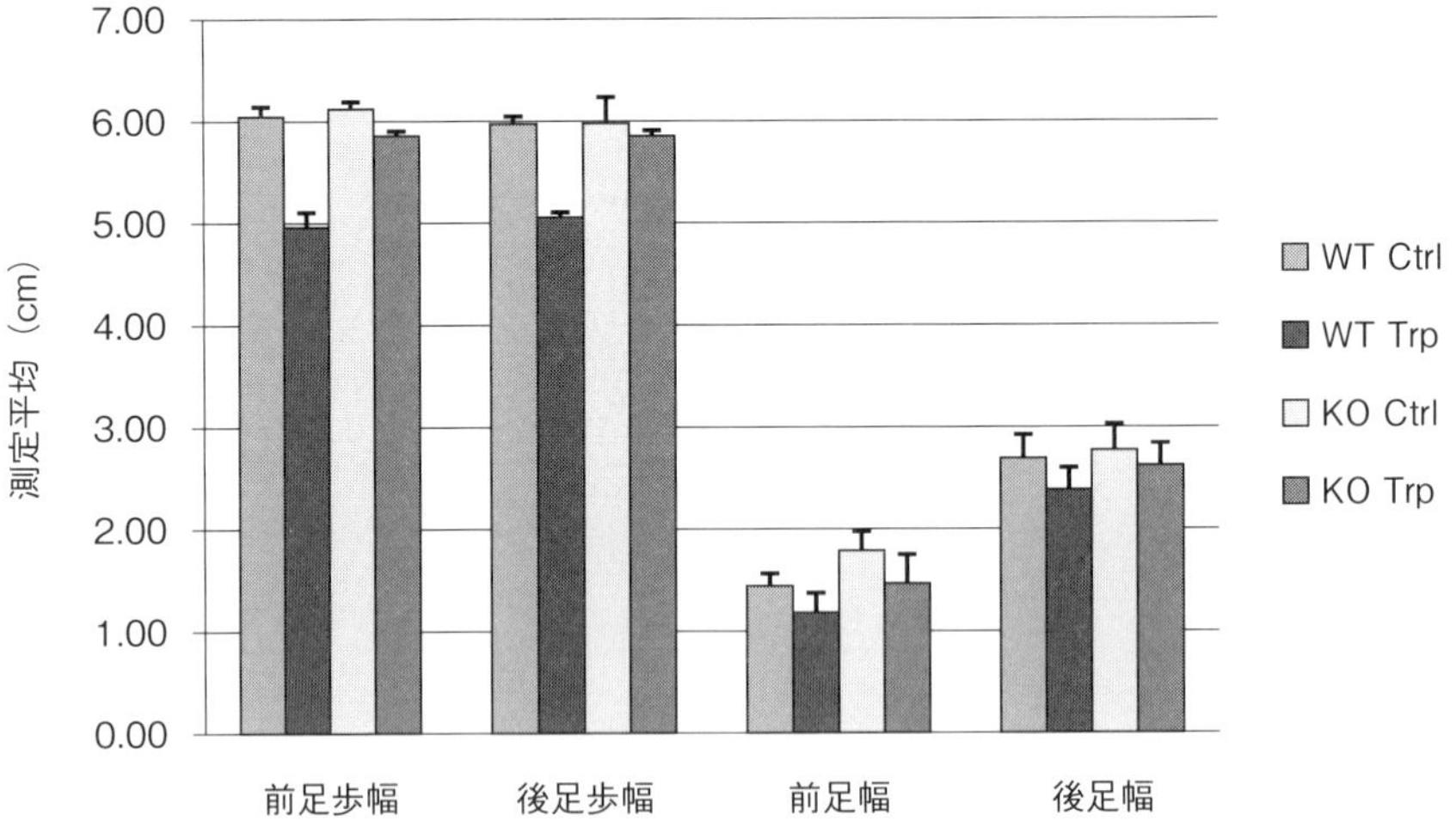

有意な差は見られなかった。
値は平均値。Bars represent mean ± S.D.

図2-39　歩行テストによる歩幅測定

表2-15　つりさげテストによる筋力測定

	落下したマウス / 測定したマウス
WT Ctrl	0 / 6
WT Trp	1 / 6
KO Ctrl	2 / 6
KO Trp	1 / 6

考察

必須アミノ酸のトリプトファンは、脳内でＮＡＤ＋に代謝される際に、中間代謝物質としてキノリン酸を生じる。キノリン酸は、神経毒性をもつため細胞死を誘発する。キノリン酸はＱＰＲＴによって無毒な物質へと速やかに代謝されるが、神経変性疾患患者の脳内ではキノリン酸蓄積が報告されている。そこで、キノリン酸の蓄積が神経変性疾患の原因の一つであるというキノリン酸仮説が提唱された。本研究ではＱＰＲＴに着目し、ＱＰＲＴノックアウトマウスを用いた解析を行うことによってキノリン酸仮説の検討を行うことを目的とした。

ＱＰＲＴ遺伝子のエクソンの一部を、ネオマイシン耐性遺伝子に置換することで、ＱＰＲＴノックアウトマウスが作出された。この置換を利用したジェノタイピングＰＣＲ法により、ＱＰＲＴノックアウトマウスの遺伝子型同定法を確立した。マウスの脳および肝臓を用いて蛍光免疫染色を行い、ノックアウトマウスの生体内ではＱＰＲＴの発現が見られないことを確認した。トリプトファンをマウスに過剰摂取させる実験を4週間行ったが、神経症状や発育状況の違いは観察できなかった。大脳の遺伝子発現解析においても、野生型マウスとノックアウトマウスの間に有意な差は見られなかった。出発点で働くＩＤＯと、キノリン酸の生成を阻害するＡＣＭＳＤの発現量に差が無いことから、実験期間を延長すればキノリン酸が蓄積し、行動異常などが観察できる可能性が高い。ＱＰＲＴノックアウトマウスのジェノタイピング法を確立し、研究室内でマウスを繁殖させる準備を整えることができた。また、ノックアウトマウスの脳および肝臓において、ＱＰＲＴは発現していないことが形態学的に確認された。

トリプトファン過剰摂取による影響は、本研究では観察できなかった。実験期間とした4週間では、マウスの生体に影響が及ぶには不十分であったと考えられる。しかし、遺伝子発現解析の結果より、トリプトファン代謝経路の出発点で働く酵素ＩＤＯと、キノリン酸蓄積を制御する律速酵素ＡＣＭＳＤの発現量がＱＰＲＴの欠損やトリプトファン過剰摂取によって変化していないことが分かった。また、キノリン酸によって活性化されるｎＮＯＳの発現量はトリプトファン過剰群で上昇傾向にあった。これは、さらに長期間にわたってトリプトファンの過剰摂取を続けたり、餌に含まれるトリプトファン含量を増やしたりすることで、脳内にキノリン酸が蓄積する可能性を示唆している。3-HAO の発現量がKO・Ctrl群で相対的に高くなっていたことから、代謝経路がＱＰＲＴノックアウトやトリプトファン過剰摂取による影響を受けている可能性が考えられる。この点を明らかにするためには、他のキヌレニン経路代謝酵素についても遺伝子発現解析を行う必要がある。

キノリン酸蓄積が起これば脳内で細胞死が誘発され、それによる神経病学的欠陥が現れる可能性がある。キノリン酸蓄積や細胞死を観察するために、脳の形態学的観察（TUNEL 染色、HE 染色等）が必要だと考えられる。また、神経病学的欠陥はマウスに対する行動テストを行うことで明らかになると考えられる。

ＱＰＲＴ遺伝子を除き、遺伝子型の違いによるトリプトファン 代謝酵素の発現量に有意な差はほとんど見られなかった。これは、ＱＰＲＴ遺伝子の欠損によるトリプトファン代謝への影響はほとんど無く、通常と同様に生体内で代謝を行っていると考えられる。しかし、線条体ではＡＣＭＳＤとＫＭＯの発現量がトリプトファン過剰摂取ノックアウトマウスで有意に減少する（トリプトファン過剰摂取したその他の遺伝子群と比較して）という差が見られた。これらのことは、線条体では、ＱＰＲＴ遺伝子欠損の影響を受けていて、ＫＭＯの発現量が有意に減少してしまうことから、それよりも下位で働く酵素の発現量が低下したことが考えられる。

しかし、それ以外の部位では正常通りに代謝を行っていることから、ＱＰＲＴによるキノリン酸代謝が行うことができないノックアウトマウスにおいて、キノリン酸が蓄積しているということが示唆された。

トリプトファンを過剰摂取させた影響は、キノリン酸生成を増加させている可能性が示唆され、トリプトファン代謝への有意な変化をもたらすことが示された。脳内でのキヌレニン経路の出発律速酵素であるＩＤＯの発現量の増加傾向という結果が得られた。これは、トリプトファンを過剰摂取させることで、脳内でより多く代謝されていると考えられ、トリプトファン代謝産物であるキノリン酸も増加していることが示唆された。

また、ＱＰＲＴの発現量がトリプトファン過剰摂取ＨＺマウスにおいて、通常食ＨＺマウスと比較して、大脳皮質と小脳で有意に増加していた。このことは、トリプトファン過剰摂取によりキノリン酸生成が増加し、そのために本来ならば発現能力が低いＨＺマウスでもＱＰＲＴの発現量が多く必要になっていると推測できる。

すなわち、これらの結果は特にＱＰＲＴノックアウトマウスのトリプトファン過剰摂取をしたマウスにおいて、キノリン酸が蓄積されているということが示唆された。

トリプトファン過剰摂取の影響は小脳、大脳皮質、海馬でいずれも多くの酵素の発現量が有意に増加していたが、線条体でのみ見られなかった。しかし、遺伝子型の違いによる影響は線条体で見られ、その他の部位では見られなかった。なぜ線条体でのみ遺伝子型の違いによる影響が出たのかは、この結果からは不明である。しかし、エサの違いによる影響が少なかったのは、線条体ではトリプトファン代謝があまり行われないために、影響が少なかったことが考えられる。

尾懸垂試験の結果から、トリプトファン過剰摂取させたＱＰＲＴノックアウトマウスは、中枢神経系の異常を引き起こしていることが示唆された。また、遺伝子発現解析の結果から、トリプトファン過剰摂取ノックアウトマウスはキノリン酸蓄積がされていることが示唆されたため、キノリン酸蓄積が中枢神経系異常を引き起こしている可能性があるということが示唆された。

また、尾懸垂試験におけるマウスの無動状態時間がトリプトファン過剰摂取ノックアウトマウスで全ての群と比較し、有意に減少していた。これは、一般的に抗うつ様行動の指標として用いられ、より長い時間抵抗を示した今実験の結果は、トリプトファン過剰摂取ノックアウトマウスにおいて、うつ状態になりにくいということが示された。すなわち、この結果はうつ状態と深く関わりがあるトリプトファン代謝産物のセロトニン（5-HT）がトリプトファン過剰摂取ノックアウトマウスで何らかの変化があることが考えられる。しかし、トリプトファン代謝経路酵素の発現量の結果から、セロトニン経路の出発酵素であるＴＰＨの発現量には変化は無かった。週齢とトリプトファン過剰摂取期間がより長くなるとＴＰＨにも変化が現れ、このような無動状態の変化をもたらすのかは不明であるが、トリプトファン過剰摂取ノックアウトマウスにおいては、うつ状態への抑制が高いことが示唆された。
　一方、オープンフィールド試験、高架式十字迷路、つりさげテスト、歩行テストの四つの行動テストに関しては、有意な変化は見られなかった。これらのことはＱＰＲＴ遺伝子欠損およびそれによるキノリン酸蓄積は（週齢30週、トリプトファン過剰摂取期間26週では）不安関連行動・新規場所探索行動・筋力・歩行には影響を及ぼさないことが示唆された。しかし、オープンフィールド試験と高架式十字迷路ではマウスの個体差が出やすく、本結果も大きな個体差が生じる結果となった。これらの行動テストでは一般的にはｎ＝15程度は必要とされ、今後はさらにｎ数を増やして定量化していく必要がある。また、ＨＤモデルマウスで見られた歩行異常を定量化する歩行テストではＨＤ末期マウスにのみ歩行異常が見られたという結果が報告されているため、さらなるマウスの観察を行い、行動テストを行っていく必要がある。

本研究は、青山学院大学理工学部化学・生命科学科福岡伸一研究室で行われた。研究に参画してくれたすべての学生ならびにスタッフに心より感謝申し上げます。また、学内外の共同研究者の皆様のお力添えに感謝申し上げます。

第3章　市民の科学への不信はいかにして形成されるか
――「歪曲」されたリスク評価の事例の検討

柳原敏夫

はじめに――問題の分類

問題提起

一般にリスク評価とは、例えば米国産の牛肉を輸入した場合、狂牛病の危険があるかどうかが不確実であるとき、このような不確実な事態をどう評価し（認識の次元）、その評価を踏まえてどう対処するか（実践の次元）といった問題である。分かりやすく言えば、いかにしたら不確実な事態に適切に評価し、そして適切に対処しうるかという問題である(1)。

ところで、この問題を一般的、抽象的に論じてみても、それは「死んだリスク評価論」にしかならない。これを生きたリスク評価論にするためには、生きた事例の中から生きた教訓を汲み取る必要がある。本章は「生きた事例」として遺伝子組換え技術の具体的事例を取り上げ、その検討を通じて、それを試みるものである。

問題の整理

最初に、「危険かどうか不確実な事態」を二つに分類する。一つは、「不確実な事態」といっても、その危険性を科学的に予測することが可能なケースである（さしあたり、これを古典型リスク評価と呼ぶ）。もう一つは、「不確実な事態」を、その当時の科学水準に照らし、その危険性を科学的に予測することが不可能なケースである（さしあたり、これを現代型リスク評価と呼ぶ）。後者の実例は、米国産の牛肉を輸入することが狂牛病に関して危険かどうかを評価するような場合である。後者はいわば科学の限界の問題であり、そのため「危険かどうか不確実な事態」の科学的評価は困難を極める。これに対し、前者は科学の範囲内の問題である。一見ここには「不確実な事態」はないように見える。にもかかわらず、たとえば危険な事態が発生していなかったり、仮に発生したとしても発生した事実を科学的に証明するのが困難なため、「不確実な事態」であるかのように見えるケースである。

本章では前者（古典型リスク評価）のケースを取り上げる。後者（現代型リスク評価）のケースに比べ、これは科学の手で結論を出せるので、本来、いかに不確実な事態を適正な評価したらよいかという問題に悩む必要なぞないように見える。しかし、ここでは、というよりここでこそ、リスク評価に潜む最も核心的な問題が浮上する。それは、科学の名においてリスク評価が「歪曲」され、市民の科学への不信が形成される場面だからである。以下の遺伝子組換え技術の「生きた事例」は、それを明るみにしてくれるだろう。

1　古典的リスク評価の検討——事例検討

1-1　遺伝子組換え技術

遺伝子組換え技術とは何か。例えばどうして北極海や南極海にすむ魚（カレイなど）は凍らないのだろうか？　それは、魚が自分の体液を凍らせないタンパク質、つまり不凍タンパク質を作っているからだと分かった。そこで、これを応用できないかと考え、カレイの不凍タンパク質を作る遺伝子をカレイのＤＮＡから取り出して、それを植物（トマトなど）のＤＮＡに組み込む技術が開発された。これが遺伝子組換え技術である。これにより、もともとカレイが作っていた不凍タンパク質をトマト自身が作るようになれば、寒冷地でもきっと冷害に強いトマトができるだろう、それが開発の理由である。このように特定の目的のために、特定の機能を果たすタンパク質を作り出す遺伝子を別の生物から取り出し、その遺伝子を目的の生物のＤＮＡに組み込み、その遺伝子から必要なだけ（通常は「強力に」）目的のタンパク質を作るように改造する、この生命に対する操作のことを、遺伝子組換え技術という。

1-2 遺伝子組換え技術は二度操作する

「遺伝子組換え技術は二度操作をする、一度目は生命に対して、二度目は世論（市民）に対して。」

もちろんこれは仮説である、このようなことはあってはならないという意味での。但し、遺伝子組換え技術の専門家は元々操作のプロということもあって、操作は身についた仕業なのかもしれない。そこで、このような仮説がなぜ、どのようにして唱えられることになったのか、次の遺伝子組換え技術の具体的な事例を通じて検証を行い、今後そのような嫌疑が二度と起きないようにするために何をしたらよいか考えてみたい。

1-3 遺伝子組換え技術の事例——ＧＭイネの野外実験

本章で取り上げる遺伝子組換え技術の事例（以下、本事例という）とは、次のことをいう。

１９９８年、それは次のようなアイデアで始まった——カラシナという野菜が病気に強いのは、カラシナが病原菌を殺菌するディフェンシン[2]という抗菌タンパク質を作るからだと分かった。そこで、遺伝子組換え技術を用いて、このタンパク質を作り出すカラシナの遺伝子をカラシナから取り出しイネのDNAに組み込み、イネ自身が常時ディフェンシンを作り出すように生命操作できれば、きっと病気に強いイネができるにちがいない（図3-1参照）。これこそ農薬を使わないでも丈夫なイネが育てられ、環境に優しく病気に強い夢のイネではないか。こうしたアイデアで始まった研究で作り出された遺伝子組換えイネ（以下、GMイネと略称）が屋内実験でイネを悩ます病気（いもち病や白葉枯れ病など）に強いことが証明されたとして、2005年春、実用化に向けて、新潟県上越市で屋外実験が日程にのぼった。

しかし、コインに表と裏があるように、夢のGMイネにも夢と悪夢があることに、研究者たちは研究着手と同時に直面した筈である。

1-4　悪夢から眺めた仮説

「遺伝子組換え技術は二度操作する」、今この仮説を、遺伝子組換え技術による悪夢＝危険な事態（生物災害など）の発生という側面から眺めると、次のように言い換えることができる。

「遺伝子組換え技術による危険な事態（生物災害など）は二度発生をする、一度目は研究段階での生命操作において見込み違いや偶然の要素によって発生し、二度目は社会との交渉の段階での世論操作において確固たる必然の要素によって発生する。」

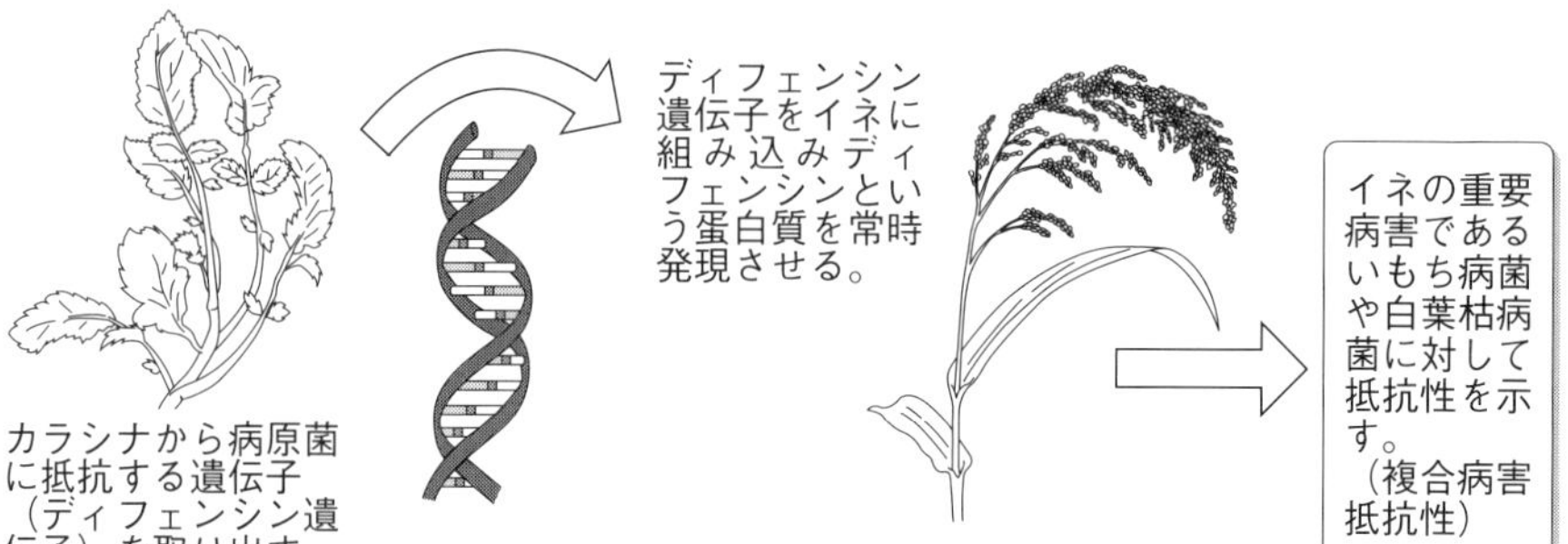

図3-1　遺伝子組換えによる複合病害抵抗性イネの栽培実験

本事例で問題となった危険な事態とは、生物災害である。具体的にそれは、本年（２０１０年）９月に抗生物質に対する多剤耐性菌（アシネトバクター・緑膿菌）により多数が死亡し大きな社会問題となったが、これより桁はずれの危険性を持つディフェンシン耐性菌の出現とその増殖・伝播という問題である。

1-5　古典的テーマ――耐性菌問題

耐性菌も含め、一般に耐性とは、同じ薬剤（抗生物質・殺虫剤・除草剤など）を使い続けると、やがてその薬剤が効かなくなる現象のことをいう。最初に発見された抗生物質であるペニシリンが実用された１９４１年から10年もしない１９４０年後半に、黄色ぶどう球菌でペニシリンが効かなくなる耐性菌が出現した。１９５０年代にはその後発見された多くの抗生物質に対しても耐性菌が出現して、化学療法の成果を台無しにした(3)。殺虫剤をくり返し使用すると殺虫剤で死なない虫が繁殖しはじめるという事態が大きな社会問題になったのは１９４０年代後半だった(4)。除草剤について耐性雑草が最初に見いだされたのはアメリカで、１９７０年のことである(5)。

つまり、本事例の研究がスタートした20世紀末において、耐性菌問題とは狂牛病などの現代的な生物災害とは異なり、科学研究の上ですでに古典的な生物災害であり、抗菌剤や抗菌タンパク質を開発する研究者なら誰もが避けて通れない普遍的な課題として認識されていた。

では、この古典的、普遍的なテーマについて、本事例の研究者たちは具体的にどのように取り組んでいたのだろうか。

1-6 仮説の検証（一度目の操作：研究段階）

本事例の研究者たちは、野外実験を実施する直前に発表された論文（以下、本論文という）の中で、古典的、普遍的なテーマである耐性菌問題について、次のように述べていた。

「作物の病害抵抗性育種を目指す際に常に問題となる大きな問題の一つとして、病原菌の変異による抵抗性崩壊（ブレイクダウン）(6)があげられる。イネ育種の場合でも、特に真性抵抗性遺伝子(7)をもつ系統・品種は、しばしばこの問題に直面することが知られている。ディフェンシン遺伝子を導入した組換えイネもまた、抵抗性崩壊をひき起こすのだろうか。抗生物質などと比較して、抗菌蛋白質は一般的に病原菌に対して〝穏やか〟に作用すると考えられている。また、抗菌蛋白質が細胞膜に作用するという特性上、病原菌が細胞膜の構造を劇的に変化させることで抗菌蛋白質の攻撃を〝解決〟するにはあまりに大きな遺伝的変化を必要とするため(3)、抗生物質や農薬の主成分である薬剤と比較して、抗菌蛋白質では抵抗性崩壊の懸念は低いと考えられている。筆者らは現在、ディフェンシン、抗生物質および農薬の有効成分を用いて耐性菌の出現頻度の比較解析研究を進めている。…

文献（1）M. Zasloff, *Nature*, 415, 389（2002）」（雑誌『化学と生物』２００５年 NO.4 掲載の論文「抗菌蛋白質ディフェンシンの多様な機能特性」２３３頁左21行目以下）

つまり、研究者同士の発表の場では、彼らは次の認識を表明していた。

① 本事例のように、作物の病害抵抗性育種を目指す際に常に問題となる大きな問題の一つとして「耐性菌問題」

があること。

② 耐性菌が出現するかどうかについては、抗生物質による耐性菌と対比して考察するという方法を取ったこと。

③ その結果、抗生物質とを比較し、本事例のような抗菌タンパク質は一般的に病原菌に対して〝穏やか〟に作用すると考えられていること、抗菌タンパク質研究の権威とされるザスロフ（Zasloff）博士の仮説に依拠して、抗菌タンパク質が細胞膜に作用するという特性上、病原菌が細胞膜の構造を劇的に変化させることで抗菌タンパク質の攻撃を〝解決〟するにはあまりに大きな遺伝的変化を必要とすること、以上から、抗生物質と対比し、抗菌タンパク質では耐性菌の出現の頻度は低いと考えられること。

④ 現在、本事例の抗菌タンパク質であるディフェンシン、抗生物質および農薬の有効成分を用いて耐性菌の出現頻度の比較解析研究を進めている。

この論文の記述を信用する限り、彼らは、夢の開発というコインの裏側の悪夢について、科学者の常識に従って、耐性菌問題のリスク評価と対応を実施している。すなわち、

（1）本事例で、常に問題となる大きな問題の一つとして「耐性菌問題」が存在することを明言し、

（2）耐性菌出現の可能性の評価方法として、過去に豊富な耐性菌問題を経験済みの抗生物質の場合と対比して考察するという方法を採用し、

（3）その上で、ザスロフ博士の仮説に依拠して、さしあたり耐性菌は出現するだろうが、しかしその頻度は「低い」と評価し、

（4）今後の対応として、この仮説による暫定的な評価で間違っていないか、引き続き、抗生物質および農薬による耐性菌のケースと対比して、耐性菌の出現頻度を比較解析することにした。

この当時、抗菌タンパク質による耐性菌の出現の可能性について、二つの仮説、つまり、一方は抗生物質とは異なり、「極めて考えにくい（surprisingly improbable）」とする２００２年のザスロフ博士に代表される仮説と、他方はこれに反対し、抗生物質と同様、耐性菌は容易に出現するという仮説[8]とが並び立っていたのだから、本事例の研究者たちは、抗菌タンパク質研究の権威とされるザスロフ博士の見解にさしあたり依拠するとしても、それが間違いである可能性もある以上（実際、彼らの論文発表後半年余りで、ザスロフ博士の仮説の誤りが実証された[9]）、引き続き、その仮説の検証作業を行うという対応をしたのである。これなら、仮に彼らの見込み違いにより耐性菌が出現したとしても、それはいわゆる拡散防止措置が施されている実験室内のことであり、通常であれば社会問題にはならずに済む。また、仮説の検証作業の中で、彼らの見込み違いが判明して、社会問題になる前に適切な軌道修正が可能となる。以上の通り、研究者同士の発表の場で発信した言説（本論文）でみる限り、彼らは研究段階において、耐性菌問題のリスク評価として至当な振る舞いをしたと評することができる。

ところが、そのあと突然、不可解な振る舞いが生じた。

1-7　仮説の検証（二度目の操作その１：国の事前審査の段階）
――消えた耐性菌問題

耐性菌出現の可能性について、本事例の研究者たちは、本論文で、出現の頻度は「低い」とするザスロフ博士の仮説に依拠することにし、なおかつその仮説の検証を継続するという対応をしていると述べたが、本論文が発表される約半年前に、彼ら（正確には彼らが所属する研究機関、法的には独立行政法人）はＧＭイネの野外実験を実施するため、国に承認を得るための申請書を提出した（２００４年11月17日第一種使用規程承認申請書）。

つまり、彼らの研究が密閉され拡散防止措置が施されている屋内実験の段階から開放され拡散防止措置が施されない屋外実験に移行する場合には、自然環境と大きな関わりを持つことになるので、実験の安全性が社会的な問題としてクローズアップされ、国による事前の承認が必要になる。

とはいえ、野外実験の内容自体、基本的にそれまでの屋内実験の延長である。だとしたら、屋内実験で明らかにされた安全性をめぐる諸問題が引き続き野外実験においても吟味検討されることになる（むろん、それまでの屋内実験では問題にならなかった、自然界の植物との花粉の交雑といった野外実験に固有の問題も新たに登場する）。

したがって、本来ならば、承認申請書の提出にあたって、本事例の研究者たちが本論文で明らかにしたように、《作物の病害抵抗性育種を目指す際に常に問題となる大きな問題の一つとして》「耐性菌問題」があることが、本承認申請の中心的テーマとして真っ先に取り上げられる筈であった。

しかし、現実の承認申請書には耐性菌のたの字もなかったのである。この不可解な出来事は何故起きたのだろうか。つい最近まで《作物の病害抵抗性育種を目指す際に常に問題となる大きな問題の一つとして》「耐性菌問題」を取り上げ、《現在、ディフェンシン、抗生物質および農薬の有効成分を用いて耐性菌の出現頻度の比較解析研究を進めている》と言明した彼らが、つい誤って書き忘れたということはあり得ない。すると残された可能性は、意図的に「耐性菌問題」を記載しなかったということである。つまり、純然たる研究段階から社会的な接点が始まる野外実験の承認申請段階に移行した時点で、「耐性菌問題」は突如消されたのである。

この点について、真摯な研究者なら次のように考えるだろう——科学研究では予測不可能な現象は常にある。その場合、本事例の研究者が本論文で発表したように、暫定的な立場をひとまず仮定して、なおかつその仮説の検証を続行するのが研究の常道である。仮説の検証の中で、或る程度成果が得られたら、その成果に基づいてより確固たる立場に立つことができるだろう。野外実験の承認申請書にも、こうした仮説の検証の成果とそれに基づいた彼らの見解を披露して、実験の安全性を堂々と主張すればよい。それがまともな研究のやり方だ、と。

しかし、本事例の研究者たちもその研究機関も、それをしなかった。研究者同士の発表の場（いわば研究者にとって内部の世界）では、「常に問題となる大きな問題の一つ」である「耐性菌問題」について、まっとうなリスク評価とそれに基づく対応を取ることを表明しながら、ひとたび市民生活や自然環境といった社会的な問題が問われる場面（いわば研究者にとって外部の世界）になると、そもそも「耐性菌問題」など存在しないと言わんばかりの、手のひらを返したような正反対の態度を取るに至ったのである。こうして、彼らやその研究機関は、科学者として自身が所属する内向きの顔と社会や市民に対する外向けの顔とを使い分けるに至ったのである。

ここから何が導かれるだろうか。何よりもまず、野外実験では、耐性菌が出現した可能性が高いと推論できることである。なぜなら、本事例の研究者たちは、《現在、ディフェンシン、抗生物質および農薬の有効成分を用いて耐性菌の出現頻度の比較解析研究を進めてい》て、その研究成果がもし彼らの依拠するザスロフ博士の仮説通りものもの、つまり「耐性菌の出現の頻度は低い」のであれば、単にこれを野外実験の承認申請書に堂々と記載すれば済むだけのことだからである。それを敢えてしなかったのは、彼らの比較解析研究がまっとうな研究であったため、その研究成果が、その後話題となった著名な実験結果(10)と同様、ザスロフ博士の仮説を否定するもの（つまり、ディフェンシンにより耐性菌が容易に出現する）だったからである。つまり、この段階で、彼らは本論文に記載した自分たちの見込みが間違っていたと気がつくに至った筈である。

こうして、本事例の野外実験で、耐性菌が出現した可能性が高い。本論文執筆当時の研究段階では、仮に見込み違いにより耐性菌が出現したとしても、拡散防止措置が施されている屋内実験であるためそれによる被害は取り立てて問題にするまでもなかった。しかし、ひとたび屋内実験から野外実験に移行した場合は状況が一変する。野外実験で耐性菌出現が実験場外の環境にもたらす影響については、計り知れないものがあるからである。

しかも、前述の通り、《ディフェンシン、抗生物質および農薬の有効成分を用いて耐性菌の出現頻度の比較解析研究を進め》た本事例の研究者たちは野外実験の承認申請の段階で彼らの見込みちがいに気がついていたと思われる。にもかかわらず、承認申請の準備の中で最終的に、彼らとその研究機関は「耐性菌問題」を消去した。なぜリスク評価にとって古典的、普遍的な重要論点を消去するような不可解な真似をしたのだろうか。考えられることは、もしも承認申請書に何かしら「耐性菌問題」について記述した場合には、必ずその対策について問い質され、質疑応答の末、「耐性菌問題」の対応が不十分として野外実験が却下されることを恐れたからであり、これ以外の合理的な理由は考えられない。

もっとも、真摯な研究者なら、そこで次のように考えるだろう——たとえ野外実験の承認申請書に「耐性菌問題」を書き落としたとしても、申請書の審査の中で、必ず「耐性菌問題」はどうなのか？　と質問されるにちがいない。そして、その対策をどうするのか追及される。なぜなら、本事例のように、病害に強い育種を開発する場合、「耐性菌問題」は「常に問題となる大きな問題の一つ」であることは、専門家にとって古典的な常識なのだから。

ところが、ここで奇跡が起きた。本事例ではそのような質問は起きなかったからである。むろん審査を行う場（総合検討会）には微生物の専門家はいた。にもかかわらず、検討会の委員から誰一人、「耐性菌問題」について質問は出なかった。そのため、真摯な研究者が予期した「耐性菌問題」に対する追及もなかった。このときの総合検討会の微生物の専門家の発言は、次のようなものだった。

《日本初といいますか、有用な遺伝子がこういう形で使われるというのは非常にいいことで、うれしいことだと思うんです(11)》

かくして、本事例の野外実験は国の事前審査におけるリスク評価をめでたくパスしたのである。

ちなみに、この発言をした微生物専門家はのちに、本事例が市民により野外実験中止の裁判（以下、本ＧＭイネ裁判という）が起こされると、本来中立の立場である筈の審査会の委員の立場を忘れ、裁判の被告＝本ＧＭイネの開発側が主張する重要な主張を裏付ける書面の作成者として幾度も登場し、多大な貢献をした。その結果、本ＧＭイネ裁判に関わり、国の事前審査と裁判の経緯を一部始終目の当たりにした市民の胸中には、科学と科学者に対する回復し難い不信感が形成されたのである。

以上が本事例の野外実験の事前審査の段階におけるリスク評価の実情である。

1-8　仮説の検証（二度目の操作その2：裁判手続の段階）
——耐性菌問題の創作物語

ところが、本事例の野外実験は国の事前審査段階はなんなくパスしたものの、そのあと、おもいがけない事態に発展した——多くの地元市民から野外実験中止を要請する声があがり、その際、研究機関側の対応がすこぶる不誠実であるとして、とうとう市民から野外実験中止の裁判を起こされてしまい、裁判手続の場で、再び「耐性菌問題」をめぐるリスク評価が問われることになったからである。

もともと裁判は人生のリトマス試験紙である。裁判というるつぼにほおり込まれたすべて人たち（むろん裁判官も例外ではない）の正体を否応なしに、情け容赦なく無慈悲に暴き出す。

例えば、野外実験で市民からの異議申立を全く予想していなかった被告＝本事例の研究者たちとその研究機関は、うろたえてしまった。そこで、裁判の最初の書面（答弁書）で次のように締めくくったのである。

《いずれにせよ、本申立は、本実験を批判し、批判を喧伝する手段の一つとして行われたとしか考えられず、手続を維持するだけの法律上の根拠は全く認めることができない。いずれにせよ、本申立においては、そもそも一般的な高等教育機関で教授ないし研究されている遺伝子科学の理論に基づいた主張を展開しているものではなく、遺伝子科学に関し聞きかじりをした程度の知識を前提に特定の指向をもった偏頗な主張を抽象的に述べているに過ぎず、また法的に考察しても非法律的な主観的不安を書きつらねただけのものとしか評価しようがなく、債務者としてはかような仮処分が申し立てられたこと自体に困惑するばかりである。

本申立について、一刻も早く却下決定を賜り、債務者を本手続から解放いただきたい。》（2005年6月28日債務者（注：被告のこと）の答弁書19頁）

このとき、本事例の研究者とその研究機関の前には、二つの選択肢があった、ひとつは、本論文で表明したような、科学者の間で常識とされる「耐性菌問題と真摯に取り組む」立場を表明するやり方、もうひとつは、これとは正反対の、野外実験の承認申請書に示したような「本事例にはそもそも耐性菌問題は存在しない」という立場を取り続けるやり方である。しかし、彼らは、当初、科学者としての良心と国策（バイオテクノロジーの推進）とのはざ間で悩んでいたのか、考えを整理できなかった。そのため、さきほどの答弁書では、次の通り、この二つの選択肢を折衷した支離滅裂な主張になってしまった。

《ディフェンシン蛋白質のような抗菌性タンパク質の場合、抗菌作用は穏やかであり、耐性菌の出現の余地は科学的になく、また実際耐性菌の出現についての報告もない。》（答弁書12頁）

つまり、「抗菌作用は穏やかであり」は本論文の記述通りである。にもかかわらず、ここから本論文の帰結である耐性菌の出現の「懸念は低い」というグレーゾーン的な結論に行かず、「耐性菌の出現の余地は科学的になく」という完全なシロ、すなわち野外実験の承認申請書の立場に無理やりつなげてしまったからである。

しかし、この答弁書に対し、原告市民に協力的な研究者から、本論文中に引用されていた耐性菌出現を報告する論文から野外実験においてもディフェンシン耐性菌が出現する可能性は高いと推測することが合理的であると指摘されると、被告＝本事例の研究者たちは次のように反論した。

《極めて特異な人工的環境での人為的耐性菌作出の事実を以て「自然界でのディフェンシン耐性菌出現が報告された」と誇張するなど》《極めて特異な人工的環境での人為的耐性菌作出の事実を以て、自然界における他の生物相等の環境影響が存在することを捨象し、科学的メカニズムの解明なしに、自然界でのディフェンシン耐性菌出現に飛躍している》（いずれも平成17年8月12日被告準備書面⑷5頁）

つまり、耐性菌が実験室で発生したからといって自然界でも発生すると推定することはできないという反論である。これに対し、再び原告市民に協力的な研究者から、実験室で発生した結果から自然界でも発生すると推定することは十分合理的であることを詳細に証明する反論書が提出された。これを受けて、本事例の研究者たちは、実験室の結果と自然界の結果は無関係であるという反論はもはや維持できないことを悟り、「耐性菌の出現の余地は科学的にない」ことを導く新たなロジックを見つけ出すしかないと奔走し、その結果、遂にこれを発見した――それが、①GMイネが作り出すディフェンシンはイネ体内の細胞壁と強固に電気的に結合するので、いったん細胞壁と結合したら離れない。↓②その結果、ディフェンシンがイネ外部に溶出することは不可能↓③その結果、ディフェンシン耐性菌の出現は不可能↓④したがって、本事例の耐性菌問題が存在しない、というロジックだった。これにより耐性菌は「発生可能性がないことが科学的に公知」（平成17年9月27日被告準備書面⑸9頁第6、2）な事実とされたのである。

このとき、本事例の研究者たちは前記の二つの選択肢のうち後者の立場、すなわち野外実験の承認をスムーズに得るために承認申請書の作成に際しておこなった最初の世論操作である「本事例にはそもそも耐性菌問題は存在しない」という立場に完全に立つ決断をした。しかも、承認申請書では、「沈黙」という消極的なやり方であったのに対し、裁判ではもはやそのような「沈黙」は許されず、自ら積極的に、なにゆえ「本事例にはそもそも耐性菌問題は存在しない」のか、そのからくり（メカニズム）を積極的に説明することを迫られ、その結果、科学上の新発見ともいうべき「ディフェンシンはイネの細胞壁といったん結合したら離れない」という見解を論拠に、そこからそもそも耐性菌は出現の余地がないという結論を導き出すことになったのである。しかし、学界ではこれまで、本事例の研究者を含め誰ひとり、誰一人、そのようなメカニズムを発表した者はおらず、それはさながら「耐性菌問題」をめぐる前代未聞の創作物語の誕生であった。

なぜなら、もしそのメカニズムが真に科学的な裏付けを持つのであれば、彼らが主張した「ディフェンシンはイネの細胞壁といったん結合したら離れない」という新事実を、少なくとも、誰がいつ、どのようにして発見をしたのか、その論拠を示す筈であるが、彼らは一切示さなかった。また、もし自ら実験で実証したというのであれば、その実験結果は、何よりもまず耐性菌の出現で悩み続けてきた彼ら自身の福音である。まっさきに、それを論文として発表し、ディフェンシンに関する本事例では耐性菌問題は存在しないから、心置きなく開発に専念できると公表する筈である。しかし、不思議なことに彼らは、本論文でもそのことを一言も言及しなかったし、それ以降もこれに言及した論文を一度も発表しなかった。では、なぜ発表しなかったのだろうか。それは、とても研究者同士の場で発表できるような内容ではなかったからである。だから、ひたすら研究者の外部の世界に向けてだけこれを言い続け、研究者の内部の世界ではもっぱら沈黙に励んだのである。その結果、研究者の内部の世界とその外部の裁判や市民生活といった社会関係の場で二つの正反対の見解、つまり一方では科学、他方では科学とは無縁のいわば偽科学またはジャンク科学が公然と語られるに至った。

1-9　世論操作の動機（最大の評価ミス：ディフェンシン耐性菌の危険性について）

では、なぜ本事例の研究者たちは、承認申請書の作成にあたって、「耐性菌問題」を消去したのだろうか。むろんそれによって野外実験の承認が却下されることを免れるためだったにちがいない。

ただ、ここで問題にしたいことはそのことではなく、なにが彼らの世論操作を支えたのか、言い換えれば世論操作を正当化させたのか、である。しかも、彼らの認識の次元でそれについて考えてみたい。

前にも述べた通り、裁判はリトマス試験紙である。裁判に関係する者は否応なしにその正体をさらけ出す。それは咄嗟の瞬間において一層顕著である。被告＝本事例の研究者たちも、予期していなかった裁判を地元市民から起こされたとき、「耐性菌問題」に対して、最初の答弁書で、次のように本音を明かした。

《万が一ディフェンシン耐性の菌が出現したとしても、現行農薬に対する耐性菌ではないため、現行農薬で十分対処できる》（12頁12⑵）

つまり、仮に「耐性菌問題」が発生しても、現行農薬で殺菌すれば対策は十分だ、と。この当時、被告＝本事例の研究者たちの認識は、本件の耐性菌問題とはあくまでもイネの問題であって、それ以上でもそれ以下でもないと考えていた。つまり、イネの問題は《現行農薬に対する耐性菌ではないため、現行農薬で十分対処できる》、だから、「耐性菌問題」を恐れる必要はない、だから、これを承認申請書から消去してもたいした問題でもない。「本件の耐性菌問題＝イネ問題」という事実認識、これに支えられて、彼らは承認申請書で「耐性菌問題」の消去に踏み切ったものと思われる。

しかし、この事実認識は完全な誤りである。のみならずこの事実誤認こそ、本研究プロジェクト最大の失態である。なぜなら、本件の「耐性菌問題」が発生したら、その現実の被害はイネにとどまらず、人間も含めて、およそ地球上のディフェンシンを産生する全ての動植物、昆虫たちの生体防御に被害を及ぼす可能性があるからである。したがって、最悪の場合には、人の健康被害、地球上の生態系の破壊という人類と地球環境に深刻な被害をもたらす。その可能性は微生物学者にとって常識である。この点、微生物生態を専攻する東京大学大気海洋研究所の木暮一啓教授は次の通り指摘した。

《注意しなければいけないのは、ディフェンシンなどの抗菌タンパク質への耐性菌が抗生物質耐性菌よりもはるかに危険度が高い菌だという点です。抗生物質は微生物が生産する抗菌物質であり、ヒトの病気治療に使うものであって、抗生物質耐性菌は、あくまでも感染症にかかった人や外科手術を受けた人など抗生物質を使用する必要がある人にとっての問題です。

これに対し、ディフェンシンなどの抗菌タンパク質は、動植物が病原菌から身を守るための最初のバリアーとして作るものであり、抗菌タンパク質への耐性菌は、そのバリアーを打ち崩すもので、いわば病原菌に対する動植物の重要な武器を無効にしてしまうものです。したがって、健康に生活している私たちヒトのみならず動植物全般が、今までの自然の防御機構で対処できなくて、わずかの菌の攻撃にも耐え切れずに感染・発病してしまうという大問題を起こします。だから、大変危険なのです。そのことが最近になって次第に世界的に認識されてきて、昨年末には世界的に有名な科学誌である *Nature* にも、抗菌タンパク質の濫用を戒める論文が出ています（甲21。*Nature* ２００５年11月10日号）。》（２００６年７月11日意見書(2)[12]６頁）

しかし、本事例の研究者たちは誰ひとり、この重大な事実に気がつかなかった。皆、本件の「耐性菌問題」を抗生物質や農薬の使用による耐性菌の問題と同様に考えれば足りると、すなわち、耐性菌の「出現」の可能性について、抗生物質や農薬の場合と対比して考えればよいのと同様、出現した耐性菌の「危険性」についても、やっぱり抗生物質や農薬の場合と対比して考えればよいと思い込んでしまった。

その思い込みの最大の原因は本事例の研究者たちが、もっぱら病気に強いイネの開発しか頭になかったことにある。その結果、彼らが参照した抗生物質や農薬の使用による耐性菌問題では、それらを使用する入院患者や野菜のことだけ考えればよかったのだから、ディフェンシン耐性菌も同様に考えれば足りると思い込んでいたふしがある。つまり、彼らの研究体制として、イネの立場には立てても、菌（病原菌）の立場に立って現実を眺める専門家が誰ひとりいなかった。その結果、ディフェンシン耐性菌の危険性の程度（重大さ）を正しく認識できず、《耐性菌なら農薬で対応万全》と安易な気持ちで、野外実験のスムーズな承認のために「耐性菌問題の消去」に踏み切ってしまったのである。もしそのような事実誤認をしていなかったなら、つまりディフェンシン耐性菌は人類と地球環境に深刻な被害をもたらす可能性があるとその「危険性」を正しく認識していたならば、本件の「耐性菌問題」を消去するという大それた真似は《早急に実用化を図る必要がある》（野外実験の栽培実験計画書）と考えていた彼らもさすがにできなかった筈である。第一、本ＧＭイネ裁判で「耐性菌問題」を追及されたとき、答弁書に《万が一ディフェンシン耐性の菌が出現したとしても…現行農薬で十分対処できる》という恥ずかしい答弁はしない。

1-10 二度目の操作の防止

前述した仮説をもう一度くり返す。「遺伝子組換え技術は二度操作をする、一度目は生命に対して、二度目は世論（市民）に対して。」

生命に対する一度目の操作で認識上の誤りは避けられないが、しかし、世論（市民）に対する二度目の操作はそれ自体本来あってはならない。にもかかわらず、前記の事例が示した通り、その誘惑は強烈である。そして、それがもたらすかもしれない災害は甚大である。我々がこの誘惑を克服できないとき、我々の未来は取り返しのつかないものになるおそれがある。では、どうしたらその誘惑を断ち切ることができるだろうか。

前述した通り、ここには① 意図したリスク評価の創作（法律の世界では「ねつ造」と言う）の問題と、② 意図せざるリスク評価のミスの問題という次元が異なる二つの問題がある。

前者の問題を解決する原理は単純である——ウソをつくな。あとはこれを現実に担保する具体的な方策の問題だけである。しかし、現在のチェックシステムは一言で言って、ウソと茶番が容易に可能な馴れ合いのシステムである。少なくとも現在の検察審査会並みに、ウソと茶番を断ち切る抜本的な制度改革が不可欠であるが、ここではこれ以上立ち入らない。

以下、後者の問題、意図せざるリスク評価のミスの克服について述べる。前述した通り、本事例の研究者たちは野外実験のリスク評価を間違えてしまった——桁はずれの危険性を持った野外実験を地元住民の猛反対を押し切ってでも強行することができた最大の理由は、彼らが野外実験により発生する「耐性菌問題」の危険性の程度を完全に見誤って、本GMイネの問題でしかないと信じ切っていたことによる。もし彼らが、ディフェンシン耐性菌問題の危険性を前記の通り正しく認識していたならば、とてもそのような暴挙を敢えて冒すことはできなかった筈である。

くり返すと、このような暴挙を可能にしたのはディフェンシン耐性菌の危険性に対する本事例の研究者たちのリスク評価のミスである。その際重要なことはこのミスが決して偶然のミスではなく、起こるべくして起きた必然だということである。なぜなら、効率的に技術開発を推し進める現代の工学の発想からすれば、本事例の研究者たちこそこの発想に最も忠実に、開発の目的であるイネに焦点を絞り、イネを中心にした各専門分野の研究者が集められたのであり、そこに病原菌の専門家がいたとしても、それはイネにとっての病原菌の専門家ではあっても、イネ以外の様々な動植物、昆虫の生き物にとっての病原菌についての専門家ではなかった筈である。しかし、自然界は別にイネの世界だけ細分化され、独立して存在しているわけではない。イネとイネ以外の様々な動植物、昆虫、微生物の生き物とは無数の相互関係の網目の中でつながっている。そのため、自然の一部分を変えようとすると、必ずほかに影響を与えないでいない。だから、イネ中心の知見しか持ち合わせていない専門家たちに、イネ以外の生物に与える影響を考察できないのは当然である。本事例の研究者たちがディフェンシン耐性菌がイネ以外の生物に与える影響を正しく評価できなかったのは必然である。そうである限り、今後もまた同様の過ちをくり返すのも必至である。

しかし、人は彼らのこのミスを笑うことはできない。ここには現代の「科学技術」が直面している構造的な原因に由来する普遍的な問題が横たわっているからである。つまり、成果をあげるために自然界を専門領域に細分化・分断するという方法で行く限り、現代の科学者・技術者なら誰もが同じようなミスをおかすおそれがあるのだ。

現代ほど「科学技術」の恩恵を受けた時代はない。次から次へと新たな「科学技術」が生まれ、「いつでも、どこでも、あらゆる『科学技術』の恩恵が利用できる環境」にある。しかし、それは同時にブラックボックスの時代である。我々市民は「科学技術」の恩恵をブラックボックスとして、いったいそれがどんな仕組みになっているのか全く無知のまま受け取らざるを得ない。その結果、次から次へと生まれた「科学技術」の成果から、衣食住の生活全般にわたって、かつてなかったような災害・被害にも見舞われることとなった。「いつでも、どこでも、あらゆる『科学技術』の災害・被害に見舞われる環境」となった（シックハウス、電磁波被害、食品添加物、化学物質過敏症、アトピーなど）。

しかも、深刻な問題は、それらの技術を開発した研究者たち当人にとっても、その災害・被害がブラックボックスだということである。今日の「科学技術」はかつてないほど専門化、細分化、分断化していて、研究者は自分の専門分野に関し最先端の豊富な知見を持っているとしても、ひとたび専門以外の領域のことになると素人同然が珍しくなく、ブラックボックスの世界だからである。

だから、本事例の研究者たちが今回、ディフェンシン耐性菌の危険性をイネとの関係でしか考えられず、リスク評価を完全に見誤ってしまい、その結果、桁違いの危険な野外実験に踏み出してしまったことは、今日の「科学技術」の研究方法に従い開発している全ての科学者・技術者にとって肝に命じるべき訓えである。

今日ほど、「科学技術」の安全、安心が叫ばれる時代はない。しかし、それが口先ではなく、真に実効性あるものを目指すのであれば、前記のブラックボックスの問題を本当に克服する必要がある。

くり返すと、人がリスク評価を間違えるのは「不確実な事態」に直面したからではない。自然界を自分の都合で分割し、細分化してしまったため、そこからしか自然界を眺めることができなくなった必然の結果にほかならない。すなわち、現代「科学技術」の方法論そのものに原因がある。

したがって、このようなリスク評価のミスを防止するためには、専門化、細分化、分断化している現代「科学技術」のシステムそのものを変革するしかない。

では、具体的にどうしたらよいか。ここからはアイデアと知恵の勝負である。現実の市民は生産の場では労働者であるが、他方、消費の場では消費者である。いま、消費者としての市民に着目したアイデアとして、

《市民＝労働者＝消費者の手に〈X〉を取り戻す》

というものがある。たとえば、このXに、コンピュータの頭脳部分である「ＯＳ」を入れれば、昼間、企業でプログラマーとして働く労働者は、勤務外の場で自由となったとき、自発的に能力を発揮し、

《市民＝労働者＝消費者の手にＯＳを取り戻す》

つまり、巨大企業マイクロソフトを脅かす存在にまでなっている Linux という無料ＯＳを作り出す。

そこで、このXに、「総合化され、循環・連続を確保した科学技術」を入れれば、

《市民＝労働者＝消費者の手に統合化、総合化され、循環・連続を確保した科学技術を取り戻す》

となる。つまり、今日、様々な専門分野で科学者・技術者を職業とする多くの市民がいて、生産の場で効率的な開発に向けて前述の「科学技術」の方法で研究開発に従事している。しかし、ひとたび、彼らも勤務外の場で自由となったとき、それぞれの専門分野の立場から、本事例のような新しい研究開発に関する安全性について、自発的に発言を表明することができる。もっとも、今日、科学者・技術者の勤務外での自由な発言も決して保障されていない。発言の結果、生産の場で有形無形の抑圧が加えられるからである。そのため、現実に「科学者・技術者の勤務外での自由な発言を保障」するための工夫が不可欠となる。例えば選挙における自由な投票を保障するための「秘密投票」のよ

うなアイデアがここでも導入される必要がある。

他方、今日ほど科学技術と国家・企業との関係が深まった時代はなく、そのため、適正な技術評価を担保するためには、科学者・技術者の勤務外での自由な発言の場の運営を、漫然と国家・企業の手に任せるわけにはいかない。その結果、国家や企業から自立した市民組織（たとえば国際技術評価センターなど）の手に運営を委ねる必要がある。この組織は市民の手で結成され運営される、科学技術評価に貢献する一種の消費協同組合である。

「ローマは一日にしてならず」。だが、このような科学技術評価に関する市民の消費協同組合が、最初は原子力発電、遺伝子組換え技術、食品添加物、化学物質過敏症といった具合に各分野ごとに作られ、のちにそれらが統合されて、全ての科学技術の評価について、日本のみならず世界中の「科学者・技術者の勤務外での自由な発言」を確保する場として機能するようになったとき、それは既成の国家の評価機関に替わり得る市民自身による評価機関として機能するだろう。それが、市民の、市民による、市民のための評価機関の第一歩である。

2　現代型リスク評価の検討——理論検討

以上、「不確実な事態」といっても、その危険性を科学的に予測することが可能なケースである古典型リスク評価の問題点を、事例に即して検討してきた。

これに対し、今後、さらに登場し、その適正な評価と対応をめぐって徹底した論議が必要となるのが、「不確実な事態」をその当時の科学水準に照らし、その危険性を科学的に予測することが不可能なケース、つまり現代型リスク評価である。

本来であれば、このタイプのリスク評価についても、本章でやったように、「生きたリスク評価論」を展開するために生きた事例の中から生きた教訓を汲み取る必要がある。しかし現在の私には、それをするだけの準備がない。そこで、以下、「死んだリスク評価論」に陥る危険を自覚しながらも、私がこれまで考えてきた現代型リスク評価の問題点を整理しておく。

2-1 問題の提起

現代型リスク評価のモデルケースは狂牛病（ＢＳＥ）である。

日本は、狂牛病に感染した米国牛の発生を受け、２００３年12月以来米国牛の輸入を停止していたが、２００５年12月、２年ぶりに輸入を再開した。その根拠となったのが食品安全委員会の答申であるが、この答申の元になっているのが食品安全委員会の中に設置されているプリオン専門調査会がやった、米国牛の狂牛病に関するリスク評価である。ところで、このリスク評価をめぐっては、同調査会の座長代理（東京医大教授）が「国内対策の見直しを利用された責任を痛感している」と述べ、専門委員の辞意を表明するなどの不可解な事態が続発した。こうした出来事を目の当たりにすると、一方で、事実の科学的認識を職務とする科学者が政治的決定の行う役回りを演じているように見えたり、他方で、政治的決定を行うことを職務とする政治家・官僚が（自身の政治的決定に有利な）事実の科学的認識を行う役回りを演じているように見え、至るところで越権行為がまかり通っているように思える。

かつては、「神の権威」が政治統治に利用され、神のお告げに基づいて政治決定がなされたが（神政政治）、今日、それと同じ統治原理が科学の名のもとに行われているように見える。つまり、「科学の権威」が政治統治に利用され、神の代わりに科学のお告げに基づいて政治決定がなされている。しかし、かつて神政政治が政治の堕落を招いたように、科学の権威による統治も政治の堕落を招くのは必至である。それは上に紹介した、遺伝子組換えイネの事例を思い出せば一目瞭然である。ジャンク科学、似非科学が「科学の権威」の名のもとに政策決定の大義名分にされるからである。

2005年の米国牛輸入再開に至る一連のドタバタ騒ぎの経過を外側から眺めた市民は、赤裸々にさらされた「科学の権威」にすがる政治の姿というものを見て取ったのではないかと思う。その結果、市民の胸中に、たとえ真相は藪の中だとしても、政治と、そしてリスク評価と称する科学に対する不信感が一層形成されたことは間違いない。

しかし、このようなドタバタ劇は反復してはならない。そのためには、かつて、神政政治の弊害の反省から政教分離が確立したが、それと同様の政科分離＝「政治と科学の分離」が科学でも必要である。

そこで、ドタバタ劇を反復しないために、そして、政科分離＝「政治と科学の分離」に向けて歩みを一歩進めるために、一度、リスク評価の基本問題に立ち帰る必要がある。

2-2 リスク評価の基本問題

リスク評価の基本問題とは何か——それは、個別のリスク評価事例に対する不満・課題は鬱積(うっせき)しているにもかかわらず、何がリスク評価の本質的な課題であるかが依然さっぱり分からないことである。

通常、ある制度（システム）を制定するにあたっては、どんな制度を作るかをめぐって激しい価値観の対立・衝突があり、その調整が不可欠となる。その価値観は当然、その制度の運用に影を落とし、個々の運用場面での対立の原因となるからである。価値観の対立・衝突の吟味により制度の基本的な問題点は明快となる。もともと制度とはそういうものである。ところが、法律でメシを食っている者からみて信じ難いことだが、リスク評価はこれと全くちがう。リスク評価の基本的なあり方をめぐって根本的な価値観の対立・衝突がちっとも明らかにされない。さながら、リスク評価はそのような対立は存在しない、完全調和の世界のようにさえ思えてくる。

そうだとしたら、それは欺瞞である。現実に無対立な制度・システムなど原理的にあり得ないのだから。

以下、常々取り沙汰されることのないリスク評価の、この基本問題を検討する。

2-3　リスク評価とは何か（その1）

リスク評価とはなにか。この単純な問いに正面から答え得た者はまだ誰もいないと思う。なぜなら、少なくとも食品事故や生物災害について、リスク評価が取り沙汰されたのは狂牛病の出現などごく最近であり、個別事例への対応に追われるあまり、自分たちが一体何をやっているのか、自省する余裕もその気もなかっただろうから。しかし、世の中には「解き方」を間違えたために、どうしても解けない問題というものがある。例えば、数学史の有名な出来事として五次方程式の解法がある。

$$x^5+2x^4+3x^3+4x^2+5x+6=0$$

このような五次以上の方程式は加減乗除の方法で解くことが（一般には）できないことは、1824年、アーベルの手で初めて証明されたが、それまで数百年にわたって、これを加減乗除の方法で解けると信じた者たちにより空しい努力が積み重ねられてきた。この数学研究者の迷妄の歴史をここで想起しておくことは価値あることである。

2-4　リスク評価とは何か（その2）

しかも、この迷妄は「科学」内部の問題にとどまらない。

「芸術」と「法律」が交錯する裁判として有名な「悪徳の栄え」事件――1961年、フランスの作家マルキ・ド・

サドの『悪徳の栄え』を翻訳し、出版した翻訳者の澁澤龍彦と出版社が、同書に性描写が含まれており、わいせつ文書に該当するとして起訴された事件だが、澁澤らは、「芸術性と猥褻性とは別次元の概念である」を前提にして、同書の芸術性には理解を示さず、専ら善（法律）の次元で判断しようとした検察に反発するあまり、「芸術性と猥褻性とは別次元の概念ではなく、芸術性が高い作品ではその芸術性により猥褻性が消失することがある」という論理でもって対抗しようとした。つまり、美的判断が法的判断に優先するという立場を取った。しかし、この「解き方」は裁判所に容易に理解されず、解き方をめぐって「永遠の水掛け論」に陥り、その中で澁澤は不貞腐れ、さじを投げ出してしまった。

しかし、彼の提起した問題は少しも解決されていない。時を経て同じ問題が反復される運命にある。その一例が1994年に提訴された「石に泳ぐ魚」事件である。ここでもまた、芸術性という美的判断がプライバシー保護という法的判断に優先するという主張が反復された。このような芸術裁判で、その「解き方」をめぐって美（芸術）と善（法律）の判断の関係が問われているが、その正しい「解き方」が分からないため迷妄が反復されている(13)

2-5　リスク評価とは何か（その3）

他方、この迷妄は別に専門的、特別なことではなく、日常の出来事、例えば教育現場などでも登場する。かつて、日本で最も自由な教育を行なうと宣言し、斬新な芸術教育で注目を集めた某私立学校で、その後、悪質ないじめや校内暴力が発生し、大量の学生を退学処分したとき、みずから設立理念を否定するような処分行為に出た学校関係者は途方に暮れたが、その学校を訪れた柄谷行人はこう言った——いくら自由と自立を尊重するという理想的な教育をしても、いじめや暴力は決してなくならない。もともとそれは人間の攻撃性に由来するものだからです。そこで必要なのは、芸術（音楽、美術、文学）ではなく、むしろ人間の攻撃性を科学的に解明しようとしたフロイトです。いじめや暴力に対してまず必要なのは、美的判断でも倫理的判断でもなくて、科学的判断（認識）だからです、と。

つまり、いじめや校内暴力に対しては、正しくは、まず真（科学）で立ち向かうべきなのに、解き方を間違って、美（音楽、美術、文学といった芸術）や善（倫理）で解こうとしたために、迷妄に陥ったのだ、と。

2-6　リスク評価とは何か（その4）

しかし、これらはリスク評価にとって対岸の火事ではない。これと同じ迷妄に、リスク評価もまたさらされているからである。

食品安全委員会などの公式的見解によれば、リスク評価とはあくまでも科学的な判断であるという立場、つまり真（認識）だけで問題を解こうとするものである。しかし、はたしてそうだろうか。食品安全委員会の現実のリスク評価の混迷ぶりを見ていると、「解き方」を間違えていないだろうか。

そもそもリスク評価が最も問題となるのは、測定値が科学的に正しいかどうかといったことではなく、むしろ、そうした科学の探求を尽くしてみたが、それでもなお、ある現象の危険性について確実な判断が得られないときである。つまり、科学の力が尽きたところで、初めて、ではこの「不確実な事態」をどう評価するのだ？　という判断が問われる時である。その意味で、リスク評価とは科学の問題ではなく、科学の限界の問題である。言い換えれば、リスク評価とは、科学的に「解くことができない」にもかかわらず「解かねばならない」、この二つの要求を同時に満たす解を見つけ出すというアンチノミー（二律背反）の問題である。

そうだとしたら、このアンチノミーをどうして科学的判断＝真（認識）だけで解くことができるだろうか。科学の限界の問題を科学で解こうとすることほど非科学的なことはないからである。

2-7　リスク評価とは何か（その5）

しかし、そんなことは食品安全委員会などの頭のいい人たちはとっくに分かっている筈である。けれど、彼等の使命は科学的に「解くことができない」問題を同時に「解かねばならない」ことにある。となれば、さしあたり、科学の限界の問題にもかかわらず、さも科学の範囲内の問題であるかのように振舞って解くしか手はないだろう、たとえそれがどんなにいかがわしく、欺瞞的に思われようとも。

これが今日の現代型リスク評価を覆っている迷妄の正体であり、市民に対して科学に対する癒し難い不信感を形成させる原因でもある。

2-8　リスク評価の迷妄の打破のために

では、リスク評価のこの迷妄を打破する道はどこにあるだろうか。それは別に難しいことではない――リスク評価の方法という問題に科学の光を照射するだけのことだから。つまり、科学としてのリスク評価方法を確立することである。その際のキーワードは、科学史として言い古されありふれたものだが、真実に対する正直と勇気、この二つで十分だと思う。すなわち、

第1に、問われている現象のリスク評価に対して、自ら科学の限界にあることを率直に認める勇気を持つこと。なぜなら、もともとリスク評価の本質とは科学の限界の問題なのだから。

第2に、真（認識）における「科学の限界」を踏まえて、善（倫理・法律）と美（快・不快）の判断を導入して、それらを総合して判断する勇気を持つこと。

なぜなら、哲学者カントによれば、私たちが世界を見、物事を判断するとき、①真（認識）、②善（倫理・法律）、③美（快・不快）という異なる独自の三つの次元の判断を持つが、リスク評価が①において科学の限界に直面し、科学的に「解くことができない」以上、これを踏まえて②と③の二つの次元の判断を導入して解くだけのことである。それが科学的に「解くことができない」と同時に実践的に「解かねばならない」アンチノミーの正しい「解き方」である。

2-9　リスク評価論の外（芸術裁判の躓きその1）

以上の通り、科学の限界の問題であることを本質とし、科学本来の領域＝真（認識）だけでは太刀打ちできないリスク評価のあり方をより理解するためには、一度、リスク評価論の外に出る必要がある。

四年前、最高裁に絵画（模写）をめぐる芸術裁判の書面を提出した[14]。これは一市民の現在の裁判制度に対する徹底した不信を表明したものである。その真髄は次の通りだ——模写とは絵をそっくりに写し取ることである。だから、原画と似ているのは当然である。だが、本当にそれだけだろうか。似ているで、おしまいだろうか。はたしてそれに尽きるだろうか。なぜなら、光琳、大観、ゴッホ、彼らのどんな精密な模写といえども、そこには必ず原画との「ちがい」が認められるが、このちがいを当然のこととして「取るに足りない些細なちがい」とは評価できない筈だからである。そうだとしたら、いったい、いかなる場合なら「取るに足りない些細なちがい」として無視することができるのだろうか——この原告の根本的な疑問に対し、裁判所は何ひとつ答えることなく、何ら判断基準を示すことなく、単なる印象でもって原告の主張を斥けた。これでは「法（判断基準）による裁判」の放棄である。申立人が上告した根本理由は一審、二審裁判所の「逃げる司法」に対して、最高裁に「逃げない司法」判断を求めるためである。

だが、私自身、まだよく分からないことがある。それは——裁判所は一体どこからどこに逃げているのだろうか。

イデオロギー裁判でもない芸術裁判で、あれだけボロクソに追及されたにもかかわらず、なぜ彼らは逃げ続けるのだろうか。ところで、こうした逃走は何も裁判所に限ったことではなく、食品安全委員会でも同様なのではないのか。

2-10 リスク評価論の外（芸術裁判の躓きその2）

では、裁判所は、どこからどこへ逃亡したのか。この場合、美から善（倫理・法）へである。つまり、本来であれば、裁判所は、まずは作品の適切な美的判断に向かうべきであった。それを終えてのち初めて、作品の法的な判断に進むことができる。しかし、裁判所は厳密な美的判断を何ひとつしなかった。それをしないで、いきなり法的判断に出たのである。それが印象による判断と見えたのは当然である。だから、私は次のように批判するしかなかった。

《通常の裁判と比較し、芸術裁判の大きな特色は、裁判の対象が通常の事実認識（認識的判断）だけでは済まず、芸術裁判の対象である芸術作品を正しく把握するためには適正な美的判断が不可欠だということである。それが、古来、著作権事件のみならず著作権以外の様々な芸術裁判（「チャタレー」事件、「悪徳の栄え」事件など）の審理を著しく困難なものにした。しかし、裁判制度が芸術を法廷に持ち込むことを認める以上、「適正な美的判断」という課題は回避しようがない（それは、科学が法廷に持ち込まれる以上、「適正な認識的判断」という課題は回避しようがないのと同様である）。裁判所が適正な芸術裁判を実施し、文化の発展に寄与するためには、この厳格な適用が不可避である。

以上の芸術裁判における特色を標語的に言えば、次のようになる。

——美のことはまず美に聞け。それから、善の判断に進め、と。》

しかも、裁判所のこの迷走は今に始まったことではない。1875年、日本の裁判制度が始まって以来今日まで続いている。なぜなら、その迷走が自覚されたことは、ただの一度もなかったのだから。もっとも、それが顕在化したことはあった。「チャタレー事件」と「悪徳の栄え事件」である（1957年3月13日[15]と1969年10月15日[16]の最高裁判決）。しかし、このとき、芸術家の自由を守ろうとしたリベラル派裁判官は、「芸術性と猥褻性とは別異の次元に属する概念であり、両立し得ないものではない」の多数意見に反発するあまり、「芸術性と猥褻性とは別次元の概念ではなく、芸術性が高い作品ではその芸術性により猥褻性が消失することがある」という論理でもって対抗しようとした（裁判官色川幸太郎など）。

芸術家の自由を最大限守ろうとしたリベラル派の動機は理解できる。だが、私には彼らの論理が気に入らない。彼らの論理だと――この作品は素晴らしい芸術的価値がある。だから、これを「猥褻」として処罰するのはおかしい、と。これは芸術を社会的倫理の上に置こうとする芸術至上主義である。だが、目的（芸術）は手段（倫理）を正当化し得るだろうか。そんなことはない。むろん芸術は最大限尊重されなければならない。だからといって、芸術だけが他と異なり、社会倫理から超越して存在するわけではないからである。

そして、これと同じことが科学でも起きる。この論理を科学に当てはめると――この研究は素晴らしい科学的価値がある。だから、これを「危険」だからといって規制するのはおかしい、と。

リベラル派裁判官の弱点は、多数意見の論理の粗雑さを見抜けなかったことにある。芸術性と猥褻性が次元が異なるのは多数意見の言う通りである。しかし、両者はそれだけで済むような単純な関係ではない。両者（美的判断と法的判断）の正しい関係はもっと複雑精妙であり、その正確な把握なしには最終的に適正な判断は導けない。

2-11　リスク評価論の外（芸術裁判の躓きその3）

では、美的判断と法的判断の正しい関係はどう考えたらよいか。さしあたり、哲学者カントにならって、次のように考えるのが適切だと思う。

A　私たちが世界を見、物事を判断するとき、①真（認識的）、②善（道徳的）、③美（美的、快か不快か）という異なる独自の三つの次元の判断を持っている。

たとえば、「オウム真理教」がマスコミに登場した頃、彼らに対する評価は分裂したが、それは彼らを①「さっそうと出家してスタイルもカッコいい」といった美的に見るか、②その宗教的な教義や実践がいかなるものかという倫理的に見るか、③そのスタイルや宗教的教義にもかかわらず、実際にやっていることはインチキであり、犯罪ではないかという認識のレベルで見るかという違いに由来した。つまり、もともと私たちの判断に美的、倫理的、認識的の三つの異なる次元の判断があることに由来するものだった。

B　この三つの次元の判断は、おのおの他の次元の判断から独立して存在している。

映画や小説ではよく美形の犯罪者やヤクザが主人公として登場するが、それらに夢中になる観客は、鑑賞の間、倫理的判断とは別に、美的判断で鑑賞しているからである。だからといって、その観客が普段、犯罪者やヤクザに好意を抱いているわけではない。彼らは、無意識のうちに、映画館の中と日常とで次元のちがう判断を行使している。

C　それゆえ、ある次元の判断を他の次元の判断をもって省略、代用、置きかえることはできない。

映画館で美形の犯罪者やヤクザに夢中になったからといって、その観客を倫理がもとるとは誰も非難しない。美的判断と倫理的判断とは元来別の判断であり、両者を混同すべきでないのだから。

D　にもかかわらず、この三つの判断の区別は、日常で必ずしも明確に自覚されているわけではなく、通常、この三つの次元は渾然と交じり合っている。

例えば、19世紀のフランスで、W・シェークスピアの「オセロ」を上演した際、悪役イアーゴの女房殺しの場面に憤激した観客が俳優を射殺した事件が発生したが、この悲劇は美的判断と倫理的判断とを区別できなかったためである。しかし、簡単にこの観客を笑うことはできない。私たちもまた、例えば人を愛するとき、その理由は相手に②善（道徳的）の次元で人間的魅力があるからか、それとも③美（美的）の次元で美的、性的魅力があるからか、さらには両方ともあるからか、愛する本人にもよく分かっていないことが多いように、その区別は必ずしも容易ではないからである。

E　そのため、本来、ある次元の判断が求められるときに、誤って別の次元の判断でこと足れりとしてしまうことが往々にして起きる。

前述した通り、かつて自由な教育と斬新な芸術教育で注目を集めた某私立学校で悪質ないじめや校内暴力が発生した時、柄谷行人はこう言った――いくら自由と自立を尊重するという理想的な教育をしても、いじめや暴力は決してなくならない。もともとそれは人間の攻撃性に由来するものだからです。そこで必要なのは、芸術（音楽、美術、文学）ではなく、むしろ人間の攻撃性を科学的に解明しようとしたS・フロイトです。いじめや暴力に対してまず必要なのは、美的判断でも倫理的判断でもなくて、科学的判断（認識）だからです、と。

F　しかし、これらの三つの次元の判断をきちんと区別し、それらを自覚的に行なうためには、それ相当の文化的訓練が必要である。

フランスの美術家デュシャンが「泉」と題して便器を美術展に提示したとき、多くの者たちは眉をひそめ、狼狽したという。しかし、デュシャンは単に《芸術を芸術たらしめるものが何であるかをあらためて問うた》だけである。

つまり、便器という対象に対し、認識的(①真)と倫理的(②善)関心を括弧に入れて見るという芸術本来の判断を求めたにすぎない。しかし、このことを理解するには、それ相当の文化的訓練が要る。

その意味で、もともと科学者もまた、こうした文化的訓練を積んだ者のことである。近代科学は、ガリレオに見られるように、研究の対象を、②善(道徳的、宗教的)的と③美(美的、快か不快か)的関心を括弧に入れて認識することにおいて成立したものだからである。この点で、医者も同様である——産婦人科医は、妊婦を美的あるいは性的に見ることを括弧に入れる訓練を積んでいる(5)。しかし、この訓練がきちんとできていないと、ときとして悲劇が発生する。例えば、外科医は、手術のとき、患者をたんなる手術の対象物として突き離して見る訓練を積んでいるが、身内が患者のような場合には、時として「相手が手術で苦しむのではないか」といった人間的感情を拭い去ることができず、メスの操作が狂うことがあるという。他方、未熟な外科医の場合、手術が終わったあとでは患者を生きた人間として見るべきなのに、依然、相手を物のように突き放してしか見られない(19)。

G　その上で、②善(法的判断)においては、①真(認識的判断)や③美(美的判断)を基礎とし、それに基づいて、善独自の判断を行なうという関係に立つ。いわば、善(法的判断)の判断の全体は、第一次的に①真(認識的判断)や③美(美的判断)を行ない、これを受けて、その次に②善(法的判断)を行なうという二重構造になっている。

その意味で、チャタレー事件と悪徳の栄え事件で適正な判断を下すためには、まずは美的判断(作品の芸術性など)を下し、その結果を踏まえて、次に法的判断(わいせつかどうか)に進むべきであった。「芸術性と猥褻性とは別次元の概念だから、芸術性の主張は猥褻性の判断に関係ない」で済むようなのんきな話ではない。それはちょうど、法律上の因果関係の判断において、事実的因果関係の判断(①真)を踏まえて、法的な判断(②善)を行うのと同様の困難さがある。例えば公害事件では、たとえ①真(認識的判断)につき、事実上の因果関係の立証が不十分であっても、②善（法的判断）においては、言われなき被害を蒙った被害者救済の観点から、ある程度以上の心証が得られた場合には、その得られた心証度の程度に応じて法的な因果関係を肯定するという独自の工夫をこらされることがある[20]。

2-12 リスク評価論の外（科学裁判の躓き）

以上のことは芸術裁判（美的判断と法的判断の関係）に限らない。科学裁判でも同様である。ここでは、認識しかも専門的分野の認識と法的判断との複雑精妙な関係が問われている。そのことを痛感したのは、本事例として紹介した本ＧＭイネ裁判（仮処分手続）の２００５年10月、二審の判断のときである。耐性菌問題に対し、一審裁判所は、申立人の危惧は「未だ証明がない」という慎重な事実認定だったのに対し、一審より短期間しか審理しなかった二審の裁判所は、相手方が科学的に公知の理由に基づき「ディフェンシンがイネの細胞から外部に出ないから耐性菌の出現の可能性は皆無である」と主張したのを全面的に採用し、原告市民やその協力者である研究者らの危惧は「杞憂」にすぎないと断じた[18]。しかし、実は、相手方の「ディフェンシンがイネの細胞から外部に出ない」という主張の根拠こそ、逆に科学的に公知の事実に基づき成立しないものであることが明らかなものだった。

これほどまで科学的に根拠薄弱な事実認定をいとも自信満々にやってのける裁判所を目の当たりにして、私は自問自答せざるを得なかった――この恐るべき過信はどこからくるのか、と。

思うに、一つは無知から来るのだろう。それは、前述した認識と法的判断の関係に関する無知である。おそらく、裁判所には①真（認識的判断）と②善（法律的判断）の関係、両者の峻別とその関連性について明確な自覚はないだろう（そのことは、チャタレー事件最高裁判決の問題点が何であるか聞いてみれば一発で判明する）。①真（認識的判断）と②善（法律的判断）の峻別の必要性を自覚している者なら、どんなに困難に満ちたものであろうとも、専門的分野の徹底した認識に向かうことの重要性を自覚できる。なぜなら、この認識の次元でミスったら、どんな立派な法的判断を下したところで、取り返しのつかない結果になるからである。それは、事実として犯罪をやっていない者をやったと認定する冤罪を見れば一目瞭然である。

したがって、二審の裁判所は、事実関係は専門的でどうもよく分からないから適当なところで判断して、あとの法的判断も漫然と「まあ、いいか」と下したとしか思えない。というのは、裁判所は、すぐそのあとで、原告市民が指摘した「相手方は、野外実験の承認を得るにあたって、申請書に本来なら『コマツナのディフェンシン』と書くべきところを、偽って『カラシナのディフェンシン』と書いた。これは重大な違反である」という点について、原告市民の指摘した事実をあっさり認め「遺憾である」とまで言っておきながら、それに続けて、しかしその違法性の評価については「実験承認手続に重大な瑕疵があるとは評価できない」(13頁)と、なぜこれが重大な瑕疵にならないのか一言も理由を明らかにすることもなく法的判断を下したからである。しかし、これは遺伝・育種学や分子生物学のイロハを知る者にとって驚異=脅威である。たとえ同じアブラナ科の植物とはいえ、コマツナとカラシナではその遺伝子の塩基配列は異なり、それゆえ、コマツナとカラシナのディフェンシンでは、いもち病菌等に対する作用も異なり、それゆえ、遺伝子組換え実験の安全性の確認についても、それぞれ別個独立に検証しなければならないもので、同じアブラナ科の植物だからどちらでもたいした違いはないと評価することなど思いも及ばないからである。これでは、コマツナをカラシナのディフェンシンと偽って記載した事実はないと必死に弁明した被告=本事例の研究者たちも、きっと浮かばれないだろう。徹底した事実認識に向かうことの重要性を自覚しない人たちの手にかかると、こうした関係者全員に不幸な事態をもたらす。

2-13 リスク評価論の躓き

リスク評価論はこれら芸術裁判や科学裁判の喜悲劇を対岸の火事として済ますことはできない。その出火源は裁判（科学裁判・芸術裁判）もリスク評価も同一だからである。

つまり、リスク評価論でも、(a)①真（認識）と②善（道徳・法・実践）の両方の次元が存在し、(b)一方をもって他方を省略したり、代用することはできず、必ず両方の判断を行なう必要があり、(c)おのおの判断においては、それ以外の次元（①真〔認識〕であれば、②善と③美、②善〔道徳・法・実践〕の次元であれば①真と③美）を括弧に入れて判断する必要があり、(b)両者の関係については、①真（認識）の判断を基礎として、それに基づいて、次に②善（道徳・法・実践）独自の判断に進むという手順を取る必要がある。つまり、リスク評価とはこうした二重構造を持った善の判断の一つである。

ところで、①真（認識）の判断なら、その適正な判断のための文化的訓練を積んだ者＝科学者がおり、③美の判断なら、その適正な判断のための文化的訓練を積んだ者＝芸術家がいる。しかし、本質は②善（倫理・法・実践）の領域の判断である「リスク評価」について、上述の科学者や芸術家に匹敵するような、その適正な判断のために必要な文化的訓練を積んだ者はいるだろうか。

現在、リスク評価に関わる大部分の人たちは、リスク評価の対象となる分野の科学者、研究者たちである。しかし、彼らは①真（認識）の判断ならその適正な判断のための文化的訓練を積んだかもしれないが、②善（道徳的）の次元の判断については別に特別な訓練を受けてきたわけではなく、素人同然の筈である。

ましてや、二重構造を持った善の判断において、最初の①真（認識的）の次元の検討で、その方面の専門家として判断を下しておきながら、引き続き、これとは独自の判断である②善（道徳的）の次元の検討で、善に関する文化的訓練も受けていない彼らに、①真（認識的）の関心を括弧に入れて、自ら下した認識的判断を引いた目で適正に判断することを期待できるだろうか。実際は、最初の①真（認識的）の次元の検討で出した結論を、そのままズルズルと②善（道徳的）の次元の検討でも肯定してしまう可能性がかなり高い。なぜなら、最初に自分たち自身で検討して確信をもって導き出した認識的判断を、次の②善（道徳的）の検討において、これを否定することも含めて突き放して判断することは、そうした文化的訓練を受けたことがない人には、人性の本質上まず不可能であると言うほかないからである。その結果、このとき、彼らは、いわば善（倫理・法・実践）から真（認識）へ逃亡する恐れが高い。

さらに、リスク評価が実際に問題となる場面とは、そもそも科学の探求を尽くしてみたが、それでもなお危険性について確実な判断が得られなかったときである。つまり、科学の力が尽きたところで、初めてこの「不確実な事態」をどう評価するのかという判断が問われる時である。だから、リスク評価の場面とは厳密には科学の問題ではなく、科学の限界の問題である。その意味でも、科学者がリスク評価の判断者として相応しいとは限らない。科学の問題に通暁している専門家＝科学者が必ずしも科学の限界の問題にも通暁しているとは限らないからである。

その意味で、リスク評価の判断者として相応しい人とは、科学というシステムの内部で優秀である科学者ではなくて、むしろ科学の限界というい わば「科学のメタレベルの問題」あるいは数学基礎論に対応するようないわば「科学基礎論の問題」に通暁している者である。

では、②善（道徳的）の領域の専門家である法律家はどうだろうか。

確かに、法律家は②善（法的）の適正な判断のための文化的訓練を積んだ者である。しかし、すでに見た通り、20世紀までの法律家は、一般的、日常的な事実を前提にした②善（法的）の適正な判断の文化的訓練を積んでいるかもしれないが、いったん科学的、あるいは芸術的に専門的な事実になるや、その文化的訓練は発揮されないにひとしい。それは彼らが、前述の文化的訓練の何たるかをほとんど自覚していないからである。だから、従来の法律家では科学的な専門的知見が前提となるリスク評価では使い物にならない。このとき、彼らは、前述の研究者たちとは反対に、真（認識）から善（倫理・法・実践）に逃亡するだろう。

2-14 科学の限界の不承認について

研究者・専門家の特徴の一つは、研究者同士の世界（いわば内部の世界）でなら正直に認めるのに、ひとたび食品安全委員会のような場（いわば外部の世界）になると、一転して、リスク評価において自分たちが「科学の限界」に直面していることを正直に認めようとしないことである（むろん2005年のプリオン専門調査会の調査委員のように、科学の限界を正直に認める見識と勇気を持つ研究者もいる）。その振るまい方は、かりそめにも「科学の限界」であることを認めようものなら、リスク評価のケリがそこで着いてしまうかのように思い込み、怖れている節すら感じられる（「科学としてのリスク評価」であれば、科学の限界はリスク評価のスタートであっても、決してゴールではないのに）。そのため、彼等は自分たちは元々「科学の限界」には直面しておらず、科学の範囲内の問題として処理できるのだという（さながら魔法の）ロジックをひねり出す。そのロジックの一つが

「今までのところ、危険性を示すデータが検出されていない。だから、これは安全と考えてよい」

である。例えば、

① 右に紹介した遺伝子組換えイネの事例の裁判のケース

(1)リスクの一つ、カラシナ・ディフェンシン耐性菌が出現する可能性について

「実際、耐性菌の出現についての報告もない」（被告）

「何か起きるのであれば、既にカラシナ畑で起こっている」（被告）

(2)リスクの一つ、周辺の非組換えイネとの交雑防止のための隔離距離について

「これまでの知見では、交雑の生じた最長距離は25・5メートルである」（被告）

②体細胞クローン牛技術のリスク評価書（２００９年６月）

「体細胞クローン牛や豚、それらの後代（子供）の肉や乳について、栄養成分、小核試験、ラット及びマウスにおける亜急性・慢性毒性試験、アレルギー誘発性等について、従来の繁殖技術による食品と比較したところ、安全上、問題となる差異は認められていません」（食品安全委員会）。

すなわち、これらは危険性を示すデータが検出されないことを安全性を導き出す根拠にしている。しかし、検出されないことがはたして安全性を導き出す合理的根拠たり得るだろうか。

そもそも近代科学において、「データ」とはどうやって検出されるものなのだろうか。実はデータは見つかるものではなく、私たちが見出すものである、それもしばしば、ベーコンの指摘の通り、自然を拷問にかけて自白させるやり方によって。

例えば、もしアインシュタインの一般相対性理論がなかったら、皆既日食で、太陽の近傍を通る星の光の曲がり方を示すデータは決して検出されることはなかったろう。むしろ、このデータは一般相対性理論によって初めて存在するに至ったのである（その詳細はH・コリンズほか『七つの科学事件ファイル』１０４頁以下参照）。また、10^{-21}〜10^{-23}秒しか寿命がない素粒子の存在を証明するデータが自然に見つかることは凡そあり得ない。つまり、一般相対性理論や素粒子の科学的な仮説が先行し、なおかつその検証のために必要な実験装置が考案されて初めて、これらのデータが存在するに至るのである。

そうだとすれば、リスク評価においても、科学の限界のために、いかなる具体的な危険な事態が出現するかを予見できず、その具体的な危険性を検証するための実験装置も考案できない状況下で、その危険性を示すデータが存在するに至ることなど（危険な事態が現実化した場合以外に）およそあり得ない。

これに対し、危険性を示すデータが検出されないことを安全性を導き出す根拠としてよいと説明するためのロジックとして使われるのが、問題の新技術は「従来技術の延長＝実質的に同等にすぎない」から、あるいは体細胞クローン技術は「（安全性が取り沙汰されている）遺伝子組換え技術とは全く別物」だから、といったものである。

しかし、そもそも「従来技術の延長にすぎない」かどうかはリスク評価をしてみて初めて判明する結果なのに、それをリスク評価のための材料にするのは本末転倒である。また、従来技術の「延長＝実質的に同等」かどうかは真（認識）の次元ではなく、価値判断の次元の事柄である。それを科学的検討を行なうと称する場で実施することは越権行為というほかない。

また、体細胞クローン技術について、DNAを組み込まれる立場（ここでは卵子）からすれば、一部のDNAを組み込まれるか（遺伝子組換え技術）、それとも核全部のDNAを組み込まれるか（体細胞クローン技術）という違いでしかない。丸ごとDNAを組み込むから、一部だけのDNAを組み込む遺伝子組換え技術とちがって安全だという科学的根拠はどこにもない。

2-15　善（倫理・法律）の判断とはどういうことか

善の判断とは一言で言って、価値観をめぐる判断である。現代社会は多様な価値観が共存する場だから、善の判断もまた、多様な価値観の衝突の調整ということになる。

ここで取り上げたいことは、「多様な価値観」の変容という問題である。今、それを時間と空間の二つの軸に沿って取り上げる。

(1) 時間軸をめぐる「多様な価値観」の変容

これまで法律・倫理が問題にして来た価値は、いまここで生きている人を対象にしてきた。

しかし、それでは不十分ではないかという問題提起がなされている。それが一方で、死者の問題（臓器移植をめぐる死の定義）、他方で、胎児の問題、さらには未だ生まれざる未来の人々の問題である。なぜこれが取り上げられることになったかというと、科学とりわけ生命科学の進歩のおかげで、人間、胎児、未来の人の価値が損なわれる恐れという新たな事態が出現したためである。

(2) 空間軸をめぐる「多様な価値観」の変容

これまで法律・倫理が問題にして来た価値は、基本的に人および人の集合（団体）を対象にしてきた。しかし、今ではそれでは不十分ではないか、動物も人間と同等の価値を享受すべき存在であり、種が異なることを根拠に差別するのはおかしいという動物の権利が取り上げられるようになった。

そこで、体細胞クローン動物技術のリスク評価にあたっては、この動物への倫理という観点からも検討すべきである。

もっとも、動物倫理の考え方として、動物が受ける「苦痛」に着目し、その苦痛を感じる能力に応じて人間と同等の価値を享受すべきであるという立場があるが、もしこれを倫理の根拠とするならば、倫理の対象は動物にとどまらない。植物でも微生物でも、彼らは悲鳴はあげないが、生命体である以上「苦痛」の可能性は否定できないからである。

例えば、ＤＮＡを大量コピーするためにＤＮＡクローニングで、大腸菌に組換えプラスミドを進入させるためにリン酸カルシウムを加え、大腸菌の細胞壁を溶かし、あいた穴からプラスミドが浸入するようにするとき、それは大腸菌に「苦痛」を与えているのではないだろうか。

また、植物で遺伝子組換えをするために、ＤＮＡクローニングと同様、植物細胞に組換えプラスミドを進入させるために、植物の細胞壁をセルラーゼという酵素で破壊し取り除いてしまい、プラスミドがたやすく細胞内に浸入できるようにするとき、それは植物細胞に「苦痛」を与えているのではないだろうか[19]。あるいは、植物で遺伝子組換えをするために、パーティクルガン法で、目的の遺伝子を結合させた微粒子を弾丸としてガンで植物細胞に撃ち込むとき、それは植物細胞に「苦痛」を与えているのではないだろうか。

これに対し、何を寝ぼけたことをと思うかもしれない。しかし、人類は少し前まで、肌の色がちがうというだけで相手を同等の人間と見ることができず、あるいは非ヨーロッパ人というだけで、召使の彼らの前で平気で裸になるなど、相手を同等の人間と見ることができなかったのである。今抱いている私たちの価値観がどれだけ普遍性を持ち得るのか、実は何も検証していないのである。

2-16 美（快・不快）の判断とはどういうことか

リスク評価の中に美的な判断などという非科学的な評価を持ち込むのは論外であるというのが、リスク評価関係者の大方の考えだと思う。

確かに、芸術至上主義的に、美的判断がリスク評価の最終判断となることは問題だろう。しかし、美的判断というものをバカにはできない。なぜなら、美的判断には、（常とは言わないが）原初的、直感的に本質を捉える場合があるからである。

例えば、多くの市民たちが、なぜ、あれほどまでに強く、遺伝子組換え食品に反発するのか——ひとつには、遺伝子組換え食品に対し、彼らはごく素朴に、何かおぞましい、得体の知れない「不快」な感情を抱かずにはおれないからである。これは厳密なバイオ技術の理解に立脚したものではないとしても、遺伝子組換え技術が、従来の品種改良技術とは断絶した、種の壁を強引に突破する力業であることを知ったとき、生命現象に対するその強引な介入行為に対し、同じ生命体として、思わず、おぞましく、許し難い「不快」な感情がわき上がってくるとしたら、それは十分理に適ったことであり、リスク評価の最初の一歩として極めて貴重なものではないかと思う。これがリスク評価の美（快・不快）的判断である。

また、狂牛病でのたうち回り狂死に至った牛の映像を見た市民たちが、これは「これまでの病気のイメージ」とは隔絶した、生命体が罹るべき病気の限界を越えたとしか思えないような、何か、悪魔に呪われているのではないかと思わずにおれないような、おぞましく、許し難い「不快」な感情がわき上がってくるのを押さえられないとしたら、それもまた十分理に適ったことであり、その判断が検査方法として様々な検出限界を指摘され、検査費用もかさむと散々ケチがつけられたにもかかわらず、利害打算を超えて、全頭検査が多くの市民に支持された根拠になっていたと思われる。これもまたリスク評価の美（快・不快）的判断というものである。

むろん、これまでも、リスク評価の場で、こうした市民の声は暗黙のうちに反映されていた。しかし、それはあくまでも「科学的評価」というリスク評価の正式な判断手続の外野席で、こっそりと取り上げられ（もっとも、大抵は無視され）てきた。しかし、リスク評価の「解き方」によれば、こうした市民の声はリスク評価の手続の真っ只中で正面から取り上げられるべき事柄であり、それこそが正しい「解き方」である。

2-17 リスク評価の判断者とは誰か

以上から、リスク評価の正しい「解き方」によれば、誰が判断者として相応しいかも自ずと明らかだろう。

これまでリスク評価は専門家＝科学者がやるものと相場が決まっていた。しかし、リスク評価の本質は科学の問題ではなく、その限界の問題である。ところで、科学の問題に通暁している専門家＝科学者であっても、その人は必ずしも科学の限界の問題に通暁しているとは限らない。そうだとすると、ここで必要な専門家とは、第一に、科学というシステムの内部で優秀であるような科学者ではなくて、むしろ科学の限界といういわば「科学のメタレベルの問題」

あるいは数学基礎論に対応するようないわば「科学基礎論の問題」に通暁している者が相応しい。

他方で、リスク評価とは科学の限界を踏まえて、善（倫理・法律）と美（快・不快）の判断を導入して、それらを総合して判断することである。したがって、ここで必要な専門家とは、科学者というより、善や美の方面の文化的訓練を受けた別個の専門家が相応しい。そして、ここで美的判断者として相応しいのは別に美学者でも芸術家でもなく、食の安全と安心についてごく普通の良識とセンスを備えた一般市民である。

ただし、善や美の適正な判断は、真（認識）の適正な判断を基礎にして初めて可能となる。そのために、善的判断者や美的判断者は、予め真（認識）の判断を十分正確に理解しておく必要がある。そこで、彼らと前記の科学の限界に通暁した専門家との緊密な連携作業が不可欠となる。であれば、科学の限界に通暁した専門家の側でも、科学の限界について、一般市民に理解可能な言葉でもって語れる能力（しかし、昨今の専門家でこれを備える者を見つけ出すのは至難の技である！）を備えることが必須となる。

2-18 現代型リスク評価の課題（小括）

もう一度くり返すが、もともとリスク評価の本領は②善（倫理・法・実践）の次元にある。

しかし、そこで適正な対策を実行するためには、その前提として、①真（認識）の次元で、「不確実な事態」という原因の徹底した認識に向かうことが不可欠である。ところが、厄介なことに、そこで直面するのは科学というより科学の限界の問題である。そこで、①真（認識）の次元を立派にやり遂げるためには、科学の限界に通暁し、かつ真（科学）の文化的訓練を受けた専門家が不可欠である。

しかも、次の段階の善（道徳・法・実践）の検討では、改めて、その方面の文化的訓練を受けた別個の専門家により行なう必要がある。さらに、真（科学的認識）の判断を基礎にして初めて善の適正な判断が可能となるのであって、そのためには、彼らも予め真（科学的認識）の判断を十分正確に理解しておく必要がある。

したがって、これを一人二役でこなすことは実際上不可能である。そこで、リスク評価には、少なくとも上述の二種類の専門家同士の緊密な協働作業（＝ネットワーク）が必要不可欠である。

以上から、とりわけ現代型リスク評価（「不確実な事態」をその当時の科学水準に照らし、その危険性を科学的に予測することが不可能なケース）において大切なことだが、リスク評価の急務とは、

①リスク評価の正しい「解き方」に基づいてシステムと評価方法を再構築することであり、

②科学の限界に通じ、一般市民に理解可能な言葉でもって語れる専門家＝科学者を育成すること

である。後者の実現のためには、従来の、異業種交流といっても所詮同業者（科学者）内部の交流でしかないシステムでは全く使い物にならない。改めて、近代科学の祖デカルトが実行した原点に戻り、食の安全と安心についてごく普通の良識とセンスを備えた一般市民＝「世間」という大きな書物と交流し、そこから学び直す新たなシステムが作り上げられなければならない。

2-19　法律家にとってのリスク評価（食の安全と職の安全）

２００７年夏、私は日本弁護士会連合の夏季消費者セミナーに初めて参加し、そこで、食品安全委員会の人に初めて話を聞く機会があり、リスク評価を行う食品安全委員会には法律家の委員が皆無だと知った。言うまでもなくリスク評価は純然たる科学的評価などではなく、あくまでそれを踏まえた政策的価値判断である。だとすれば、ここは真

理探求を本業とする科学者より、事実認定を踏まえた法的価値判断のプロである法律家が本領を発揮すべき場である。にもかかわらず、法律家が皆無なのはなぜなのか。食品安全委員会が法律家を敬遠するのは理解できるとしても、「それはおかしい」という声が法律家の側で上がらないのはなぜか。

ひょっとして、法律家は、リスク評価の取組みを敬して遠ざけているのではないか。2005年の狂牛病に端を発した米国牛肉輸入問題ひとつ取っても、「真理と政策」のはざまで揺れ動く食品安全委員会の科学者の委員たちの狼狽ぶり、混迷ぶりが明らかであり、こんなぶざまな真似を反復したくないと密かに思っているのではないか。確かにこれらの科学者たちは、食の安全のリスク評価に直面して、翻弄されているように見える。しかし、なぜ彼らが翻弄されるのか。もちろん彼らに対して自分たちの科学研究の財布の紐を握っている国・産業界からの有形無形のプレッシャーがあるからだろう。しかし原因はそれだけではない。狂牛病のようなリスク評価は、科学の力が尽きたところで、この「不確実な事態」をどう評価するのかという判断が問われているからである。それは科学の限界に関する問題であり、科学者が翻弄されるのは当然である。しかし科学者の翻弄を法律家は対岸の火事として済ますことはできない。なぜなら、純然たる科学的認識ではなく、社会の対立する様々な諸価値の調整を最終任務とするリスク評価は本来、価値の調整を任務とする法律家のような者たちの職責だからである。法律家が伝統的な職の安全に立てこもることはもはや許されない。

とはいえ、リスク評価は法律家にとっても鬼門である。なぜなら、リスク評価もまた科学者以上に法律家の正体を情け容赦なく暴くからである。前に紹介した遺伝子組換えイネの野外実験の差止裁判（仮処分手続）の二審で、2005年10月、東京高等裁判所は、組換えイネが作り出すタンパク質（ディフェンシン）が「仮に外部に大量に流出しても耐性菌が出現する可能性は低い」と耐性菌出現の可能性を認め、にもかかわらず住民側の耐性菌の危険性の主張は「杞憂」であると断じた。また、実験の承認申請書に導入する遺伝子をコマツナ由来と書くべきところ、別の植物（カラシナ）由来と記載した事実を認め、にもかかわらず、その事実は承認手続の重大な瑕疵とは言えないと判断した。

それはこれを読んだ科学者たちを唖然とさせた[20]。裁判所は「カラシナもコマツナも同じアブラナ科植物で、そのディフェンシンのアミノ酸配列はちょっとした違いだから、その程度のちがいなら実験の承認にとって別にたいした問題ではない」と考えたと思われる。しかし、タンパク質を構成する1個のアミノ酸配列の違いがタンパク質の作用効果に大きな違いをもたらすことがあるのは本GMイネの開発者も認める分子生物学の常識である。しかし、裁判官は、耐性菌出現の可能性も組換え作物が作り出すタンパク質のちがいの問題についてもろくに理解しないまま科学的事実を認定し、今のところ「危険性を示すデータが検出されていない」、だから、「判らないけど、ま、いいか」と実験の法的評価を、つまり実験を許容したふしがある。それが科学者の厳しい批判にさらされたのは当然である。

法律家は対立する価値を調整し、一見もっともな法解釈技術を駆使するプロかもしれない。しかし、その前提として目の前に起きている科学的事実を正しく認識できないのならその価値はゼロにひとしい。ましてや、この時「危険性を示すデータが検出されていない限り安全である」といった俗論に逃げ込むのは最悪である。認識なき価値判断は空虚である。法律家にとっても試練の時はすぐそこである。

2-20 法律家にとってのリスク評価（法律家の戸惑いの告白）

法律家にとってリスク評価は躓きの石みたいなものである。

法律家が「リスク評価」に躓く理由は一つには、それが科学に基づくものだからだろう。というのは、法律は何を隠そう、世の中の多種多様な専門分野の中でも、最も科学から遠ざかった分野だから。文学でさえ、ピアジェの構造主義やチョムスキーの生成文法、ヤコブソンの構造主義的言語学などの一流の科学的研究の成果を踏まえているのに、法律にはそれすらない（構造主義的法律学すらまだ登場していない。その昔、川島武宜が「科学としての法律学」に挑戦したが、それも彼だけで途切れてしまった）。

数年前の夏、法律の最先端分野と言われる特許法を精読したが、発明の機械的、形式的な把握の仕方というレベルの低さに唖然とした。こんな機械的な発想では、最先端の科学や技術の成果である発明の本質にとても肉薄できないだろう、それができないようでは、いくら法律的な議論を深めていったところで不毛でしかない、と法律の先行きを考えて暗澹たる気持ちにすらなった。

もう一つ、私には個人的な思い込みがあって、科学に躓く傾向があった――科学とはもともといかがわしいものである、と。小学校3年生のとき、クラスの女の子から「1+1は?」というトンチクイズを出され、「2だ」と答えると、彼女に「ブブゥ、残念でした。答えは1です」きょとんとする私に向かって彼女は言い放った。「だって、1個の粘土にもう1個の粘土を足してごらん。粘土は1個よ」これ以上完璧な答えはなかった。私は言葉を失った。以来、学校で教える科学と称する学問は、それは単にテストで○をもらうための方便でしかなく、科学は真理とは無縁のものであるというのが私のひそかな確信となった。

しかし、にもかかわらず、私は、現在、科学以上に信頼を置いている分野はない。それは、科学が時と場合によっていかにいかがわしさと隣合せのものであろうが、それがいかにまだ未解明なものを数多く抱えていようが、要するに、ごまんと様々な欠点を抱えていようが、にもかかわらず、それらを上回るただ一つの長所を持っていると思えるからだ。それが「証明」である。つまり、ある命題が証明されていない限り、科学はその命題の存在を主張することは許されないとしていることだ。それは権威や多数決を否定することである。そのことを教えてくれたのが数学者遠山啓であり、言語学者チョムスキーだった。遠山啓によれば、直角三角形に関するピタゴラスの定理は、経験的には古代エジプトで明らかであったが、古代ギリシャが要求したことは、それを真実であると主張するために証明することであった。古代エジプトのように、王の権威でもってこれを真実とせよと命ずることを認めなかった。あくまでも証明が求められ、その結果、どこの馬の骨か分からないような人物(ピタゴラス)でも、それを証明し得た以上、受け入れられた。

この証明の精神こそ、過去、現在、未来にわたり科学が信頼を持ち得るほとんど唯一の基準のように思える。

ところが、今はやりの「リスク評価」は、この証明精神を骨抜きにするための、いかがわしさに満ち溢れているのではないかと思うことがある。なぜなら、証明とは、本来、ある命題を積極的に証明することであるのに対し、その反対の命題が証明されていないことをもって、こと足れりとするようなロジックがまかり通っているからだ。例えば、遺伝子組換え生物が外界に及ぼす危険性について、本来であれば、「そのような危険性がないこと」について証明してみせるのが科学である。しかし、世の中で往々にまかり通っているのは、上の命題の反対の命題「そのような危険性があること」を持ち出して、その命題を根拠づけるデータが今のところ示されていないことをもって、「そのような危険性があること」は今のところ証明されていない、だから、「そのような危険性がないこと」と考えてよいという結論、あるいはそのような結論を前提にした対策が導かれていることである。これは、あたかもピタゴラスの定理について、「直角三角形の2辺の2乗の和は、斜辺の2乗にひとしい」とは限らないという命題が今のところ証明されていない以上、「直角三角形の2辺の2乗の和は、斜辺の2乗にひとしい」という命題が証明されたと考えてよいというのと同様である。

これはインチキではないか。なぜなら、証明とは元来、その命題を積極的に証明することであって、その反対命題を成立しないことを暫定的、消極的に示しただけでは足りないのは明らかだからだ。

しかし、こうしたインチキが堂々とまかり通っているのを見ると、これは確信犯ではないかとすら思う。つまり、「リスク評価」は科学に基づく必要はなく、単に科学に基づいているように見せかけることができさえすればよいのだ、と。言い換えれば、「リスク評価」は偽装科学が活躍する舞台だ、と。

しかし、これは何も特別なことではない。マキアヴェリは、君主論で、君主は聖人である必要はないが、そう見える必要があるということを言っている。それと同じことだからだ。つまり、「リスク評価」もまた科学に基づく必要がないが、そう見える必要がある、そして、それ以上でもそれ以下でもない、と。

その意味で、「リスク評価」はマキアヴェリの「君主論」と同じで、本質的に「政治」の領域の問題である。もっと言えば、マキアヴェリの「君主論」が、いかにして大衆の支持を獲得するかという「広告」の問題であるのと同様、「リスク評価」もまた、いかにして大衆の支持を獲得するかという「広告」の問題である。

それゆえ、「リスク評価」を有効に分析し、批判するためには、科学者や法律家というより、マキアヴェリのような冷徹な政治批評家や広告批評家の才能と力量が求められる。もちろん、この指摘自体が、現在「リスク評価」を推進している人たちにとって容認しがたいことだろう。しかし、今まず必要なことは、「リスク評価」のやり方はいかにあるべきかを問うことではなく、現在進行中の「リスク評価」の正体の科学的分析である。それが適正に科学的に分析されれば、そこで、きっと「政治」であり「広告」であることが明らかにされるであろう。

つまり、まずは、「リスク評価」が科学であることをまとった「政治」であり「広告」であることを科学的に証明した上で情報公開すべきである。

その上で、科学であることをまとった「政治」であり「広告」である「リスク評価」を、では、どうしたら、よりまともな「政治」であり「広告」として機能し得るようになるのか、という課題に初めて正面から取り組むことが可能になるだろう。ここでもまた、私は、科学的精神のエッセンスである「証明」が最大の武器になり得ると思う。但し、今度は、「リスク評価」が対象としている遺伝子組換え生物といった不確実な現象だけではなく、それらの開発をめぐる有象無象の利害関係人の利害衝突という魑魅魍魎（ちみもうりょう）とした不可解な現象の「証明」である。その意味で、科学的精神の「証明」が活躍する出番はまだまだ無尽蔵にあり、新たなに「政治」の科学者、「広告」の科学者の出番も無尽蔵にある。この意味で、法律家の私に「法律」の科学者として何ができるのか、「リスク評価」を通じて、突き付けられ続けている。

座談会

本書の誕生まで

重野「早速ですが、始めさせていただきます。本日は、皆様校正刷を読んだうえでお越しいただいておりますので、すでに本書の各章の内容につきましてはおわかりいただいていると思いますが、この場で改めて、それぞれお書きになりましたことについて簡単にご説明いただいたうえで、質疑を含めつつ、掘り下げていければと思います。」
福岡・柳原「はい。」
重野「その前に、今回の本が生まれた経緯について、触れておきたいと思います。本書は、青山学院大学の総合研究所（以下、「総研」と略）の二〇周年記念事業の一環として企画されました特別プロジェクトの成果を刊行するものです。プロジェクトのタイトルは、ちょっと長いですが、『科学技術の発展と心的機能から操る安全と危険のメカニズムに関する総合研究』です。二〇周年記念プロジェクトですが、通常のプロジェクトと同様に、審査を受けて採択されたものです。二〇周年記念プロジェクトはもう一件採択されて全部で二件あります。特別プロジェクトについて最初に福岡さんと打ち合わせをしたときに、まず応募テーマを決めようということで、私たちは、それぞれ心理学、生命科学、法律と専門分野が分かれているのですが、将来に向けて、人類が生きていくために必要なこととして、今日の科学技術の進歩のなかに潜む危険やリスクについて提言ができないだろうか、安全とは何か、危険とは何か、そして、安全と危険を分けるボーダーラインがあるのだとしたら、どういったようなことが考えられるのか、というようなことについて、私の研究室で話し合った記憶があるんですけれども。」
福岡「そうなんです。」
重野「率直に申しまして、今回の私のテーマ、『安全と危険』は、私の直接の専門ではなかったのですが、当時総研の人文科学研究部長をしていた関係で、総研の二〇周年にあたり、福岡先生と一緒に組んで研究してはどうかという話になりました。それで、研究室のほうに福岡先生に訪ねてきていただいて、話し合いをしまして。人文科学、社会科学、それから自然科学という三つの分野から、科学技術の発展をにらみながら、その一方で農業における遺伝子操作とか食品の薬品添加の問題ですとか、そういうことを含めて、日常生活に近いところで、食を中心にしながら、安全と危険について考えていくということで、柳原先生にもご参加いただいてスタートしました。」
柳原「はい。」
重野「そして、まず2008年10月4日に二〇周年を記念して公開講演会「地球規模における平和・安全・安心」が総研主催でおこなわれたときに、このテーマも取り上げられました。そのときに、安全と危険について、地球規模で考えよう、大きく考えようっていう、提案がなされました。」
柳原「ああ、はい。」
重野「そこで私たち三人は、それぞれの立場からの提言をするということで、研究が進められ、成果刊行のために本書が執筆されたという経緯があります。そして、それぞれが執筆したことに基づいて、三人で座談会を持つよう、総研の外部審査員の先生から要請があって、本日お集まりいただいたわけです。」
福岡「ええ。」
重野「第1章が私、第2章が福岡さん、第3章が柳原さんですので、まずこの順番に本書に書いた概要を補足しながら述べ、適宜ご質問があればお答えして、その後で、三人のディスカッションに移りたいと思います。」
福岡・柳原「はい。」

第1章「家庭生活における安全と危険」について

重野「それぞれ、自分の専門の立場で述べるということなんですね。私は、先ほども申しましたとおりで、安全・危険についてはあまり専門ではないんですけども、プロジェクトのために、いくつか実験をおこないました。じつは、原稿の締め切りが早かったので、まだ整理しきれてないところ、データの整理が終わってないところなどもありますが。」
柳原「ああ。はい。」
重野「初稿の段階で、出版社の方にはご迷惑をおかけしますが、ちょっと手直しすることになると思います。ですから、あらすじはこういう感じだというところで、校正刷を読んでいただければと思います。」
柳原「はい。」
重野「で、私のところは、日常生活、それから家庭のなかでよく体験する場面ということを中心に考えて、まず食べるということ、お風呂に入るということ、それからインターフォンに出るということを取り上げました。これらは日常的に、ほとんど毎日のようにやっていることだと思います

ので。その辺について認知心理学的な実験をおこなって、人がどういうふうに対処しているのか、そのなかで、安全や危険というのは、どういうふうに考えられているのかを探るというのが目的です。あまりこういう先行研究がないものですから、とにかく実験をやってみてどうなるかを見ようという感じでした。それから、四番目として、日常生活のなかで、何かをしながら、たとえば、子どもの世話をしながらとか、介護をしながらとか、お掃除をしながら、台所の様子に気を配るなんてことはよくあるわけなので、そのような場合、音だけで安全や危険を判断しなければならないことも多いわけです。音だけで、どれだけ安全や危険をキャッチできるんだろうかという実験も加えました。これは私の専門が聴覚なので、特に加えたということもあるんですが。この辺について調べるという目的で四つの実験をおこないました。」

柳原「はい。」

重野「で、結果は、お読みいただいたとおりなんですが、簡単に要約すれば、まず食べるということに関していえば、もともと人間は、五感があるわけですけれども、七割ぐらいが視覚情報に頼っていると言われています。視覚的動物という別名があるくらい、視覚に依存しているんです。結果は、やはり、これを裏付けるものでした。味覚判断等は、本来嗅覚や味覚によって判断がおこなわれると考えられがちですが、じつは視覚がベースになっていて、情報処理のなかで、非常に大きな役割を持っているという結論になっています。味わったり食べたりする場合にも、見た目っていうか、色とか形とかがとても重要なんです。実験の結論としては、一番最後のところにも簡単にまとめたんですが、見た目というのが非常に中心的なもので、それはたぶんメモリーカラーとか、長いあいだの経験とか、そういうものによるのだろう、そして生産者なり料理をつくる者なりはそういったものに気を配っている。しかし逆に見た目にだまされないようにもしなくてはならないというようなことを書きました。

　それからお風呂に入ることについては、今、たくさんの種類の入浴剤が売り出されていて、かなり、売れているようです。これからこれまで経験したこともないほどの高齢化社会になりますが、入浴剤についてみると、入って気持ちがいいっていう効用の面が非常に強調されています。何とか温泉の成分ですとか宣伝されていますが、じつはその色とか香りとか、そういったものには無視できない部分があります。特に、たとえば高齢者がお風呂に入るときに、浴用剤のどういうところに注意が向くか。たとえば色ですとか香りですとか。それからにごり湯っていうのはすごく人気があるんですけれども、じつは高齢者の場合、風呂桶の深さの感覚がうまく取れないとか、いろいろ問題があるようにも思います。この入浴剤について、これは、ビデオ映像を用いた実験なんですけれども、印象を尋ねるという実験をおこないました。実験にあたって入浴剤についていろいろ調べたのですが、意外だったのは、着色料が、自然の物質を使ったものもありましたが、ほとんどが赤色何号、青色何号というような、人工的なものを使っているということでした。

その次が、インターフォンに出る実験で、これは、振り込め詐欺等が問題になってますが、振り込め詐欺も最近はうちに訪ねてくるというものもあるらしいですし、宅配便が非常に普及していますので、インターフォンで対応するっていうことは非常に多いわけです。玄関を開けてしまうかしまわないかで、その後の展開が非常に違ってくるということもあながちドラマの中のこととも言えないわけです。ガス会社や水道局の検査ですとか言われてうっかりドアを開けて入れてしまったために、殺人事件など、大変なことになってしまったということも、過去にありました。そういうこともありますので、私たちはいったいどういう基準で、開けるか開けないかの判断をしているかというのを調べました。結果は、書いてあるように、意外と、笑顔であるとか、それから、宅配便であれば制服、帽子を着用しているとか、そういったことが思い込みをつくってしまって、そのあとの行動がそれに引きずられてしまい、危険を招く可能性があるのではないかというように考えています。

そして、最後の、日常生活における音というのは、まだ充分にデータを処理しきれていないんですが、今回の結果で見ると、音の物理的な性質、たとえば大きな音とか、突発性の音っていうのは、よく危険を知らせると言われますが、では、音自体が突発的ではなく、音量もそんなに大きくなければ安全と判断されるかっていうと、必ずしもそうではないんですね。その音は何の音かっていう識別ができたところで、過去の、その音の使われている場面とか、目的とかそういうものが同時に情報処理に入ってきてしまうんです。で、今回例に取り上げているのは、たとえば救急車のあの、ピーポーっていう音ですけれども、あれは音自体としてはそんなに危険を感じさせる音ではないんですけれども、それが救急車と結び付いて、私たちの記憶のなかにあるために、それを危険というふうに判断してしまうということが、傾向として認められるということです。私たちの経験とか思い込みとか、そういうものが、じつは危険と安全を分けるのに、非常に重要なのではないかと思います。

本プロジェクトが企画した公開講演会のなかで、救命救急室に勤務していた看護師さんに講演していただいたんですが、今すごく医療機器が発達していて、一つボタンを押せば、いろんなことをやってもらえるんですが、操作する看護師さん自体は人間であって、そこに思い込みが生じてしまう可能性についてお話しされました。薬も、名前が一字違えば全然違うものなので、大変危険で、思い込みでうっかり間違って患者さんに投与してしまうことがあり得るので、結局最後は人間に帰してしまうという、そういうお話でした。医療機器が将来ますますオートメーション化されていって、安全が図られますというように言われることがありますが、科学技術がどんなに進展しても、最後は、人間の問題に帰してしまうんです。だから、人がどうかかわっていくのか、その、心理的な機能というところを絡めていつも見ていかないと、技術の進歩だけでは、こういう問題は解決していかないのではないでしょうかということを最後に申しあげて、私の章を締めくくっています。そういう内容です。以上が第1章の概要です。非常にかいつまんでお話しして申し訳ないんですけども。何かご質問とかございますか。」

福岡・柳原「いや、ありません。」

重野「よろしいですか。では、福岡先生。」

福岡「はい。」

重野「第2章について、お願いします。」

第2章「食の安全と危険」について

福岡「はい。私としては、研究としてリスクっていうことをいろいろ考えてきたので、どちらかというと理論面で、何かお役に立てればと思っていたんですね。で、ちょうど、柳原先生と、イネ裁判のことなどでときどき情報交換をしていたんで、そういったことも交えて考えたらいいなと思っていたんですね。ほんとは私は理論的な、リスクとは何かっていう、フィロソフィーみたいなことを考えたいと思っていたんです。けれども、総研から、福岡さんは自然科学なんだから、自然科学の研究をしなさい、みたいなご指示もありましたので、ちょっとあの、面倒くさいデータとかがいっぱい入ったレポートになっています。

まずリスクと危険ですが、私はそれを特に区別はしていませんけれども、危険って単独で存在するものじゃなくて、リスク・ベネフィットっていうふうな考え方に立つと、必ず両面性があります。それはたとえば、毒と薬は同じものだっていうふうにも言えるわけですね。それは、ある作用をするから、人間にとってはベネフィットであり、そのターゲットとなっている生物にとっては毒であるわけです。そして、そのリスクは人間にも跳ね返ってくるっていうふうな問題として、食べ物のこととか、化学物質のことなんかを考えています。

今回、実験のモデルとして、小さいハツカネズミであるマウスというものを使っています。こんにち、遺伝子操作技術を使いますと、マウスの遺伝子の情報を、消したり付け加えたりできるわけですね。で、細胞のなかには、小さく丸い細胞核という部屋がありまして、そこには、テープ状のＤＮＡが折りたたまれているわけです。で、それは言ってみれば情報のアーカイブ、ミクロなハードディスクみたいなものでして、そこからするするっとそのテープを引き出してですね、ほんとにミクロな外科手術みたいに、ある特定の遺伝子の両側を、制限酵素っていうはさみでちょんちょんと切って、情報を抜いて、残りの部分をつなぎ合わせて、もう一度細胞に戻すんです。そうすると、ハードディスクの中から、特定の情報だけを消去してしまうみたいなことが、容易にではないんですけれども、技術的には可能になってきました。

　で、この方法を使って、ネズミの体の中で働いている特定の遺伝子を消し去ってみて、それでどうなるかっていうことを調べます。こうやって特定の遺伝子を取り去ったマウスを、遺伝子ノックアウトマウスと言います。今回、二つの遺伝子ノックアウトマウス、つまり、二つの別々の遺伝子を、同時にではなくて個別に消し去ったモデルを使って、安全と危険というものを考えてみました。

　で、この章で後半に取り上げたもののほうがわかりやすいんでお話ししますと、生物って非常に長い、三八億年ぐらいの進化の歴史があるわけですけれども、その間、９９・９９９パーセントぐらいの時間、常に欠乏とか不足とか飢餓にさいなまれてきたわけですね。だから、足りないっていうこと、そのリスクに対しては、何重にも防御措置が講じられていて、あるものが足りなければバイパスを使って別のもので補ったり、それを違う方法で合成したり、あるいはそれを蓄えておくとか、いろんな仕組みが発達してきております。しかし、じつは、過剰に対しては、ほとんど、そのリスクに対して防御する仕組みというのがないわけですね。というのは、そんな過剰にさいなまれるということが、進化の途中で環境としてはなかったんです。

　で、ここほんの二、三〇年、急に人が飽食の時代に放り込まれて、過剰さというものを持て余している。では過剰、つまりある種の上限っていうのは、どういうふうに定められるのか、あるいは、過剰に対するストッパーがない状況では、生物がどうなるかっていうのを調べるために、ＱＰ

RT遺伝子というものを消去したマウスをつくってみたわけです。私たちには、どうしても食物として、外から栄養素として取り入れないと自分ではつくれないアミノ酸というものがありまして。それは必須アミノ酸と呼ばれている、九種類のアミノ酸なんです。何で人間はそんな大事な栄養素を自分で合成するのをやめてしまったのか、大腸菌とか酵母とかほかの生物は、みんな自分でつくれるのに、進化の途上で、人間はこれらの大事な栄養素を自分でつくるのをやめてしまったのはなぜかっていうのは、非常に興味深い課題なんですけれども、ちょっとそれは置いておきまして、ともかく自分でつくれないアミノ酸がいくつかあって、そのなかでも、最も大事なアミノ酸がトリプトファンというアミノ酸で、それは栄養素として摂取しないといけない。それは単にタンパク質の合成成分になるだけじゃなくて、脳の中に入っていけるアミノ酸であり、脳の中に入ると、セロトニンとかメラトニンというものの原料になっています。で、セロトニンとかメラトニンは気分とか睡眠とかにかかわる、さまざまな伝達物質として働くアミノ酸なので、トリプトファンは必須アミノ酸で、これは必ず摂らなきゃいけないアミノ酸なんです。

では逆に、トリプトファンを過剰に摂った場合、いったい何が起こるのかっていうことについては、何もわかってないんですね。じつはトリプトファンの代謝経路を見てみますと、途中で、神経細胞に対して非常に毒性を発揮する、キノリン酸というものに変換される瞬間があるんです。で、そのキノリン酸は、あっという間に無害なものに変換されて、別のものに代謝されていく。その変換のために、一箇所大事な酵素が用意されていて、その酵素が正しく働いている限り、トリプトファンが毒物として作用することはないんですが、もしトリプトファンが過剰に体に入ってきた場合、この酵素にある種の処理限界があると、その毒物となったキノリン酸を充分代謝できないという可能性があるわけですね。で、実際そういうことによって、起こっているかもしれない病気というのがいくつか知られていて、それはたとえばエイズ患者が、極度なエイズ状態になると、痴呆症状を示してしまうんですが、そのときに脳の中で、トリプトファンからキノリン酸が過剰にできて、それが処理できないがゆえに神経細胞が死んでるんじゃないかと考えられています。あるいは、ハンチントン病という不思議な遺伝病があるんですが、それも、このキノリン酸の過剰が原因じゃないかっていう所見があるわけですね。脳を調べてみると、キノリン酸が脳の中に溜まっているんです。じゃあ、それを実験的に作り出してみたらどうかということで、QPRTというキノリン酸を処理する酵素の遺伝子を、人工的に、まあハードディスクの中から消去して、キノリン酸を代謝するQPRTという酵素を持っていないマウスをつくったんですね。」

柳原「うんうん。」

福岡「で、そのマウスを使って、トリプトファンを少しずつ量を増やして食べさせていくとどうなるか、という実験をしてみました。で、結論は、普通のトリプトファン摂取量を食べさせている限りは、たとえこの酵素がなくても、ネズミは特に異常をきたしませんでした。だからたぶん、その酵素がなくても、キノリン酸を処理する何らかのバックアップの仕組みがあるんでしょう。ところが、普通の食事の一〇倍ぐらいのトリプトファンを、えさに混ぜて無理やりたくさん食べさせて、しかもその食事をずっと長く与えると、つまりネズミの寿命は二年ぐらいあるんですけれども、一年間ぐらい、つまり寿命の半分ぐらいの長い時間、ずっと食べさせ続けて観察していったんですけれども、いくつかの異常行動が現れてきたわけですね。それはたとえば、平均台みたいなものの上をネズミがちゃんと通れるかとか、しっぽを持ってぶら下げると、ネズミっていうのはそれから脱しようとして、自分で逆向きに懸垂して暴れるんですけれども、脳の中に異常があると、その行動が起こらないで無気力になってしまうとか。」

柳原「うん。」

福岡「あるいは、歩行を見るのに、これは非常に原始的なんですけど、足の裏に墨を塗って、半紙の上を歩かせて、ちゃんと一定に歩幅が付くかどうかを見るとかいう、いろんな行動検査をしてみました。トリプトファンを過剰に食べさせて半年ぐらいたつと、いくつかの異常行動が出てくるので、やっぱりトリプトファンという必ず摂らなきゃいけないものであっても、過剰に摂ると、あるシチュエーション、QPRT酵素が欠損してる人なんていうのは、まあいないわけですけれども、そういう極端な状態に置くと、異常行動が起こるということから見ると、過剰さ、ある種の上限っていうのが、栄養素の場合でも定められていく必要があるのかもしれないなという、そういう研究を提出しました。

そしてもう一つは、GP2っていう、私が古くから研究してるほうのノックアウトマウスの実験例を出してみました。これは、最初はそれがないとどういうことが起こるかっていう、やはり欠落に関するリスクを調べようとしたんですが、それは、せっかく一生懸命そのマウスをつくったのに、期待されるような異常行動を何も起こさなかったわけですね。だいたいその遺伝子ノックアウトマウスをつくるのに二、三年研究の時間がかかって、一匹のこのマウスをつくるのに、ポルシェ三台分ぐらいの実験費がかかってしまいます。」

柳原「宝物だ。」

福岡「宝物なんですね。でも、何も起こらないということで、ちょっと大変な研究の壁に当たったわけですけれども。まあじつは、ある遺伝子をピンポイントで消去しても、生物というのは、一見ミクロな機械仕掛けに見えますけれども、その遺伝子が最初から、受精卵のときからないのであれば、新しい仕組みが生まれたり、既存の分子や細胞がその欠落を補うように動きます。その仕組みを私は動的平衡と呼んでますけれども、絶え間なく動きながら、新しい平衡状態を見つけていく。動的平衡っていうのは、ほんとうは物理化学的には正確な言葉じゃなくて、動的な非平衡が平衡を求めて絶え間なく動いているというのが動的平衡ということなんですが、そういったものとして生物を捉え直したほうがより生命の可変性とか柔軟性を見ることができるし、その可変性、柔軟性は、ある意味では脆弱性でもあるので、極端なことが起きれば、その動的平衡が破綻するし、あるいは負荷がかかれば、それを跳ね返すように動くわけですね。だから、抗生物質に対して耐性菌が生まれてくるとか、ある薬が効かなくなったりするわけです。麻薬を、最初は遊びでやったら、だんだん量が増えて中毒になってしまうというのは、すべて動的平衡のなせる業なので、生物、生命現象は動的平衡である限りにおいて、必ずその外的な環境の変化や、干渉や、侵襲というか、外部からの入力に対して、押せば押し返してくるし、沈めようとすれば浮かび上がってくるという意味の、生命の、ある種のモデルというかイメージというものが、もう一つの研究からは浮かび上がってきたということです。とりあえず、そんなことをこの章にまとめてあります。細かいデータも載せていますが、それらはそれほど詳しく見ていただく必要はありません。」

第3章「市民の科学への不信は いかにして形成されるか」について

柳原「三番目の柳原です。最初にちょっと前置きの話をします。私はお二人の先生に比べると、現実の紛争の世界に身を置いてるものですから、非常に生臭い世界というか、科学というよりは何かもう人間そのものの世界でのいろんな問題を扱っています。で、今回私が書いた、遺伝子組み換えイネの野外実験の中止を求める裁判も、そういう生臭い世界の話です。とはいえ一方で、科学の、遺伝子組み換え技術という最先端の技術による実験の危険性、安全性が裁判のテーマなので、そこをちゃんと主張し立証できなければ、裁判にならないってことですね。しかも、これは日本で最初の、遺伝子組み換えの作物に関する裁判でしたので、最初、代理人を引き受ける人がいませんでした。私の専門は著作権という、遺伝子組み換えとは全然別の、ある種風流な世界に身を置いている人間なので、

イネの、しかも遺伝子組み換えなんていう最先端の問題については、ほんとうに何も知りませんでした。ただ、誰も代理人になる人がいないっていうんで、じゃあ誰もいなければ自分のような新米でもいいかっていうことで、つい手を上げてしまいまして、この裁判にかかわることになりました。

しかしいざ始まってみたら、裁判起こすためには訴状のようなものを準備するんですが、これをどう準備していいかがほんとにわからなくて、途方に暮れました。片方で、締め切り、実際に問題のイネを田植えする日が決まっていて、それまでに裁判を起こしてもらいたいという地元市民からの要望があって。それで、ほとほと困り果てました。

ところが不思議なことがあるもので、私自身、我々市民にとってブラックボックスでしかなかった遺伝子組み換え作物の安全性・危険性について、これを明らかにしたいという願望に火がつきました。そしたら、いくら仕事しても全然飽きない、疲れない。今まで眠っていた遺伝子のスイッチがオンになる（今、話題のエピジェネティクスのような現象ですが）ような事態が出現しました。他方、回りにも、いろんな協力者の方が出現しまして、期限までに何とか訴状を完成し提出しました。そして六ヵ月くらいで終わるのではなくて、六年間続きました。

その頃、普通の市民、素人にわかるように書いた科学書がないものか——ちょうど、数学の遠山啓の本みたいな——と探していまして、たまたま福岡さんの『もう牛を食べても安心か』（文春新書、2004）を手に取りました。」

福岡「その本はタイトルが悪くて、あまり売れませんでした。」

柳原「当時、アメリカの牛肉の輸入問題があったんですね。ただ私としては、テーマは遺伝子組み換え問題とは別としても、内容がとても新鮮でした。それから、『生物と無生物のあいだ』（講談社、2007）も、衝撃的でした。特に、シェーンハイマーという科学者の方が言った動的平衡の紹介は、何かこれまで自分の生命に対する認識を一変するような非常なショックを受けました。とても貴重な出会いをさせてもらったっていう気持ちでした。

そんなふうに、いちから勉強しながら裁判の議論を準備するという感じで、難破するのをしのぎながらタイタニックみたいに沈没しないでここまで来ました。来週判決なんですけども。」

重野「ああ、そうですか。」

柳原「判決の結論はわかっています。日本の遺伝子組み換え技術の政策にブレーキをかけるような判決は裁判所としてはタブーですから。ただ私どもにとっては、政策論ではなくて、この実験が実際にどれだけ危険なものであるかを解明することが重要であったわけです。そして、いろんな研究者の協力のお陰で、自分たちの手である程度それができたことにとても意味があると考えています。福岡さんも本に書いておられるんですが、この種の問題って、最後の裁きをするのは人間じゃなくて自然界なんです。人間にはそんな権利はない。たまたま社会制度がそうなっているんで、とりあえず裁判所がそういう裁きをするだけで、リベンジも含めて最後に裁くのは自然界です。その裁きが今度の判決のあとに待っているので、自然界の裁きに耐えられるような判決をいかに努力して書くかっていうことが問われることになります。だから、裁判所がそれについてどう判決しようが、極端に言えばどうでもいい、っていうのは失礼ですけども、そんな大した問題ではありません。むしろ私どもがいかに自然界の裁きに耐え得るような書面を書けたか、主張ができたか、自分なりに努力したかっていうことが大事なんです。」

次が本論です。私の章は、1部、2部とあって、1部が、今申しあげた遺伝子組み換えイネの野外実験の裁判で明らかになったことについてです。2部は、リスク評価に関する理論的な問題を、ちょっと雑文風にまとめました。で、細かい話は別として、私が、リスク評価の問題で最も言いたかったことをここで述べておきたいと思います。

先日の『日経新聞』の「今を読み解く」という記事に、科学技術に対する信頼が揺らいでいることをめぐって書いてありましたが、私から見るとちっとも読み解くことになっていなくて、非常に不満でした。その理由が、イネ裁判について私が書いたこととつながるので、ちょっとそれについて触れます。

この記事では、今、不確実な事態というのが非常に増えていることを取り上げて、それに対してどうやって合意形成をするか、どう信頼を勝ち得るかってことを論じているんです。しかし、じつは、一見不確実と言われていることでも、確実な事実が結構あります。たとえばこのイネ裁判がその典型です。イネ裁判で問題になった遺伝子組み換えイネというのは、病原菌をやっつける抗菌タンパク質（ディフェンシン）を常に作り続けるように改造したイネです。その結果、ディフェンシンと接触する菌の中から、ディフェンシンでやっつけられない菌、耐性菌が出現するけれど、この場合の耐性菌はこれまでの抗生物質や農薬の耐性菌とは桁外れの危険性を持ったものである可能性がある、というのが裁判の論点でした。しかし、自然界の世界を細切れに細分化したり、バラバラに分断して眺めるという見方にすっかり染まっているこの遺伝子組み換えイネの開発者の人たちは、彼らの実験のなかで耐性菌が出現することは予見しながら、にもかかわらずその耐性菌の危険性に関して、「いや、これは大したことないんだ」っていうふうに、完全にミスジャッジしてしまった。その原因は、耐性菌の問題をもっぱら自分たちがやっている研究テーマであるイネからしか見ることができないからです。これに対し、微生物の研究者たちは、イネに限らず、いろんな生物の生態を研究していますので、彼らから見ると、「ヒトを含め実に多くの生き物が生体防御のためにディフェンシンを作っている。その生き物たちの生体防御が効かなくなるかもしれないこんな危なっかしい耐性菌が出現したらどうするんだ」って思うわけです。順天堂大学の先生で、耐性菌の世界的な権威である平松啓一さんや、ほかのいろんな先生が、この開発を危ぶんだんですけども、しかし、当の開発者たちにはピンと来なかった。裁判で私どもに指摘されても初め何のことか分からなくて、「耐性菌が出現したとしても大したことはないんだ」という感じでした。そこで、私たちが三回ぐらい説明をくり返してようやく、今回の耐性菌は抗生物質や農薬による耐性菌と違うのかと気がついて、その危険性に目が覚めたんです。しかし、ほんとうの過ちはそのあとやってきました。この耐性菌がやばいことを知った彼らは、そこで「過ちて改めた」のではなく、そもそも耐性菌は出現しないんだと言い出したんです。これは「過ちて改めざる、これを過ちと謂う」です。

初めの主張は耐性菌が出現しても大したことはないということだったんですが、出現することを認めてしまったら、そのべらぼうな危険性は争えないと悟った彼らは、もうあとがないということで、無理やり争点を一番最初のところに持ってきて、そもそも耐性菌は出現しないんだってことを強引に主張しはじめました。

そのとき、このヤケクソの主張を陰で支えたのが、今日、不確実な事態というのがここかしこに非常に増えているという論調でした。つまり、遺伝子組み換え技術というのは、とにかくまだわからない問題だらけなので、そういう耐性菌の出現も、わからないことだらけですよっていうふうにして、すべてを不確実な問題としてベールに包んでしまったんです。そして、これはわからないことだし、自然界でまだ耐性菌が出現したという実際の証拠がないと裁判で声高に主張しました。このように、不確実性っていうことがやたら騒がれるなかで、本来は確実な問題ですら不確実な問題にすり替えてしまうというのが、このイネ裁判の大きな問題なんです。それは自然科学や「人間と自然の関係」というよりは、生臭い「人間と人間との関係」のなかで起きてきた、一種のでっちあげというか、歪曲でしかありません。このことを、私は「耐性菌問題は二度発生する」と呼びたい。一度目は、自然界と向き合う研究のなかで、見込み違いとか、そういうところで起きるかもしれない問題です。二度目は、そこを離れて、人間対人間のところで起きる、いわば作られた問題です。」

重野「はい。」

柳原「この間も検察が無実の人を犯人に仕立て上げるっていう冤罪事件がありましたが、事件の捜査は自然現象の探求とは違いますけれども、未知の探求という意味で科学研究と似ている。その結果、見込み違いが絶えずあります。しかし、そのあと、この見込み違いとは異なる次元の問題がやって来る、つまり事件そのものとは関係なしに、人間社会でのいろいろな思惑や利害関係が事件を歪曲してしまうことがある。それが冤罪事件の構造です。そして、これと同じ構造が、この科学裁判でも起きたのです。

　福岡さんもおっしゃっておられるんですが、耐性菌問題も含めて生物災害は被害が現実化するまでに非常に時間がかかります。かなり長い時間がたって初めて、ひどい問題が発生するんです。今は何ともなくても、五年後、一〇年後、福岡さんは五〇年ぐらいのレベルで見る必要があるとおっしゃっていますが、そういう時間の経過のなかで、思いがけない被害が発生することがある。とても大変な問題です。だから、早く対策を打てば、まだ大きな被害になる前に救えるかもしれないけれども、イネ裁判の被告のように、論点をずらして無理やりフタをしてしまうことによって、それに対する対策が完全に遅れてしまい、本来防げたことまで防げなくなる恐れがあります。このイネ裁判を通じて、その問題の深刻さを痛感しました。先ほどの日経の記事も、科学の問題を、もっぱら人と自然との関係でしか見ない発想になっていて、人間と人間の関係の問題が抜けています。が、じつは人間と人間の関係こそ決定的に重要なんだっていうところに目を向ける必要があるんじゃないでしょうか。そのことを、このイネ裁判で痛感しました。

そのことを最近出版された柄谷行人さんの『世界史の構造』（岩波書店、２０１０）という本を読んで改めて強く感じました。」（回覧する）

福岡「すごい付箋が付いてますね。」

柳原「この夏、この本を読んだとき、これは百年にいっぺん出るような書物じゃないかと思いました。この書物で非常に強調されているんですが、テクノロジーの問題を、すべて自然科学のなかで、自然と人間の関係のなかで解決できる、テクノロジーさえうまく解決できれば、それで全部、結果オーライだというふうに考える風潮があります。もちろん、それで解決できる問題もありますけども、ただし、テクノロジーを左右する、それを押し進めたり、止めたりする力がそこには必ず作用していて、それが人間と人間の関係の力なんだと言っています。たとえば国家の力とか、経済の力とか。あるいはこのイネ裁判でしたら市民の力とか。そういう人間と人間の力が、最終的にテクノロジーの方向を決めるんであって、そこを無視しては環境問題やテクノロジーの問題、安全の問題は解決できないことを非常に強調しています。私もそのとおりだと思います。だから、リスク評価をするときにも、人間対自然という関係だけじゃなくて、人間対人間の関係を絶えず念頭に置かなければならないし、むしろ人間対人間の関係のほうが、リスク評価の根本なんだっていうことですね。そこのところを意識していないと、問題を見間違ってしまう。このイネ裁判でも、さっき「耐性菌問題は二度発生する」と言いましたが、二度目の問題が人間対人間の関係だということです。科学裁判であっても、人間対人間の関係に目を向けないと、とんでもない問題になるってことを強く感じたことが、イネ裁判の大きな教訓です。

さて、この「人間と人間の関係」について、人間社会でのいろいろな思惑や利害関係が科学裁判やリスク評価を歪曲してしまうという問題があります。これをどうやったら防げるか。これを別な言い方で言いますと、リスク評価には二つのやり方があり得るんだということです。一つは共同体の評価、もう一つは普遍的な評価というものです。イネ裁判にかかわって感じたんですが、裁判のなかで、相手方（実質は国ですが）が最初やったことは、自分たちの実験が安全なことについての証明は何もせずに、全国の遺伝子組み換えの研究者一〇〇名ぐらいの人たちの、市民による実験中止の裁判は却下してほしいという要望書を出してきたんです。全国の主だったバイオ研究者のほとんどが、みんな実験中止の裁判に反対している——これが相手方の証明方法なんです。これは共同体の評価というものです。自然科学的な評価は脇に置いておいて、「これだけみんなが言ってるんだから、中止はおかしい、だから、この評価を尊重して、裁判は却下してほしい」と言っているわけですから。これが一つの典型的な評価のやり方で、食品安全委員会でやられているリスク評価もイネ裁判でもやられている評価も、厳密な自然科学的な評価というより、じつはこういう、共同体を牛耳る人たちの示す評価ではないかと思います。しかし、これに対し、そうではないんだ、我々にほんとうに必要なのは普遍的な評価であって、共同体の馴れ合いみたいな評価ではないんだという批判がある。言ってみれば、先ほどの自然界の裁きにも耐えられるような、そういう評価が必要になるんだということですね。

ただ難しいのは、先ほどの新聞の記事でも、市民が参加して、そのなかで議論を積み重ねていくことが大事だということを言ってるんですけども、もちろんそれは大事なんだけれども、じゃあ市民が参加すれば、それで普遍性に到達するのかという問題があります。それはそうとも言い切れないでしょう。真理を多数決で決めていいのかという問題ですから。そこはやっぱり、この種のリスク評価の難問というか、市民参加の重要性は重々わかったうえで、それだけで充分かというと、そうではないという問題があります。そこで初めて、民主主義に基づくリスク評価においてどうやって普遍性を担保したらよいのかという核心的な問題に真正面から直面します。それについて考えたいというのが今の私の問題意識です。」

重野「ありがとうございました。議論が核心に触れてきたところではありますが、ここで少し休憩を入れましょうか。」

アシロマ会議

重野「皆さんからそれぞれの論点について、お話しいただきましたが、これらがどうつながっていくのか、まとまるのかというのは、なかなか難しいですね。」

柳原「ただ、科学裁判にかんしていうと、裁判はいわゆる自然科学や社会科学や人文科学の、そういった科学的な認識を踏まえて、その上で法律的な判断をしなさいっていうことなんですね。たとえば水俣病の裁判も、まず、チッソが出した廃液の中の水銀が魚に食われて、その魚を食べたその地元住民があいう病気になったっていう因果関係をきちんと事実問題として証明しない限りは、法律問題に行かないんです。」

重野「うん。」

柳原「だから科学的な事実認定が、まずはベースなんです。その意味で、科学と法律はつながっています。」

重野「なるほどね。」

福岡「実際に被害が起こったとか、そのことで損害を受けたとか、何かそういうことが起きないと、訴訟ができないんですか。」

柳原「現実に何か被害が起きなくても、起きることがほぼ間違いない、たとえば、福岡さんの本の海賊版を出して売れば儲かると思って、誰かがその複製のための原版みたいなものをつくっていれば、それが実際に印刷にかかっていなくても、状況からして、ほっておけば間違いなく被害が出ると言える場合なら、現実に出版されていなくても、出版の差し止めの訴訟は可能なんです。」

福岡「うん。」

柳原「ただし、未来において確実に被害が起きるっていうことが証明できないとやはり駄目なんです。」

福岡「なるほど。科学技術、特に遺伝子組み換えの問題に関しては、じつは過去一度だけ、科学者たちは、実際に問題が起きなくても、ある種の予防原則に基づいて行動したことがあったんですよ。」

柳原「はい。」

福岡「それは、アシロマ会議って言うんですが。１９７５年におこなわれた会議です。」

重野・柳原「うん。」

福岡「おそらく当時、まだその原子力の問題がね、背景にあったと思うんですけれども。科学者が原子核の知見をコントロールしきれなくなって、原子爆弾みたいなものにつながってしまったっていう反省が背景にあったと思うんです。遺伝子組み換えが、一応技術的には可能になるっていうことがわかった1970年代の半ばぐらいに、アメリカのポールバーグっていう人なんかを中心に、いったんこの研究を凍結して、今後無原則にこの研究が先走ったりしないようにしようとしたんですが、そのときはまだ、産業利用されるということよりは、生物兵器みたいなものに使われてしまうのではないかという危惧があったと思うんです。新しいウイルス兵器ができるとか、細菌兵器ができるっていうふうなことにつながってしまう可能性を考慮して、どうやったらそのリスクをコントロールできるかっていうことを、あれはカリフォルニアだったかな、アシロマっていうところにみんなが集まって議論したんですね。最初は、そういう規制をすると、科学の進歩が阻害されるんじゃないかという、規制に対する反対論みたいなのが主流の意見になって、なかなか会議が合意できなかったんです。」

柳原「うん。」

福岡「そこで、のちにノーベル賞を取ることになる、シドニー・ブレナーという人が、あるアイディアを出したんですね。その科学、遺伝子操作技術自体は、生命のさまざまな仕組みを調べるうえで非常に有用な技術なので、実験室のなかでそれを使って生命現象を調べるということ自体は、科学者の探求として、あり得るだろう。ただそれが、勝手に技術的に応用されないでおくためにはどうしたらいいかというと、そういう遺伝子組み換えをおこなった大腸菌のようなものが、もし自然界に漏れ出してしまったときには、自立的にその大腸菌が生育できないような、ある種の欠損を積極的に与えておいて、もしそれが逃げ出したり、まあ、逃げ出すというかな、ジャーッと排水中に流されるなどして環境中に出てしまったときに、自立的には働かない、生存できないような、栄養欠損みたいなのを持たせておけばいいんじゃないかと提案したんです。それが生物学的封じ込めっていう考え方なんです。」

柳原「ええ。」

福岡「そういった備えを、まず置くと。それと同時に、物理学的な封じ込めって言うんですが、研究室を厳重につくって、研究室から空気が勝手に漏れ出さないようにする、つまり研究室のなかは気圧を低くして、空気の流入が必ず一方向に、外に向かないようにする方法や、管理をきちんとする、建物を厳重につくるなどの二つの面から規制をつくれば、一応いいんじゃないかっていうふうに議論をまとめていった。で、組み換えDNAの技術的な指針っていうのは、まさにそこを基盤にしていて、現在私たちもそれにしたがって、仕事をしてるんです。ただその後、じつは最初に思われたほどは危険じゃないんじゃないかっていう、ある種の、何ていうかな、緩みというか、油断みたいな雰囲気が科学者を覆っていったわけですね。そんな生物兵器とか、ウイルス兵器みたいなものは、そう簡単につくれない。それに、遺伝子組み換え生物っていうのは、だいたいは欠損や弱さをわざと付与して、それで生命がどうなるかを見ているわけなので、そういったものは外へ出て行ったって、野外では生存できないだろうということで、思ったほどは危険じゃないっていうふうな共通認識が出てきてしまったと思うんですよね。」

柳原「うん。」

福岡「それと同時に、当時は大腸菌とか細菌みたいな、非常に小さなものだけしか、遺伝子組み換えの対象にならなかったんで、そういったものは、過熱すれば死んでしまうし、廃棄するときは全部オートクレーブっていう殺菌システムで処理すれば大丈夫だっていうふうなものだったんです。その後、動物に対しても遺伝子組み換えができるし、植物に対しても遺伝子組み換えができるっていうふうに、テクノロジーの範囲がどんどん広がっていったわけです。ですから、アシロマ会議で議論された生物学的な封じ込めっていうのは、そういった問題には適用できなくなってしまったんですよね。」

柳原「ええ。」

福岡「それが今回のイネ裁判では問題になっているし、あと、その後やはり産業上の利用っていう問題が起こってきています。遺伝子組み換え作物だけではなくて、最近では、サケみたいな動物に成長ホルモンを入れて、より早く成長させるみたいなこともおこなわれてきています。そういったことは、当然野外で飼育するっていうことを前提としているので、生物学的な封じ込めというような議論は、ほとんど成り立たない状況に陥っています。」

柳原「うん。」

福岡「アシロマ会議というのは、精神としては残ってるんですけれども、現状に追いつかなくなってるっていう面があるわけですね。予防原則に立って、万一、これが外へ出たときに、コントロールしきれないんじゃないかということを、一度は科学者は思ったんですけれども、まあ、そのほとぼりがちょっと冷めちゃったみたいな局面もあるんですよね。だからもう一度、このリスクの問題っていうのは、どこかで考えなきゃいけないし、あのときは科学者だけが集まったわけですけれども、こんにちでは、科学者だけで決められる問題でもなくなってきてるかなというふうに思いますね。だからそのときに、市民参加みたいなものとか、違う分野の科学者が来るとか、もちろん、政策決定みたいな人たちが来る。それから、重野先生のように、違う研究対象でリスクを考えておられるような人が、この生物のリスクっていうようなことについても発言をしてくれるという、何かそういう仕組みがないと、見えるものも見えないっていう感じになっていってしまう。」

柳原「うん、うん。」

福岡「ただ、今は技術がほとんど囲い込まれて、特許化されて、企業の専有物になったり、私有化されてしまうと、やっぱりそういうテーブルに着く動機というものがないわけですよね。」
柳原「うん。そういう意味では、福岡さんみたいな分子生物学者っていうのは、ご自身は異端であるというふうに言うんですけども、でも異端と正統は中身がどうこうっていうことじゃなくて、数が多いのが正統になるだけのことで、アシロマ会議から見れば福岡さんのほうがまさに正統です。しかし日本ではそういう人がほとんどいないので、結局異端みたいにならざるを得ない。考えてみたらおかしな話ですけど。」

生物の動的平衡の考えは、なぜ異端なのか

福岡「私、生物っていうのは動的平衡なので、何か操作的なことをすれば、必ずそれを跳ね返そうとして、時間がたってから、まあそのリベンジを受けるっていうふうなことを、高校生に向かって話したことがあるんですよね。」
柳原・重野「うん。」
福岡「ええ、そしたら質問で、高校生が最後に質問をしてきたんです。福岡さんが言ってる動的平衡っていうのは、非常によくわかると。そして、生命観としても、すばらしいと思うと。でも、どうしてその考え方が、いつも少数派で異端なんですかって言われてしまったことがあるんですよ。

私は答えに詰まったんですけれども、その理由は、ある意味では非常に明らかなわけですよね。動的平衡の考え方というのは、結局、何かをやっても長い時間を見ると、ちょぼちょぼにしかならないっていうか、結局いろんなことが変動してるんで、今効率を上げても、やがては駄目になるし、局所的な最大化を目指しても、全体としてはプラスマイナスゼロになるみたいな考え方なので、儲からない考え方、資本主義に合わない考え方なわけです。だから、主流派にならないわけですね。」
柳原「うん。」
福岡「動的平衡に基づいたら、商品がつくれないんですよ。だから、残念ながらこの考え方は、異端のままになってしまうんですよね、っていうふうにお答えしました。その高校生が何と思ったかはわかりませんけれども。ただですね、やっぱりそういった、自然観とか生命観っていう理念っていうか、パラダイムみたいなものが、もうちょっと変わらないと、なかなかリスクの問題っていうのも、うまくみんなの共有課題としては議論しにくいかなという気がしますね。」
柳原「今の話をお聞きしていて思い出したんですが、黒澤明の『七人の侍』のなかで、百姓出身の菊千代（三船敏郎）が、重傷を負った百姓の母親から赤ん坊を差し出されたとき、その場に座り込んで、はらはらと、「こいつは、オレだ！」と泣き叫ぶ有名なシーンがあります。また、三〇年以上前に、西ドイツで、ミヒャエル・エンデの『モモ』が

出版されたとき、童話風のこの小説が思いがけない人気を博し、多くの人たちが、モモのライフスタイルを見て、「こいつは、オレだ！」と思いました。つまり、多くの人たちが内心待ち望み、ひそかに憧れていたライフスタイルを、モモのなかに見出したのです。

これと同様のことが、福岡さんの『生物と無生物のあいだ』が出版されたときも起きたんだと思います。私を含め、六〇万人以上の読者がこの本に引き寄せられましたが、そのとき、多くの人たちは、そこに展開された新しい生命観・自然観である「動的平衡」を知って、「こいつは、オレだ！」と思ったはずです。私を含め、多くの人たちが内心待ち望み、ひそかに憧れていた自然を眺め、自然と接するスタイルを、福岡さんの「動的平衡」のなかに見出したんです。このことが私を勇気づけました。今や、多くの人たちが、従来の、自然を細切れに分解し、機械論的に眺める見方にうんざりし、それに代わる何かもっと中身が詰まった、充実した見方を探し求めていて、それを「動的平衡」のなかに見出していると思えたからです。つまり、多くの市民が未来の生命観・自然観として、もうこれまでの機械論的なそれは結構だ、オレたちは「動的平衡」を選ぶ（に惹かれる）という意思を表明した（正確には、しつつある）と思えたからです。

生命観・自然観をめぐるこのダイナミックな転換というドラマを、私は福岡さんの『生物と無生物のあいだ』の出版に見出していたわけですが、それは二〇〇年以上前、科学をめぐってのニュートンとゲーテの対立を思い出させるものでした。量子力学をつくった一人ハイゼンベルクは、この科学をめぐるニュートンとゲーテの対立について、こう語ったそうです。自然界を細切れに捉えるニュートンの光学に激しく反発したゲーテの色彩論や光学は科学的に別に間違っていたわけではない、しかし、ゲーテの科学はその後、主流にならなかった、その理由は単純で、ゲーテの科学では大量生産ができず、産業の発展に寄与しなかったからだけなんだ、と。福岡さんが高校生からの質問「動的平衡は正しい理論なのに、どうして受け入れられなかったのか」に答えた「動的平衡では儲かりませんから」というのと同じですね。しかし、二〇〇年前の市民たちが、ゲーテよりニュートンの機械論的な自然観を選択したのは無理ないですよね。なにしろ、産業革命は世界史上、初めて経験する一大イベントだったのですから。しかし、それから二〇〇年の後に、私たちは産業社会と科学技術を誰も手放しには賞賛しない地点まで辿り着きました。だからこそ、ホームレス同然の「モモ」のライフスタイルが多くの人たちの心を捉えたのだし、福岡さんの「動的平衡」の自然観が多くの人たちの心を捉えたのだと思います。

私には、「モモ」も「動的平衡」も、産業社会のとば口で抑圧され消されてきたゲーテの科学論（色彩は光と闇との相互作用によって生まれるものと考えるような自然をその全体性のなかで捉えたいという自然観）が回帰したのではないかと思えました。さきほど触れた『世界史の構造』のなかで、柄谷行人は、いま、世界史を動かす力として注目すべきものに「抑圧されたものの回帰」の力があると述べていますが、私が述べたことは、この考えにつながるものです。

だから、改めて、福岡さんに質問した高校生にこう問い返したい、「動的平衡では儲かりませんから。でも、正しい理論である動的平衡はシェーンハイマーの提唱以来、長いあいだ無視されてきたのに、どうしてそれが今、こんなに多くの人たちが注目するようになったのでしょうか。それは単に正しい理論だからだけではないんじゃないですか。」「それは、今、多くの市民が儲かることより、もっと別なことに人生のより大きな価値を見出すようになったからではないでしょうか。そのとき、その価値にとって、動的平衡が大切な自然観として再発見されたからではないでしょうか。」「その価値の一つとして、儲かることより、生命・健康の安全、地球環境の保全に、私たちが望む価値が転換したからではないでしょうか。」

ところで、動的平衡論とは、単にこういうふうに考えますというような、理念とか、アイディアを言ってるんじゃなくて、あくまでもシェーンハイマーっていう人が科学的に実証した、実験で実証した科学上の成果であって、これを否定すること自体はできないものです。にもかかわらず、今の福岡さんのお話にあったように、これを真理として正面から認めるのを、不思議なことに、何か嫌がるんですね。それはまさに「人間と人間との関係」のところで嫌がってるんです。「人間と自然の関係」では否定しようがないことなんですけれどね。でも、それ以上に、「人間と人間との関係」においても、動的平衡論をベースに置くことについては、すごく抵抗がある。やっぱり儲からないというふうにいっちゃうからでしょう。だから、「人間と人間との関係」では抵抗勢力が多数なんです。福岡さんは少数派になっちゃう。」

福岡「うん。だから、真実は常に不都合なわけですね。まあ、何にとって不都合かっていうところなんですけどね。」

「不確実な事態」の背景

柳原「何ていうんでしょうかね。最近、不確実な事態っていう問題がいろいろ論議されるっていうこと自体も、儲かる、儲からないっていう問題がじつは背景にあって、それが不確実な事態という問題を引き起こしている最大の原因ではないか。つまり、たとえば化学物質やバイオの技術開発で儲かるためには、何としてでも、効果が絶大になるようにピンポイントで操作をして、強引に効果をもたらそうとする、そういう方向にならざるを得ない。で、その場合のリアクション・反動がどんなふうなかたちでいろんな影響を及ぼすかについては不確実な事態なんだけれど、ちょっと脇へ置いといて、とりあえず目の前の儲かる取り組み、たとえば再生医療に使えるとなれば、もうそこに向けて邁進する。こうした事態を不確実な事態って言うわけです。だから不確実な事態は、別に自然発生的に生まれたんじゃなくて、人間が意図して作り出したものです。不確実な事態を作り出す力が働いてそうなってるんであって、だから、本来は不確実な事態を生み出す力に目を向ける必要がある。ところが、そこには目を向けないで、単に、最近は不確実な事態が話題になっておりまして、皆さん、市民の手で一緒にこの問題の解決に取り組みましょう、みたいな言い方が幅を利かせています。これは明らかにおかしい。これだったら、ただ現象に後追いしているだけであって、問題の根本的な解決にはちっともなりませんから。臭いものは元から絶たなきゃ駄目だと思います。

　もちろん、自然と人間の関係をちゃんと見ることは大事なんですけれども、人間と人間の関係の問題点まで目を向けないと、大事な問題が抜けるっていうことですね。科学技術の本でも、最近は不確実な問題が多くなりました、みたいに、何か不確実な事態が自然に起きたみたいな感じに書かれていますが、それって、何かたまたま21世紀になったら、偶然そういうふうになってきたの？　っていうふうに、知らない人が読むと思うとそう思うんですけども、それは違うと思う。そこにはもっと意識的、作為的な力が働いていて新しい商品が開発されているんで、たとえ不確実な問題があっても世に出して商売をする、イネ裁判の野外実験もそうなんですけども、不確実であっても、危険であっても、やっちゃえやっちゃえと。でないと、外国との技術開発競争に負けてしまうぞ、と。とにかくやれば、既成事実もできるし、何とかなるだろうと。だから、地元の市民が猛反対しても、競争のためなら狂走も辞さない。」

重野「うん。」

柳原「儲かるためには、技術開発競争に負けないためには、たとえ不確実な事態があろうともう狂い走るしかないという世界に置かれているんで、遺伝子組み換えイネの野外実験も強行する。不確実な事態を彼ら自身が自ら意識してつくっているんです。屋内でちゃんと検証してじっくりやればいいものを、途中で見切り発車で、実用化に向けての野外実験で危険な事態に突っ走る。そして、それはこの実験に限らないで、もう食料の現場、医療の現場とか、あらゆるところでそういう問題が今起こっています。それは、さっき言った、儲かるためには、もう何でもやりまっせ、やらなきゃ負けるだけだから、というほとんどヤケクソみたいなドライブ、力が、開発をする科学者のなかにもすごく強く出ていて、それでアシロマ会議も、二回目、三回目をやっているひまなんかないということにもなる。」

重野「うん。」

柳原「じつは、メイワン・ホーというイギリスの科学者なんですけども、イギリスには独立系の研究所、市民社会科学研究所（Institute of Science In Society）があって、そこのメンバーですが、この人が書いた「流動ゲノムと生きる」のなかで、アシロマ会議がなぜ二回、三回目と続かなかったかの理由について書いていています。」
重野「ふうん。」
福岡「ああ、そうなんだ。」
柳原「まあそれは、普通の科学者がそういうことを書こうものなら、『おまえ、そんな楽屋裏を暴露するな』とか言われ、研究費を取り上げられかねないわけですが、この人は、昔どこかの大学を解雇になったらしいんですが、今、インデペンデントでやっていて、何も失うものがないので、はっきり書いているんです」
重野「あ、イネ裁判は来週判決っておっしゃってましたけども、そのあとは、どうなさるんですか。」
柳原「一応、形式的には最高裁が残っているんですが、最高裁がどう判断するかはわかっていますから。ただ、みんながそれでも上告したいというのであれば、もちろん、やることの意義はないわけではないけれども、私自身としては、そういう人間界の茶番は、もういいんじゃないかという気分です。これからは福岡さんの言う、自然界のリベンジのほうに目を向けていきたいですね。じつは、自然界の裁きをシミュレーションするような、地球『耐性菌問題』法廷みたいなのをですね、開きたいと思っているんです。」
重野「うん。」
柳原「昔、従軍慰安婦の国際市民法廷を、松井やよりさんって方が、渋谷の山手教会で、世界のいろんな法律家を集めて開いたことがあったんです。当時ＮＨＫの番組になって、ちょっと話題になったんですけども。それとは似ているようでちょっと違い、こちらは市民が裁くというよりも、自然の裁きをシミュレーションするような、そういう地球法廷みたいなものを、地元で、皆さんの前でやってみたらどうだっていうアイディアがあります。」
重野「ふうん。さっき、裁判していることに意義があるっていうような、お話がありましたけれども、これまでの裁判によって、一応所期の目的は達成されたっていうことですか。」
柳原「自然科学の問題として解明すること自体は、この裁判のなかでほぼ九九パーセントできましたし、自然科学の問題としてこの解明された結論を「人間と人間との関係」の世界で、素直に認める人たちと認めようとしない人たちといることがわかりました。」
重野「ええ。」
柳原「私どもは、多くの人にこれらの真実を知ってもらえれば、充分意味があるので、それ以上、裁判所が自然科学の真理を素直に認めるのを嫌がってるものを、無理にですね、判決を求めなくてもいいんじゃないかっていう気持ちです。」

重野「うんうん、うん。」
柳原「裁判所も、実際に大事件、悲惨な生物災害が起きて、人が何百人、何千人死ぬとかならないと難しいでしょう。裁判官がもし、そんな大災害が起きないうちから実験を差し止める判決を書いたら、かつて、長沼ナイキの自衛隊違憲判決を書いた裁判長が、その後ずっと冷や飯を食わされてひどい目に遭ったように、その裁判官もこれと同じ目に遭うんだということは目に見えてますから」
重野「うん。」
柳原「今日、真実のためにそこまで犠牲を恐れない勇気を裁判官に期待するのは現実問題として無理でしょう。また、市民の側もそういう裁判官をフォローする態勢もできていません。現状では、司法で叡知と英断のある判決を出せるなんていうのは、ちょっと無理ですね。」
重野「ううん。」
柳原「かといって、現実の大災害が起きてからでは遅いので、そこでどうすべきか。もう国家（国営裁判所）に依存するやり方では駄目だと思う。そうすると、残るは民主主義の原点（市民の自己統治）に帰るしかないと思います。その一つの試みとして、市民レベルで、自然界の裁きを先取りした裁きを何とかつくっていきたい。」
重野「うん。」
柳原「たとえば、新潟県の高田でGMイネの野外実験をやったんで、間違いなく高田で耐性菌が出てるんですが、ただそのあとそれがどれぐらい蔓延しているか、あるいは実験自体は終わっているので、場合によっては耐性菌がほかの菌との競争に負けて、そのまま消える場合もあるんですね。だから、それが必ず蔓延して、いつか必ず大災害が起きるっていうものではないんですが、ただどちらになるかは今のところ不確実なので監視しておかないといけないんです。福岡さんがおっしゃるように、こういう問題は長い期間をかけて深刻化するんで、その監視体制を、市民の力でつくっていかなければならないんです。」
重野「うん。」
柳原「遺伝子組み換えの問題って、いつか必ず事故が起きるのは間違いない、もしこのままのやり方で研究を進めていけばですね。それはイネ裁判が証明した最も重要なことです」
重野「うんうん。」
柳原「そういう大事故、大災害が起きたとき、必ずまた、世論がこの問題に目を向けざるを得ないときが来るんで、そのときに、小さいレベルかもしれないけども、すでにこういう実験と裁判の先例があるんですってちゃんと発信できるように準備をしておきたい。そういう活動を、新潟県で継続していきたいと思っているんです。だって、先ほど言及したシェーンハイマーの『動的平衡』だって、福岡さんが取り上げるまで、五〇年間ぐらい眠ってたままだったですよね。」

福岡「ええ。」
柳原「それを思うと、私らも少なくとも五〇年ぐらいはやる価値があると思います。ガリレオのつぶやき「それでも地球は回る」ではありませんが、真実にかなったことは、やっぱり最後には、それを受け入れざるを得ないんですから、諦めずに、取り組み続けたいと思います」

リスクとデインジャー

重野「では、そろそろ、本題に戻って。」
柳原「そうですね。」
重野「一通り、お話をうかがったわけですが、お互いにディスカッションはといっても、専門があまりにも異なるので、なかなか共通項を取り出すのは難しいですが、最初に、危険とかリスクという言葉がいろいろなところで見られるということは、やはり、幅広い分野でそういう関心が高まっているということなんだと思うんです。たぶん、デインジャーの訳が、危険だと思うんですよね。で、リスクがカタカナで使われているっていうことは、たぶん日本語で、ぴったりしたものがないからじゃないかと思うんですね。」
柳原「うん。」
重野「言葉の使い方でも、たとえばリスクを取るっていう言い方はありますけども、危険を取るって言い方はあまりしませんよね。」
柳原「しないですよね。」
重野「で、リスクにかけるっていうような言い方もするかもしれませんけど、危険にかけるっていうような言い方も、あんまりしないと思います。だからそういう意味では、危険とリスクとは若干違うのかなとも思います。じつはほかでも安全と危険のプロジェクトをやってるところがあって、その外部評価委員をやったことがあるんですが、そのときも、英語論文の中でデインジャーが出てきて、リスクが出てきて」
柳原「ええ、ごちゃごちゃ、と。」
重野「まあそれはそれでいいのかもしれないんですけれども、ここではどういたしましょうかという話を、まずしておきたいかなと。つまり、リスクを取るというような考え方、つまり、主体的な、人間がどうこうできる、ある意味避けることもできる、遭わないってことも選択肢のなかに入っている、そういう意味でのリスクですが、先程来の話はたぶんそうではなくて、必然的にもうどうしようもないっていうたぐいのことです。まあ、言葉としてはリスクと危険、両方使っていいと思うんですけども、どちらの意味で捉えて議論していくのか、その辺のところを整理しておきたいですね。今うかがったお話では、自分でどうこうできるっていうものではなさそうですが、私の研究では、ある意味、選択可能なリスクでもいいようなところが結構あるんですね。」

柳原「ええ。」
重野「ですからその辺を整理して、同じ土俵で議論したほうが、たぶんいいのかなと思うんです。」
柳原「今のお話聞いて思ったのは、農水省のお役人の方はよく『食の安全』と『食の安心』という言葉を口にするんです。私どもの食の安全のみならず、食の安心のことまで一生懸命考えてくれてるらしいんですけど、じつは実際には安全と安心がどう意味なのか、どう違うのかよくわかんないんですね。ある人は、安全は客観的な評価のことだが、安心は消費者の主観的なことを意味するとか言いますが、それでもまだよくわかりません。先ほどお話しした柄谷さんの本を読んで一つ思ったのは、食の安全というのは、「人間と自然の関係」で考えたとき、自然科学的にどういう危険があるのか、安全なのかっていうことですね。これに対して、食の安心とは、「人間と人間の関係」で、安全を踏まえて、最終的にどういう扱いをすることが人々にとって心地いいか、あるいは快適か、スムーズに社会生活が回るかという、まさに人間と人間との社会生活のレベルで出てくる政策のことです。」
重野「うん。」
柳原「その政策というか、その人間と人間の社会的なありようっていうのが安心ということです。」
重野「先ほど医療の現場で、どれだけ医療技術が発達しても、最後は人の問題があるんですよという話をしましたが、医療訴訟も、訴訟が起きる起きないの最後の決め手は、医師との信頼関係、人間関係なんです。本プロジェクトでは医療事故を扱っている弁護士による講演会もおこないましたが、そのなかで医療起訴をするかどうかは結局患者と医師の関係が決め手になるというお話でした。」
柳原「それはまさに「人間と人間との関係」。医療の問題にも、やっぱり医療技術（人間と自然の関係）と人間関係（人間と人間の関係）という二つの次元があるんですね。」
重野「ええ。」
柳原「ここで一つの整理の仕方として、危険とかリスクという言葉がどの次元のことを指しているのかっていうことを明確化することではないでしょうか。それについて、私の考えが絶対とは思いませんけども、「人間と自然との関係」のなかで、自然科学的な危険を考えるのが食の安全という言葉です。これに対し、それを踏まえて、「人間と人間の関係」のなかで、どんな政策、どんなやり方を取るかっていうところで、安心な政策とか安心なやり方みたいなことが出てくる。これが食の安心という言葉の意味です。そういうふうに分けると、議論が少し整理できるのかと思うんですが。」

現象を評価する三つのレベル

柳原「で、私はこのことを別の言葉で、『真と善』という言葉を使って説明しています。これも、じつは柄谷行人さんの『倫理21』（平凡社、２０００）という本がありまして、とても説得力があったので、それを応用したものです。その本の中で彼はカントの哲学を紹介していて、カントは、真・善・美という問題を取り上げて、一つの現象には真の面と善の面と美の面と、三つの異なる次元があるんだ、と。たとえば、オウム真理教が一時期はやった頃、あれを格好いいと思う人がいました。信者たちが着ている白い服が格好いいとか。」

重野「うん。」

柳原「それは美の面から、彼らのことを見ているわけです。あるいは宗教学者なんかが、あの連中の教義はおかしいって言っているのは、善悪のレベルで評価してる。それから、悟りを得るためにいろんな化学物質を使ったりしていることについて、彼らは宗教活動と称してじつはケミカルなことしかやってないと言うときには、まさに真の次元として、科学のレベルでやっていることを見ているのですね。」

重野「うん。」

柳原「このように、一つの現象が、この三つの異なるレベルから評価できるんだと言うのです。そして、これら三つのレベルを混同しちゃいけないと戒めています。たとえば医者の場合だったら、手術するときには、患者をあたかも物であるかのように見て、冷静に、科学的に切ったりするのが治療としてのあるべき姿ですが、手術が終わったあとは、相手を物ではなくて人として見て、「苦しかったね」とか、「痛くないですか」とか、「何か心配がありますか」とか言うなど、人間として接する必要がある。ところが若い医者のなかには、手術のときには患者を人と見て、手が震えて間違って切ってしまい、手術が終わったあとには今度は患者を物として見て、素っ気なく扱うことがあるというのです。」

重野「うん。」

柳原「そこら辺が、真と善が、ごちゃごちゃになって混同するケースがよくあると書いています。そういう整理が意外と大事で、その重要性・必要性を強調して書いています。それがここにも当てはまるような気がします。つまり、リスク評価においても、真と善の問題を分けて整理するのは大事なことだと思います。」

重野「以前テレビドラマで、外科医が、奥さんをある病気で亡くしていて、同じ病気の患者さんを手術するときに、思い出して泣きながら手術する場面があって、これはないだろうと、私は思ったんですね。内科医はともかくとして、そういうことは、まず外科医はないでしょうと思ったんですが、今、先生のお話をうかがうと、あり得るかもしれないですね。」

柳原「ええ。普通の人なら、なおさら区別しないで渾然一体として見てるケースが多いと思います。だからオウム真理教も、一時期、すごくブームになりましたが、格好いいっていうのは彼らをもっぱら美の観点から見ていたわけです。あるいは、やくざ映画を見て、格好いいと思うのは、別に、現実のやくざを倫理的（善悪の次元）にもいいと思ってるんじゃなくて、登場するやくざたちが、映画のなかでは格好よく見えるんであって、もっぱら美的観点から見てるんです。」

重野「うん。」

柳原「倫理から見てるわけじゃない。ところが映画を見てる人たちは、そんなことをいちいち意識して、今はスクリーン上のやくざを美的に見てるだけだよとか、現実のやくざに対しては倫理的に見てちゃんと非難するとかと思って映画を見ているわけではない。しかし、ケースによっては、そこをきちんと意識することが重要になります。その一つがリスク評価なのです。」

重野「でも、テレビドラマぐらいならいいんですけども、実際に新興宗教が広まっていくなんていう場合、一般の人に対して、きちんと整理して考えろというのも難しいですよね。どのようにすれば、いいと考えられますか。」

科学とリスク評価

柳原「ええ。テレビドラマは別にして、一番わかりやすいのは、福岡さんも関係された、米国産牛肉の輸入問題で、食品安全委員会でリスク評価をしたときのことです。私から見ていて、科学的な議論をしてるように見えて、じつは政策判断まで踏み込んじゃって、科学者なら科学の議論にとどまるべきなのにそれを超えてしまって、利益と損失とか危険と得失とかの利害相関みたいな問題まで、科学者が議論をしていました。もちろん、科学者はそういう議論をしてはいけないわけではありません。が、その場合には「私はいま科学者としてではなくて、いわば政策判断者として発言しています」っていうことを、きちんと言うべきです。それを明確にしないで、科学者の名のもとに科学的な問題について発言しながら、途中からズルズルと話の内容が真実（科学）のレベルから、善の政策判断の問題に移っちゃうのは、すごくおかしなことです。聞いている市民の側は、今、科学の問題について専門家が話しているんだと思ってしまいます。でも、ほんとうは科学以外の政策の問題について素人が話しているだけなのですから。これは福岡さんがご自身で経験してるんで、そこら辺、どう思いましたか。」

福岡「うん。そうですよね。先ほどおっしゃったように、やっぱりリスクっていう言葉の定義が非常にこうあいまいというか、定義しきれないままに、みんながさまざまなリスクを考えているっていうところに大きな問題があるっていうのは、今回のこの共同研究の一つの、問いかけじゃないかと思うんですよね。」

柳原「ええ、なるほどね。」

福岡「その、米国産牛肉問題のとき、たとえば米国産牛肉のリスクが見極めきれるかきれないかみたいな議論になったときのリスクって何だったかっていうと、結局、それをそのまま野放しにしたら、いったい何人の人が死ぬかっていう、死者の数の予想人数がリスクだったわけですよね。じゃあそれはどういうふうに定量したかというと、狂牛病の発生地のイギリスでは、統計上は一八万頭の牛が狂牛病になった。統計に引っ掛からずにマーケットに出てしまったり、闇で処分された牛なんかも合わせると、数十万頭規模の牛が狂牛病にかかった。でもこれまでのところ、イギリスで、汚染された牛肉を食べて狂牛病の人版であるヤコブ病というものになって死んでしまった人は、一六〇数名でした。だから、低く発生数を見積もって、狂牛病の牛が一八万頭出たときに一六〇何人かが死ぬっていうのが、分母と分子になるとすると、日本ではこれまでに三六頭しか狂牛病が発見されていないので、その比率で計算すると、死ぬ人は0・000何人だから、まあ一人死ぬよりもずっと低いリスクだというふうになるわけですよね。それに比べたら、フグの毒にあたって死ぬ人は、まだ年間に数人からいますし、中毒する人も入れたら数十人はいるわけです。そのほか、交通事故の死者は毎年数千人いるっていうふうに、死者の数を比べると、リスクの重大さと軽微さっていうのが並べられちゃって、狂牛病のリスクは非常に少ない、というふうな議論になっていくわけですよね。そうすると、じゃあそんなに少ないならば、もう別に何もしなくてもいいんじゃないかっていうふうに、極端にはなってしまうわけです。でも、食の問題っていうのは、結局、自給自足で食料を得ているわけじゃない。私たちは税金を払って、いろんなプロセスをパブリックなものにゆだねているわけなんで、ある程度、国あるいは行政がコントロールすることによって、食料を得ています。食の問題っていうのは、ある程度パブリックなものが責任を負わなきゃいけない。だから、死亡者数が0・000何人だからいいじゃないかっていうふうな議論にはならないんじゃないかっていうふうな意味の、リスクの捉え方というのはありました。でもたとえば、ちょっと前、金融界の人とお話ししたことがあるんですが、彼らが言ってるリスクっていうのは、また全然違うリスクなんですよね。結局彼らのリスクっていうのは要するに、デフォルトっていうことで、お金を貸してた人がばんざいしてしまう、つまり、お金が返ってこないっていうことですよね。」

柳原「うん。」

福岡「で、じゃあそのリスクに対してどう対処するかっていうと、じつは彼らは、ものすごい数学をいろいろ研究していて、振れ幅っていうかな、貸したお金が返ってこないリスクは、正規分布にしたがうっていうモデルを使ってるんですよね。」

柳原「うん。うん。」

福岡「そんな前提が、どうして成立するのかわからないですけど。損するか得するかの振れ幅の大きさっていうのは正規分布にしたがうんで、結局損も得もしないっていうのが、まあ一番確率が高くて、すごく儲かる、すごく損するっていうのは、確率分布上稀でしかない。だから、ある一定量以上損するっていう分に関して資本を積み立てておけば、健全な経営ができるみたいなモデルをつくってやってるんです。」

柳原・重野「うん。」

福岡「サブプライム問題とか、リーマンショックみたいな例では、そのリスクを、非常に細かく分けて、その粒状のものをばらまいて、ほかのものとぐるぐる混ぜ合わせて分配すれば、そのリスクは無限大に希釈されて、大丈夫だっていうふうなことだったんですけど、実際は、何ていうかな、細かく分けたリスクは、互いに独立してるわけじゃなくて、相互に関係していたので、ここで返せなくなると、その返してもらえなかった人がまた返せなくなるというふうな連鎖反応が起こって、結局、分散させたモデルが、成り立たなかったということなんです。こういうリスクのあり方もあるわけですよね。

でも、明らかに、私たちがリスクと考えてる問題は、先ほど重野先生がおっしゃったように、デインジャーとも違います。デインジャーっていうのは、たとえば、活火山の火口に近づけば、急に噴火してくるかもしれないとか、有毒ガスが発生してくるかもしれない。あるいは、密林に行けば毒へビにかまれるかもしれないっていうふうな、自然界の物質あるいは現象として独立して存在するものとしてある。たとえば道を歩いていたら、何か宇宙空間から微小な隕石が降ってくる確率だってありますよね。で、それは当たったら死んじゃうけれども、それは避けることも予見することもできないものとしてある。そしてその確率は、牛肉を食べたら死ぬかもしれない確率と同じぐらいかもしれないけれども、それをリスクとは普通呼ばないわけですよね。」

柳原「うん。うんうん。」

福岡「じゃあ、リスクっていうのは何かっていうと、やっぱりたぶん、独立で存在しているものじゃなくて、誰かがベネフィットを求めるがゆえに起こり得る、その何ていうかな、副反応っていうか、反作用みたいなものであって、作用に付随する反作用みたいにして現れる、予期せぬ、マイナスなことをそう呼んでるのかもしれないですよね。」

柳原「ああ、ああ、ああ。」

福岡「だからリスクを考えるときには、必ずそのリスクが発生する動因が込みになる。有り体に言うと、誰かがベネフィットを求めたこと、儲けようとしたことみたいに定義されるものかもしれないですけれども。」

柳原「うんうんうん。」

福岡「まあ狂牛病だったら、牛を早く出荷するために、非常に不自然な肥育をして、草食動物を肉食に変えてしまったみたいなベネフィットの結果としてリスクが出た。ほんとうは、リスクをテイクするっていうのは、ベネフィットを求める人が、自らリスクも引き受ける、つまり、ベネフィットとリスクを同一人物が引き受けるっていうのが、フェアなあり方であって、その場合はその人の勝手なわけですよ。」

柳原「ええ、ええ。」

福岡「でも狂牛病の問題みたいなのは、ベネフィットを得る人と、そのリスクを被る人がだんだん乖離して、そのベネフィットの享受者とリスクの引き受け手が離れてしまっているというところに問題があるわけなので、リスクとベネフィットっていうのは、やっぱり、ペアリングっていうのが何か大事なんじゃないかな。ほんとうはそういうふうに定義付けると、リスクの正体というのが、わかってくるのではないかな、というふうに思うんですけど、いかがでしょうか。」

柳原「ある意味で、人災みたいなものですからね。」

福岡「そうそうそう。」

柳原「これに対し、さっきおっしゃった、隕石が落ちてくるっていうのは、自然災害。」

福岡「ええ、だから自然対人間の関係で捉えられるのは、まあ、デインジャーでいいと思うんですよね。それは避け得ないけれども、なるべくそれを避けたいんだったら、火山に近づかなければいいんだし、密林に入らなければいい。でもその自然を前にして、人と人との関係で現れてくるのは、おそらくリスクであって、それは、やっぱりその三項関係をよく見極めないといけない。ベネフィットを取る人とリスクを取る人が、分かれてしまったりするというふうなモデルみたいなのをつくれるんじゃないですかね。今回は、共同研究としては、そこまでは行かなかったんですけど。」

柳原「うん。ああ。」

福岡「そういった問題のありかが一応見えてきて、それをまあ、皆さんに問いかけます、みたいな感じでしょうか。」

柳原「ああ、それが問題提起ですね。」

リスクと人間の文脈

重野「そうですね。あとですね、安全と危険とか、まありスク、安心でもいいんですけれども、それらを分けられるかどうかっていうことですね。自然科学系の研究、あるいは法律的な面でも、ある意味、分けなきゃなんないところがあると思うんですけれども、実際には安全と危険を分けられないっていうことが、結構少なからずあります。つまり、あるものが、あるときは安全であって、あるときは危険になるので。」

柳原「うん。」

重野「それはすごく人ディペンダントですね。ですからたとえば何か、ここに腐ったものがあると。それを食べるのは危険ですよね。食中毒になるかもしれない。
　でも逆に、もしその人が、まったく孤立して置かれていて、食べ物はそれしかない、食べないと死ぬ、食べれば一応おなかは壊すかもしれないけれど、ともかく生きていられるというシチュエーションとか、まあ文脈と言ってもいいんですけど、そういうことがある。その場合、その食べ物は安全と言えるのか、危険と言えるのかっていう。」
福岡「うん、うん。それはリスクになるかもしれないですよね。危険がリスクになる。」
重野「リスクになるかもしれませんが、日常生活のなかでは、むしろそういうことが結構多い。」
福岡「ええ、ええ。そうですね。」
重野「で、私たちは、いろんな状況や文脈を考えながら、取捨選択して、何か安全なほうを取るようにしていくということがあるわけですね。」
柳原「ええ。」
重野「だからそれは、客観的に、これは安全なものです、これは危険なものですと決められない部分っていうのは、非常にあると思うんですけど。」
福岡「ええ、それはおっしゃるとおりですね。」
重野「自然科学の面から、あるいは社会科学の面から、そういうボーダーラインが引けないようなことに関しては、どうなんでしょうか。私たちの分野では、その人ディペンダントであるから、その状況とか文脈とか、その人の内的な要因とか、そういうものを考えて、フレキシブルなんですというふうに言えるんですけども。先生方の立場からは、どうなんでしょうか。」
福岡「そうですね。ほんとうに、これがリスクであるのか、危険であるのかっていうのも、非常に文脈依存的な現象だと思います。結局ある物質が、発がん性を持ってるとか、毒性を持ってるっていうのも、それをだんだん量を多くしながらマウスなどに与えると、一〇〇匹のマウス中、五〇匹が死ぬ、五〇パーセントが死ぬ量を、半数致死量と定めています。それが危険の度合いですけれども、でもある物質を医療行為として使うときに、その人が治るか死ぬかあるいはその薬物によって副作用がどの程度現れるかっていうのは、治ることというベネフィットに対して、これだけの反、副作用が起きますっていうリスクに転じてるわけです。それからさっき申しあげた金融のことも、別にリスクっていうのは実在しているわけじゃなくて、ある証券、ある貸し金が、ほんとうにデフォルトになるか、ちゃんと返ってくるかっていうのは、時間の関数で、いつも揺れてるわけですよね。そういう意味では、最初から個物としてリスクがあるわけじゃなくて、現象としてしかリスクはないという面もあるわけですよね。だから、そういう、状況依存性みたいな視点を忘れて、あるものがリスクであり、その量はどれぐらいかみたいな議論をすると、誤った判断を導いてしまう可能性っていうのは、自然科学の面からもあると思いますね。」
重野「うん。よく生存率が九五パーセントと言われて、それなら安心だって考える人もいるわけですよね。生存率九五パーセントだって言われても、五パーセントになった人にとっては、危険が一〇〇パーセントなんですよね。」
福岡「うん。それはそうなんです。常に、確率論なので、大量、大きな数を扱えば、そのように見えるということなんですよね。」
重野「うん。ですね。」
福岡「だから、個別に見たら生きるか死ぬかなんであって、確率は二分の一じゃないかみたいな、単純な錯誤も起こり得るんですけれども。うん、これって、量子論に似てるんですよ。大きい数では確率として扱えるんだけど、個物の単位で見たら、その観測した時点でそれが死んでるか生きてるかが決まってしまうみたいなことですよね。人間は、そういう意味で、確率論的な言い方に慣れてるようだけれども、じつは意外と慣れていないっていうか、なかなか人間の脳がちゃんとそこに付いていってない面もありますよね。だから医者に、あなたの五年生存率は九〇パーセントですとか言われて安心しちゃうけど、実際は明日死ぬかもしれない。」
重野「そう、だから先ほどの、研究とかそういう面での確率的な表現っていうのは、有効かもしれないけれども、患者さんにしてみたら」
福岡「そう。市民にとってはですね、その言い方は」
重野「五年生存率が、九五パーセントって言われても、自分は絶対五パーセントに入るんじゃないかって、たぶん悪いほうに考えてしまうと思うんですね。」
福岡「そうそうそう。あなたと同じ人が一万人いれば、そのうち何パーセントがこうですっていうことなんだけど、そんなことは聞きたくないわけですよね、その人はね。」
重野「受け付けないですよね。」
福岡「うん。そこは難しいところなんだけど。まあこれも一種の科学リテラシーみたいなもので、そういう考え方に、ある程度はなじまなきゃいけないし、いっぽうで、科学が言ってることの限界っていうのは、そういうことだっていうふうな認識もいると思うんですよね。」
重野「うん。」
福岡「そのうえで、でも私はその治療を拒否します、みたいな、ある種の自由っていうのは、ほんとうはそこから生まれてくると思うんですよね。」
柳原「あの、あまり考えたことなかったんですけど、今、お話聞いていて思い出したのは、たとえば、数年前に尼崎でJRの電車が脱線して、たくさん人が死んだときにですね、上司の責任が問われて。そのときに上司は直接運転はしていないんだけれども、ある種の危険に対する予見可能性みたいなものがあったんじゃないかっていうことで、過失責任なんですけども、民事も刑事も含めて、そういう予見があったかなかったかっていうときに、今おっしゃったような、ある種の未来に対する確率とか、そういった問題をベースに考えざるを得ないんです。たとえば、そのときに、その事故が起きる確率が五〇パーセントだったら、それは予見の可能性がある。四五パーセントだったら、予見の可能性がないってことにする。どこかで切らないといけないんだけれども、それってほんとに切れるの？　って思いますよね。その数字は何か、フィクションのような感じがあって。」
重野「うん。」
柳原「それがフィクションと感じるのは、最後は「人間と人間の関係」の議論なんであって、やっぱりそこには飛躍があって、科学自体とはまた別の決断によって、答えを出さざるを得ない。じゃあ、何がそれを決めるメルクマールなのか、基準になるものは何かといえば、法律家は、いや、それは科学をベースにしてますとかってね、言うんだけどね。
でも、ちゃんと突き詰めたら、ほんとは科学をベースになんかしてないんですよね。そこには間違いなく飛躍があるんです。」
重野「うん。」
柳原「それじゃ、どうやって決めてるのっていったら、人によっては、それは主体的な決断だとか言うんです。何か内面の問題に置き換えちゃって、それ以上、問わないんです。でも、法律家が経営者に管理者としての責任があるかないかということを決断するときの構造を科学的に突き詰めて分析していったら、結構危うい問題になるのではないか。たとえば、自分の親せきがあの事故で死んでるから、これはやっぱり上司の責任を問おうとかですね、結構そういう事情が決め手になったりとか。」
重野「うん。」
柳原「そういう主観的なもの、個人的な感情とかで決めたりしていることがまあまあるもんですから。法律的な判断の構造を科学的に分析することはほんとうは大変重要だと思います。でないと結構いい加減にやっていても、法律家がやっている、裁判官がやってるんだからってことで、何か、みんな納得しちゃうところがあって。」
重野「うん。」
柳原「そういう、何ていうのかな、判断のプロセスについてある種の手の内みたいなこと、その楽屋裏をですね、ほんとは出したほうがいい。とりあえず問題提起にしかならないんですけども、そう思います。」

科学技術と人間

重野「そうですね。ううん。それで、最後のテーマっていうか、論題なんですけども。将来に向けてということで、」

福岡「そろそろまとめていかないとね。」
重野「私の第1章のところでは、いろいろな科学技術の進展っていうのは、人類の発展からも必要であろうし、望ましいかもしれないけれども、私たちの心的機能や身体機能は、たとえば古代と比べて、多少は身長が伸びたかもしれないけど、そんなに大きく異なっていない。体重もそんなに変わらない。まして聴覚や視覚や嗅覚といった面が、格段に発達したわけでもないのに、科学技術はものすごく進歩してしまっているということに触れました。」
柳原「ええ、ええ。」
重野「で、そのすごく進歩した科学技術は、安全をもたらすと同時に、逆に危険ももたらしています。というのは一つには、私たちの心的機能というのは、そう進化発展するわけではないので、その辺のギャップが危険になっていくかもしれないからです。一例としては、初めに申しあげたような、医療機器のようなことです。今はオートメーション化が進んでいて、点滴なんかもすごいんですね。昔は点滴は、看護師さんが一生懸命薬の落ちる量をコントロールしたのですけど、今は機械が全部、一分間あたり何ミリリットルでやります、何て音声で言うわけです。で、看護師さん安心して、ああ、そうかと思って出て行くわけですけど、入れる薬を間違えてたら一巻の終わりなわけですね。」
柳原「うんうんうん。」
重野「じゃあどうして入れる薬を間違えるかですが、よく看護師さんが言うのは、名前がちょっとだけ違っていて似てるとか、たまたま隣に置いてあったからとか、すごく初歩的なミスで、人命にかかわっちゃうことが起こることもあるんですね。最後は人に帰する。だから科学技術の進展もですが、最後は人の問題なんです。あるいは、人と人との問題に帰するのではないかというのを、第1章では一応のまとめとしてるんですが。それに付け加える、あるいはそれに補足するっていうことも含めて、最後に、それぞれお願いします。」
福岡「はい。まあ、第2章の立場から言いますと、まさに同じことが言えます。私たちの生理的なメカニズムとか、遺伝子の仕組みっていうのは、一番サルに近いところから、最初の原人が現れてから七〇〇万年ぐらいたってると言われてますけれども、現生人類が現れてからは、一〇〇万年以下なんです。その時間というのは、進化の時間から見たら非常に短い時間で、基本的な身的機能っていうのは、ほとんど変わっていません。だから、先ほど申しあげたように、飢餓、欠乏、欠落に対しては、私たちの生理的なメカニズム、遺伝子メカニズムっていうのは、何重にも、それに対応する防御システムっていうのはあるんですけれども、こんな飽食の時代っていうは予定してなかったので、そこにかえって、リスクと呼んでいいのか、危険と呼んでいいのか、そこはまあ議論があるところだとは思いますけれども、そういったことが増大しているっていうことはあると思うんですね。で、もう一つは、私たちがこの生命現象っていうかな、それは環境の問題もそうだと思うんですけれども、DNAの二重らせん構造が決められたのが、1953年のことなんで、それから約五〇年たっているんですけれども、それ以来、生命っていうのを、あまりにも情報的な側面として見過ぎてしまったっていうことなんだと思うんですね。で、情報っていったい何かっていうと、遺伝子、ゲノムが情報だって、まあ、多くの生物学者はみなしてる。インターネットが情報だってみなしているっていうのに、似てると思うんですよね。何かキーワードを入れると、グーグルとかの検索エンジンが、何かそれにヒットする情報を探してきて、ウィキペディアみたいなものが立ち上がって、そこに書いてある。で、今、学生に課題を出すと、だいたいそれを切り貼りして書いてくるっていうのが、レポートですよね。だから、最近では、その学生のレポートが何かの引用じゃないかを検索する仕組みまであるっていう、すごい時代になってるんですけども。多くの人は、だから、アーカイブが情報だと思ってる。」

重野「うん、うん。」

福岡「生命を情報とみなすというのは、ゲノムがハードディスクの情報だと思ってるっていうことなんですね。で、実際それをずっと解析してきて、私たちは、DNA解明から五〇年たって、ゲノムに書かれているすべてのアーカイブを解読し尽くしてしまった。ヒトゲノム計画が終わったっていうことなんですけれども。」

重野「うん。」

福岡「でも実際それは、ほんとうの意味の情報じゃなくて、アーカイブなのです。生命にとって情報とは何かっていうと、その信号が現れると、それに応じて生命現象が何らかの反応を示す。しかしその情報が消えるとその反応がやむっていう、もっとダイナミックな時間軸に沿った、インプットとアウトプットの関係が情報のありかですよね。だから、ほんとは情報というのは、時間に沿って急に現れて、急に消えないといけない。特に消えないといけないのが情報なんです。生命にとって大事なのはね。」

柳原「うん。」

福岡「ですが、今のインターネットのなかでは、情報は消えないわけですよ。誰かが何か言ったら、ずっと残ってるわけです。それがさまざまな問題を起こしてるわけですね。あいつがこんなことを言った、みたいな。本来であれば、うわさは、音声としてはすぐに消えてしまうようなことがずっと残っていて、そのとげが抜けないことによって立ち上がるいろんなわだかまりみたいなものに、若者たちは右往左往してるわけですよね。ほんとは情報っていうのは、一過的に現れて消え、そのことに対してレスポンスが一過的に起こるから、生命現象っていうのはうまく成り立ってるわけですよね。で、あのイネ裁判でも、一つ問題になったのは、イネに殺虫成分を遺伝子工学によって付与する。

それによってそのイネが、いもち病に耐性を持つっていうふうなその操作自体は、品種改良の一環です。しかも、その殺虫成分っていうのは、人間が勝手に作り出したものじゃなくて、ほかの植物がもともと持っていたもので、自然界にそもそも存在する天然物だから、もし、ええ、耐性菌が現れるとしたら、すでに現れてるはずなのに、そんなものはないから、これをイネに持ってきても大丈夫だっていう考え方で、議論が進んでいたときがあるんですよね。でもそれは、情報っていう見方を見失っている。つまり普通の植物は殺虫タンパクを確かに持ってるんですけれども、いもち病菌がやって来ない限りは、殺虫タンパクを全然つくってないわけです。で、いもち病菌がやって来ると、その情報に反応して一挙に殺虫タンパクをつくって、いもち病をやっつけるんですけれども、そのあと殺虫タンパクは急速に分解されてなくなっちゃうわけですよね。そういうメリハリが利いたっていうか、情報が来たときに反応が起きて、その情報が消えると反応が消えるっていう、こういう変化が、何ていうかな。うん、クオンタム（quantum）って言ったらいけないかな。」

柳原「うん。」

福岡「その何ていうか、ピンポイントで起こることが、耐性菌ができる可能性を低くしてるわけですよね。つまり、耐性菌っていうのは、いつでもそういう環境が持続的に存在するがゆえに、ランダムな変化のなかから生まれる。だから自然界は、できるだけ情報を消して、その敵に、対応する余地を残さないように行動してるわけですよね。それをイネに持ってくると、そういう刺激応答の巧妙な仕組みっていうのを無視して、いつでもその物質が生産できる性質だけを付与するので、イネはいつでもその殺虫タンパクを出し、当面は外敵から身を守るんですけれども、そういう状態が持続的に起こるという新しい環境をつくるがゆえに、耐性菌を作り出すことに手を貸してしまうっていうふうになる。インターネットのなかに、誰かの悪口がずっと残ってるっていうのに似て、情報がいつまでも残ってる。こういう情報観、情報の捉え方っていうのが、開発者たちの思考のなかに欠落してるわけですよね。そういった問題っていうのも、あの、生命科学の側から、まあある種の自戒の意味を込めて、言えるんじゃないかなと思いました。」

柳原「いや、なるほど。じつは今の話と絡むんですけれども、私は専門が著作権で、このあと大学に講義に行くんですけども、著作権って今、福岡さんがおっしゃったように、情報の記憶のテクノロジーに関する法律なんですね。初めはグーテンベルグの印刷術から始まって、音はレコード、映画はフィルムとかＤＶＤとか。で、コンピューターやデータベースが入って、どんどん情報の複製技術が拡大進歩してきていて、それが、人によっては豊かになったっていうか、多様になったというふうに言うんですけども、私なんかに言わせると、それって、忘れる技術をどんどん貧しくしてるだけなんじゃないの。ほんとうに豊かなことって、自分自身の心が、じつは記憶するそういう能力を持ってる。それが豊かになることであって、いくらそんなテクノロジーが進んだからといって、その記憶によって、心の中の記憶が豊かになるっていう保証はないし、むしろ逆にますますテクノロジーに依存するようになって、心の中の記憶はますます貧しくなっているだけなんじゃないか。著作権法も、むしろ何か一つ売れる作品をつくって、あとはそれをいっぱいいろんなテクノロジーで複製して、できるだけ儲けようというだけのことであって、ほんとにそれが芸術や文化に貢献し、人間として喜びの体験が深まったとは必ずしも思えないんです。だから最近は、ほんとうに芸術や文化への貢献を考えるんだったら、いっそのこと著作権法は基本的に廃止したほうがいいんじゃないか、と思うようになった。もう自由にやってもらって、クリエーターやアーティストはライブで勝負する、生命の情報と同じで、消えるもので勝負してもらう。いろんな複製データを出すのはあくまでもライブに来てもらうためであって、それ以上の意味はない。ちょっと話がずれましたけど、要するに、もう一回人間の原点に立ち戻るというか、記憶テクノロジーができる前の数百年前じゃなくて、さっきおっしゃった飢餓の時代みたいなですね、何万年前か知らないですけども、そういう人類の原点に返って、生命のあり方、生存のあり方、社会のあり方みたいなもの、あるいは自分の感性のあり方を問い直すことが今すごく意味があるんじゃないでしょうか。リスク評価というようなことも、全部そこから考え直していくと、何か新しい展望が開けてくるんじゃないかっていうふうに思いました。すごく大ざっぱで申し訳ありませんが。」

重野「ああ、ほんとにそうですね。」

おわりに――人災と自然災害の峻別

柳原「最後に、一つ、付け加えさせていただけますか。今回、青山学院大学総合研究所創立二〇周年の記念特別研究プロジェクトとして、安全と危険について出版が企画されたわけですが、それが目指すところを一言で言えば、さきほどの『七人の侍』の菊千代ではありませんが、多くの市民に、「こいつは、オレだ!」と思ってもらえるものを提供することだと思いました。

話がガラリと変わりますが、少し前に、CS放送で、米国のインデペンデント放送『デモクラシーナウ!』で今年三月のチョムスキーの講演を放送していました(「中心の崩壊――ラディカルな想像力の再考」"The Center Cannot Hold: Rekindling the Radical Imagination" http://www.democracynow.org/shows/2010/5/31)じつは、今年の二月に、米国で、9・11の国内版ともいうべき、飛行機で国税庁ビルに激突するという自爆事件が起きたのですね(ジョセフ・アンドリュー・スタック事件)。自爆したジョセフ・アンドリュー・スタックは自爆前に、声明文を残していて(http://www.legitgov.org/joseph_andrew_stack_manifesto_180210.html)、チョムスキーは、マスコミはこれを真面目に取り上げないが、真面目に検討する意味があるとしてそれを丁寧に紹介し、そのなかで、今、アメリカがいかにして崩壊していっているか、労働者は今ほど「裏切られた」という思いを強く抱いているときはないこと述べ、その「裏切られた」という怒りは、アメリカのみならず、中国、インドの農民・労働者にもかつてないほど広がっていることを研究者の論文を引用しながら、紹介していました。そして、この「裏切られた」という労働者の怒りが頂点に達したとき何が起きるか、それを八〇年前のドイツを例にして、人々がファシズム、そしてそこから戦争に向かうことを、当時、ドイツのマスコミや知識人がナチスのことを徹底的に馬鹿にし、非難したにもかかわらず、ナチスが政権を取った理由(「裏切られた」という思いの労働者の心を捉えたこと)を解説するというより、証明していました。そして、それを今くり返さないために、何をなすべきか? それが演題の後半「ラディカルな想像力を喚起すること」(Rekindling the Radical Imagination)でした。

このことは、別に米国だけのこととは思えないんですね。日本もそうだと思います。そして、それは決して単に「雇用」とかの問題にとどまらないと思うのです。そこには、もっと根深い問題がある。その一つが、「科学技術」に対する不信です。これまで、科学技術は人類に福音をもたらしてくれるものとして近代社会の市民に君臨してきました。しかし、その最終ゴールの姿は、一握りのものが「儲かり」「富む」だけで、大多数の市民は、科学技術がもたらす人災の被害者ではないか、というものです。その上、当の科学者・研究者のほとんどは国や企業のヒモツキで、科学技術のそうした問題点をきちんと語ろうとする科学者専門家は(福岡さんのような稀な人を除いて)ほとんどいない。その結果、市民が「裏切られた」という思いを持ち、それが怒りになるのは当然です。

そのことを、この夏に経験しました。八月に、弁護士会で、シンポジウム「科学裁判を考える」(http://www.law-science.org/page2/page2.html)をやったのですが、当初の予想は、こんな専門的なテーマで、二〇～三〇人来れば大成功だよね、でしたが、いざフタを開けてみたら、二〇〇名以上の市民が詰め掛け、大盛況となりました。でも、なぜ、こんな難しい専門的なテーマ「科学裁判を考える」に関心が集まったのか。思うに、それは、日常的に、いかに市民の間に、科学技術が生命・健康、衣食住の隅々まで不安をもたらしているか、なおかつにもかかわらず、その不安に解決の方向性を与えてくれるものがない(たとえば、現実の科学裁判はメチャクチャな裁判を平気でやっています)という不満・不信・絶望のようなものが、どう考えればよいかの手がかりを与えてくれるかもしれないと思えたこのシンポに足を運ばせたのではないかと思えました。

そうだとしたら、もしこの研究プロジェクトが、市民の間に深く渦巻いている、かつて福音を約束してくれた科学技術に対する「裏切られた」という思い、怒りに解決の方向性を与えてくれる手がかり、ちょうど、福岡さんの「動的平衡」のようなものを提供できたとしたら、そのとき、これを読んだ市民は、「こいつは、オレだ！」と支持してくれるでしょう。では、どうしたら、「こいつは、オレだ！」と思えるようなものになれるのか。チョムスキーは、「ラディカルな想像力を喚起すること」(Rekindling the Radical Imagination) が大切だと述べました。この点について、そのヒントはこの座談会でも語られたような気がしました。福岡さんは、デインジャーとリスクの違いについて、ざっくり言えばデインジャーは自然災害のようなものであるのに対し、リスクは人災である、と述べられました。人災とは効用・効能（薬）を目指した技術開発の結果、反作用・副作用として発生するものであって、自然発生的に発生する自然災害とはそのメカニズムも責任の取り方もまったく異質なものなのです。

私は、このような整理が今とても大切だと思うのです。なぜなら、世の中には、こうした正しい整理をことさら無視して、むしろ自然災害と人災をごっちゃにして、その結果、あたかも人災も自然災害も一緒だと思わせるような世論形成を企んでいる人たちがいるからです。なぜそんなことをするのかというと、日本人は特にそういう傾向がありますが、自然災害なら、しょうがないと諦めるからです。だから、人災も自然災害と思って諦めてもらいたい、市民から「おかしい！」なんて非難されないようにしたいからです。これはオウム真理教以上の「マインドコントロール」です。福岡さんのこの整理は、このマインドコントロールを打破するものです。しかも、それは普遍的な立場に立ったものです―明断にできることは明断にすべきである、敢えて混乱のままにしておく理由はない、という。

じつはいま、弁護士は絶滅危惧種のリストに載っています。理由は相談事件が高利貸しや離婚事件みたいなものしかなくなってきたからです。では、ほんとうに事件がなくなったのか。そうではありません。思うに、事件消滅の最大の原因は、これまで弁護士の日常の仕事である一般民事事件が科学事件に変貌してしまったためです。現代は衣食住のすべてにわたって、科学技術の圧倒的な影響下にあり、「いつでも、どこでも、あらゆる科学技術の恩恵が利用できる環境」になった結果、「いつでも、どこでも、あらゆる科学技術の災害・被害に見舞われる環境」になりました（シックハウス、電磁波被害、食品添加物、化学物質過敏症、アトピーなど）。つまり、これまでの一般的な民事事件が「いつでも、どこでも、科学事件」になりました。しかし、弁護士はこのような科学事件をきちんと解決する訓練を受

けたことがありません。そのため、お手上げ同然で、仮に担当しても、まともな事件処理ができず、これは裁判所もまた同様で、その結果、科学事件を依頼した市民は二度と頼もうと思わなくなる、他方、弁護士も懲りて、二度と科学事件には足を突っ込まないようにしようが教訓となる。その結果、仕事はなくなり、絶滅危惧種のリストに載ることになったんです。

　ニュートンに代表される伝統的な機械論的な科学観に基づく科学技術の中心は、チョムスキーが先ほど表現したように、ハッキリ言って崩壊したと思います。それは、市民自身がもうこれを支持しない、受け入れないという意味です。でなければ、福岡さんの「動的平衡」が市民にあれほど読まれるはずがありません。しかし、崩壊したからといって、伝統的な科学観にしがみつく人たち（儲けに狂走する人たち）が、軽々しくそれを認めるはずはありません。必死になって「救いは機械論的な科学観にしかないのだ」ということを説いて、あるいは反啓蒙的で意味不明な難解な議論をして、市民の「裏切られた」怒りをなだめようとするでしょう。いま、安全と危険をめぐる議論も、そういう人たちのうんざりする議論で満ち溢れています。そこに、福岡さんの「動的平衡」のような、今私たちが直面している問題点をズバリ指摘して、正しい解決の方向性を指し示す「手がかり」を提供することは、真に急務だと思います。もしそれに失敗したときに、私たちの目の間に待っているのは、チョムスキーが指摘したとおり、ファシズムしかないと思います。」

重野「柳原さんに、本書の意義を的確に述べていただいたように思います。分野が違うと、それぞれテーマも研究手法もだいぶ違いますけれども、共通点もかなり見えてきました。最後は人であって、原点に返るのが大切だっていうことが、ほんとうによくわかります。まだまだ議論は尽きませんが、時間にもなりましたので、ここまでとさせていただきたいと思います。本日は、どうもありがとうございました。」

福岡・柳原「ありがとうございました。」

（２０１０年11月16日　於、主婦会館プラザエフ）

⒅《疎明によれば、本件GMイネによって生産されるディフェンシンがその体外に流出する可能性は低く、仮にディフェンシンが外部に大量流出しても、耐性菌の出現する可能性も低いことが認められる。したがって、抗告人（注：原告市民のこと）らの主張する上記主張は、杞憂であり、理由がない》（2005年10月12日東京高等裁判所第５民事部の決定３頁）

⒆ 以上ＡからＦまでの分析は、柄谷行人「倫理21」（平凡社）〔第四章　自然的・社会的因果性を括弧に入れる〕の記述い拠ったものである。

⒇ 事実、植物の遺伝子組換え技術を開発する研究者の中には、植物の苦痛を論じる者もいる（例えば、It should be pointed out that the cloned CaMV DNA suffered no major insertions or deletions during reintroduction into the plant.［Howell Stephen H］）。

(21) 平成17年10月12日の東京高等裁判所の決定を読んで（http://ine-saiban.com/saiban/voice-pro.htm）

⒅ 後藤直樹（2004） QPRTaseノックアウトマウスを用いた脳内代謝機構の分子生物学的解析（福岡研究室2004年度卒業論文）

第３章 市民の科学への不信はいかにして形成されるか

⑴ これに対し、前段の不確実な事態に適切に評価する場面（認識の次元）だけをリスク評価と呼び、後段のその評価を踏まえて対処する場面（実践の次元）はリスク評価とは呼ばず、リスク管理と呼ぶ言い方もある（食品安全委員会など）。

⑵ ディフェンシンは人を含む多くの動植物が作り出すタンパク質で、病原菌、ウイルス、カビの攻撃から身を守るために重要な役割を果たしていることが近年明らかになってきた。生物は外敵に対する防御システムを数多く発達させているが、ディフェンシンはその防御ラインの最前線で戦っている防御物質である。

⑶ 平松啓一（1991）『抗生物質が効かない―Lost antibiotics』集英社, pp.112-113.

⑷ 西東力（1997）『マメハモグリバエ―おもしろ生態とかしこい防ぎ方』農山漁村文化協会, p.34.

⑸ 野口勝可・森田弘彦・竹下孝史（2006）『除草剤便覧―選び方と使い方』（第２版）農山漁村文化協会, p.26.

⑹ 抵抗性崩壊（ブレイクダウン）とは耐性菌が出現するという意味。

⑺ 真性抵抗性とは、作用力の大きい１つまたは少数の主働遺伝子に支配される抵抗性のこと。

⑻ 例えば、2003年の「REVIEW: Arming the enemy the evolution of resistance to self-proteins」（Bell,G. & Gouyon,P.H.（2003）*Microbiology*, 149, 1367-1375；抗菌タンパク質では耐性菌が出現しないという説が、理論的も実験的にも疑わしいことを指摘。）

⑼ 抗菌タンパク質で耐性菌の出現を確認した2005年ペロン-ザスロフ論文で、それは雑誌 *Nature* のニュースとして取り上げられた。

⑽ 2005年10月発表された抗菌タンパク質を使って耐性菌の出現を確認したザスロフ博士も参加した共同実験の報告。

⑾ 2005年２月３日、農林水産技術会議委員室で行われた生物多様性影響評価検討会総合検討会議事録35頁（http://www.s.affrc.go.jp/docs/commitee/diversity/050203/pdf/gijiroku_050203.pdf）

⑿ http://ine-saiban.com/saiban/siryo/X/060711Kogure2-web.doc

⒀ これに対する私の解は、法律至上主義の検察の立場でも、芸術至上主義の澁澤の立場でもなく、――美のことはまず美に聞け。それから、善の判断に進め、というものである。

⒁ http://song-deborah.com/copycase/

⒂ http://www.kyoto-su.ac.jp/~suga/hanrei/29-3.html

⒃ http://www.kyoto-su.ac.jp/~suga/hanrei/30-3.html

⒄ もし実損害が100万円で、心証度が80％なら80万円の損害を認め、心証度が40％なら40万円の損害を認めることになる。

Biochim Biophys Acta. Jan. 21; 1395(2): 192-201.

(7) Guidetti, P., Luthi-Carter, R.E., Augood, S.J. & Schwarcz, R.(2009) Neostriatal and cortical quinolinate levels are increased in early grade Huntington's disease. *Neurobiol Dis.* Dec; 17 (3): 455-61.

(8) Nakano, K., Takahashi, S., Mizobuchi, M., Kuroda, T., Masuda K., & Kitoh, J.(1993) High levels of quinolinic acid in brain of epilepsy-prone E1 mice. *Brain Res.* Aug 13; 619(1-2): 195-8.

(9) Melnikova, N.V., (2003) Neurokynurenines-seizures or/and anxiety in children with epilepsy? *Adv Exp Med Biol.* 527: 191-5.

(10) Guillemin, G.J., Brew, B.J., Noonan, C.E., Takikawa, O., & Cullen, K.M.(2005) Indoleamine 2,3 dioxygenase and quinoliic acid immunoreactivity in Alzheimer's disease hippocampus. *Neuropathol Appl Neurobiol.* Aug; 31(4): 395-404.

(11) Guillemin, G.J., Smythe, G.A., Veas, L.A., Takikawa, O., & Brew, B.J.(2003) A beta 1-42 induces production of quinolinic acid by human macrophages and microglia. *Neuroreport.* Dec 19; 14(18): 2311-5.

(12) Heyes, M.P., Rubinow, D., Lane, C., & Markey, S.P.(1989) Cerebrospinal fluid quinolinic acid concentrations are increased in acquired immune deficiency syndrome. *Ann Neurol.* Aug; 26 (2): 275-7.

(13) Heyes, M.P., Brew, B.J., Martin, A., Price, R.W., Salazar, A.M., Sidtis, J.J., Yergey, J.A., Mouradian, M.M., Sadler, A.E., Keilp, J. et al.(1991) Quinolinic acid in cerebrospinal fluid and serum in HIV-1 infection: relationship to clinical and neurological status. *Ann Neurol.* Feb; 29 (2): 202-9.

(14) Heyes, M.P., Saito, K., Lackner, A., Wiley, C.A., Achim, C.L., Markey, S.P.(1998) Sources of the neurotoxin quinolinic acid in the brain of HIV-1-infected patients and retrovirus-infected macaques. *FASEB J.* Jul; 12(10): 881-96.

(15) Heyes, MP., Ellis, R.J., Ryan, L., Childers, M.E., Grant, I., Wolfson, T., Archibald, S., Jernigan, T.L. HNRC Group.(2001) HIV Neurobehavioral Research Center. Elevated cerebrospinal fluid quinolinic acid levels are associated with region-specific cerebral volume loss in HIV infection. *Brain.* May; 124 (Pt 5) : 1033-42.

(16) Okuno, A., Fukuwatari, T., & Shibata, K.(2008) School of Human Cultures, The University of Shiga Prefecture. Urinary Excretory Ratio of the Tolerable Amount of Tryptophan. *Biosci, Biotechnol, Biochem.* Jul; 72(7): 1667-1672.

(17) Aguilera, P., Chanez-Cardenas, M.E., Floriano-Sanchez, E., Barrera, D., Santamaria, A., Sanchez-Gonzalez, D.J., Prez-Severiano, F., Pedraza-Chaverri, J., & Jimenez. P.D.M.(2007) Time-related changes in constitutive and inducible nitric oxide synthases in the rat striatum in a model of Huntington's disease. *Neuro Toxicology.* 2007 Aug; 28, 1200-1207.

酒井浩二（2007）「味覚判断に及ぼす視覚と嗅覚の遮断効果」日本心理学会第71回大会発表論文集, p.652.
坂井信之（2008）「味覚とほかの感覚との統合」内川惠二（編）『講座感覚・知覚の科学４　味覚・嗅覚』朝倉書店.
坂井信之・斉藤幸子（2008）「味覚の特性」内川惠二（編）『講座感覚・知覚の科学４　味覚・嗅覚』朝倉書店.
重野純（2010）「味覚判断に及ぼす視覚情報の影響」日本心理学会第74回大会発表論文集, p.751.
白崎秀雄（1998）『魯山人の世界』アートデイズ.
武田勝蔵（1967）『風呂と湯の話』塙書房.
筒井功（2008）『風呂と日本人』文芸春秋.
東京大学公開講座41（1985）「食べ物」東京大学.
長浜功（2000）『北大路魯山人』ふたばらいふ新書.
日本浴用剤工業会ホームページ http://www.jbia.org/
野島久雄・原田悦子（2004）『＜家の中＞を認知科学する』新曜社.
伏木亨（2005）『人間は脳で食べている』筑摩書房.
伏木亨（2008）『味覚と嗜好のサイエンス』丸善.
福富晴子（2009）「味覚判断に及ぼす視覚と嗅覚の遮断効果」青山学院大学卒業研究Ｉ論文.
福富晴子（2010）「視覚情報が味覚判断に与える影響について」青山学院大学卒業論文.
山田和（2007）『知られざる魯山人』文藝春秋.
矢守麻奈（2005）「摂食・嚥下障害」廣瀬肇（監修）『言語聴覚士テキスト』pp.361-370.
吉田正昭（1969）「匂いの嗜好」和田陽平・大山正・今井省吾（編）『感覚＋知覚心理学ハンドブック』誠信書房, p.881.

第２章　食の安全と危険

(1) *Nature*, 2009, Nov 12; 462(7270): 226-30.
（共著者）Hase K, Kawano K, Nochi T, Pontes GS, Fukuda S, Ebisawa M, Kadokura K, Tobe T, Fujimura Y, Kawano S, Yabashi A, Waguri S, Nakato G, Kimura S, Murakami T, Iimura M, Hamura K, Fukuoka S, Lowe AW, Itoh K, Kiyono H, Ohno H.
(2) 福岡ら(2004)*Biochem. Biophys. Res. Commun.*
(3) 長谷ら(2008)*DNA Res.*, 2005; 寺原ら *J. Immunol.*
(4) Lowe et al.,(2009)*BMC Gastroenterol.*
(5) Stone, T.W., Perkins M.N.(1981)Quinolinic acid: a potent endogenous excitant at amino acid receptors in CNS. *Eur J Pharmacol.* Jul 10; 72(4): 411-2.
(6) Fukuoka, SI., Nyaruhucha, C.M., & Shibata, K.(1981)Characterization and functional expression of the cDNA encoding human brain quinolinate phosphoribosyltransferase.

注

第1章　家庭生活における安全と危険

(1) ホッホバーグ, J. E.／田中良久訳（1966）『現代心理学入門7　知覚』岩波書店.

(2) 大谷貴美子・饗庭照美・徳田涼子・尾崎彩子・南出隆久（2001）「椀盛の色彩分析」日本調理科学会誌, Vol.34, No.3.

(3) 数野千恵子・海部絵里香・藤田綾子・増尾侑子（2006）「ゼリーの色が味覚の判断に与える影響」実践女子大学生活科学部紀要, 32号, 実践女子大学.

(4) 1-3と1-4で紹介した実験は、著者の指導のもと、福富晴子氏（青山学院大学文学部心理学科）の2008年度卒業研究Ⅰおよび2009年度卒業研究Ⅱとして行われた。

(5) アサヒビールは、同様のアンケートを2009年５月20日～26日にも行っている。

(6) 松永直子（2008）青山学院大学総合研究所創立20周年記念特別研究プロジェクト「科学技術の発展と心的機能から探る安全と危険のメカニズムに関する総合研究」公開講演会「医療機器の高度化に伴う安全と危険～病院・在宅医療における機器の発展と人間の思い込み～」2008年６月18日.

(7) 赤松俊武（2009）青山学院大学総合研究所創立20周年記念特別研究プロジェクト「科学技術の発展と心的機能から探る安全と危険のメカニズムに関する総合研究」公開講演会「医療事故防止のために」2009年11月18日.

【参考文献】

綾部早穂（2004）「鼻をつまむと味がわからなくなる？」日本味と匂学会（編）『味のなんでも小事典』講談社.

石間紀男（2006）「味覚と他の感覚」大山正・今井省吾・和気典二（編）『新編感覚・知覚心理学ハンドブック』誠信書房, pp.1539-1548.

今田純雄（2005）『食べることの心理学』有斐閣選書.

印藤元一（2006）「ニオイの嗜好および効用」大山正・今井省吾・和気典二（編）『新編知覚・知覚心理学ハンドブック』誠信書房, p.1427.

江夏弘（1997）『お風呂考現学―日本人はいかに湯となごんできたか』TOTO出版.

大山正・今井省吾・和気典二（編）（1994）『新編感覚・知覚心理学ハンドブック』誠信書房.

音の百科事典編集委員会（編）（2006）『音の百科事典』丸善.

海保博之・田辺文也（1996）『ワードマップ　ヒューマン・エラー』新曜社.

海保博之・宮本聡介（2007）『ワードマップ　安全・安心の心理学』新曜社.

著者紹介

重野　純（しげの　すみ）**【第１章】**
東京大学大学院人文科学研究科心理学専門課程博士課程修了。文学博士。現在，青山学院大学教育人間科学部教授。主要研究分野は，認知心理学，心理言語学。
【主要著書】『キーワードコレクション　心理学』（編著，1994，新曜社），『聴覚・ことば』（キーワード心理学シリーズ第2巻，2006，新曜社）ほか

福岡伸一（ふくおか　しんいち）**【第２章】**
京都大学大学院農学研究科食品工学専攻博士後期課程修了。農学博士。現在、青山学院大学理工学部教授。専攻は分子生物学。
【主要著書】『プリオン説はほんとうか？』（2006，講談社），『生物と無生物のあいだ』（2007，講談社），『世界は分けてもわからない』（2009，講談社）ほか

柳原敏夫（やなぎはら　としお）**【第３章】**
東京大学法学部卒業。現在、弁護士。専攻は著作権。
【主要論文】『実務家の自己吟味（著作権法における「創作性」とは何か）―著作権法の穴について』（2001年）ほか

新曜社
安全と危険のメカニズム

初版第１刷発行　2011年３年20日©

著　者　重野　純
　　　　福岡伸一
　　　　柳原敏夫
発行者　塩浦　暲
発行所　株式会社　新曜社
〒101-0051 東京都千代田区神田神保町2-10
電話(03)3264-4973(代)・Fax(03)3239-2958
E-mail : info@shin-yo-sha.co.jp
http://www.shin-yo-sha.co.jp/

印刷　エーヴィス・システムズ　Printed in Japan
製本　イマキ製本
ISBN978-4-7885-1228-3 C1030